中国网络安全法治研究丛书 合规卷
总主编 黄道丽

# 网络安全法律解析2020

原 浩 著

Cyber
Data
Information
Security
Rule of Law

中国·武汉

图书在版编目（CIP）数据

网络安全法律解析.2020 / 原浩著. -- 武汉：华中科技大学出版社，2020.11（2023.7重印）
ISBN 978-7-5680-1504-2

Ⅰ.①网… Ⅱ.①原… Ⅲ.①计算机网络—科学技术管理法规—法律解释—中国 Ⅳ.①D922.175

中国版本图书馆CIP数据核字（2020）第215425号

## 网络安全法律解析2020
Wangluo Anquan Falü Jiexi 2020

原浩 著

策划编辑：郭善珊
责任编辑：李　静
封面设计：李　宁
责任校对：王晓东
责任监印：朱　玢

出版发行：华中科技大学出版社（中国·武汉）　　电话：（027）81321913
　　　　　武汉市东湖新技术开发区华工科技园　　邮编：430223
录　　排：北京欣怡文化有限公司
印　　刷：武汉邮科印务有限公司
开　　本：710mm×1000mm　1/16
印　　张：20
字　　数：220千字
版　　次：2023年7月第1版第3次印刷
定　　价：88.00元

本书若有印装质量问题，请向出版社营销中心调换
全国免费服务热线：400-6679-118，竭诚为您服务
版权所有　侵权必究

# 序言

自 1978 年政府工作报告提出大力发展新兴科学技术,特别是加速发展集成电路和电子计算机研究并加强推广应用以来,我国互联网产业已发展 40 余年。40 年间,我国网信事业取得了举世瞩目的成就。

40 年的网络产业发展史,同样也是我国网络安全法治建设史,尤其是党的十八大以来,我国网络安全法治建设高速发展,以《网络安全法》为核心的网络安全法律体系构建已初步完成。作为最初一批的网络安全法学学者,我亲历了我国网络安全法律体系从无到有、由弱到强、变被动为主动的发展历程,深切地体会到其过程的不易与坎坷,也由衷地为我国如今取得的成就倍感欣慰。

但在网络安全法治高速发展的当下,诸多研究急于思考未来发展之路,而缺乏对过去网络安全法治脉络的总体把握以至于研究犹如无本之木,乃至对我国网络安全立法存在理解误区,对发展进路出现误判。

2017 年,本丛书的主编,也是我的学生黄道丽研究员向我表示计划出版系列丛书,对我国网络安全法治做个系统回顾,同时也把我们团队在网络安全领域深耕 30 余年的一点感悟、未来预判以及合规遵从意见传达给同仁们,以供交流。对此,我深表赞同但也深知此事的不易。据我所知,在丛书撰写过程中,撰写团队遇到了很多困难。黄道丽研究员也多次向我咨询意见。期间,他们专门组织研讨会请来了直接参与相关立法的同志讲述法律条文背后的故事,包括公安部网络安全保卫局原高级工程师、我国首部信息安全法规主要起草人景乾元,原国务院信息办副司长、公安部网络安全保卫局原副巡视员郑静清,全国人大常委会法工委经济法室原副巡视员宋燕妮,公安部网络安全保卫局原巡视员顾坚等。这种求真务实的态度也让我对丛书的问世充满信心和期待。这也是丛书得以问世的背后故事。

初见成稿,意识到我国已经在网络安全这一新兴法学领域探索耕耘了40年,自我1988年开始研究网络安全立法也已有30余年,我除感慨时光荏苒外,同样牵动思绪。1978年,我国进入改革开放和社会主义现代化建设新时期,这与互联网的全球商用普及几乎是同步的。1978年政府工作报告对发展集成电路和电子计算机技术的重视,奠定了此后我国信息技术产业发展的基础,也使我国迅速意识到这种新技术应用可能产生的安全威胁。早在1981年,我国公安部门就发现计算机设备有通过信息复现产生数据泄露的风险。中央对此高度重视,并要求建章立法,确保我国计算机信息系统安全保障工作有法可依。1982年我国就开始围绕计算机信息系统安全保护进行立法调研,逐步开始探索网络安全法治之路。直至1994年147号令作为我国首部网络安全立法颁布实施,这一颇具里程碑意义的立法例开启了我国网络安全法治建设的新时代。

不可否认的是,在相当长的一段历史时期内,我国网络安全法治建设的重点始终未能突破"机房思维"的限制,立法关注点集中于计算机信息系统安全,与我们今天理解的网络安全仍然相去甚远。当然,这与当时的技术发展水平是相适应的,也是由法律自身的"稳定性"与"滞后性"所决定的。2000年之后,我国的信息化建设开始进入高速发展期,信息技术的社会化利用逐步泛化。当时国家层面对信息安全的重视程度也日益提升。2003年7月,国务院信息办委托我研究信息安全法律、法规和执法情况,为列入国务院2003年立法工作计划的《网络信息安全条例》提供理论研究支撑。2004年4月,国务院信息办组织的信息安全立法研讨会在西安交通大学召开,参加人员包括重点行业、国务院部委代表、重要企业代表等,会议的主题即探讨我国当时信息安全领域的重大问题及立法应对思路,也是对我完成课题的成果验收和集体论证。

在后续的若干年中,信息技术开始融入社会肌理而与社会本身几乎无法区分。在数字经济成为新的"发展原动力"之后,信息技术推动现代社会进步的贡献率愈发明显,但是这种贡献依旧是有代价的——我们比以往任何时候都更加依赖技术和技术利用活动的安全性——"依赖性"是客观的,在法学领域,这促使构建于信息技术之上的社会关系成为一种独立的调整对象,并使网络安全问题上升为指涉国家、产业和个人的综合性议题。

回到这一列系列丛书,有不少亮点和突破值得肯定。现有研究普遍习惯于将147号令作为我国网络安全法治的开端,但对147号令之前的立法动议及其时代背景几乎未能着墨。丛书将我国改革开放的发展节点同网络安全的法治建设结合起来确实是一个极富现实意义的突破,这极大地扩展了网络安全法学溯本逐源的视野,也使网络安全法治研究更贴近于技术进路的发展事实。

当前国际局势风云激荡,在"技术脱钩""逆全球化"环境下,我国正在部署供给侧结构性改革,在稳定传统产业的同时,积极发展战略性产业、避免核心技术步入"长期战略依赖"窘境,提高科技水平,打造核心竞争力,参与并引领全球产业链重构。《网络安全法》实施三年多来推动我国网信工作取得了新突破、实现了新发展、开创了新局面,从根本上推进我国从"网络大国"向"网络强国"的迈进,并为依法治网提供了重要的法律依据,促使我国网络安全综合治理能力水平不断提升。面向未来,网络安全法律体系还有诸多需要进一步完善。

希望作者和学界同仁,能在网络安全法律研究上贡献更多的智慧。

是为序。

西安交通大学教授<br>
西交苏州信息安全法学研究所所长

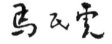

2020 年 9 月

# 前言

以大数据、云计算、无人驾驶、AI、5G 等为标志的第四次工业革命正席卷全球。数字化、智能化革命不仅影响了微观层面的个人生存状态和生活方式，更撼动了宏观层面的生产组织方式、国家秩序、国际形势乃至世界格局。网络世界和物理世界加速融合，也不断催生并放大了社会数字技术依赖的网络安全风险效应。2014 年 2 月 27 日，习近平总书记在中央网络安全和信息化领导小组第一次会议明确指出，"没有网络安全就没有国家安全，没有信息化就没有现代化"。我国正式开启网络强国建设的一系列顶层设计和部署。国家发展大格局之下，构筑全方位的网络安全法治体系成为网络安全保障工作的重中之重。

回顾过去。新中国改革开放 40 年发展历史意义独特而非凡。从 1978 年十一届三中全会做出"加强社会主义法制"的历史性决策，到十九大进一步把坚持"全面依法治国"上升为新时代坚持和发展中国特色社会主义的基本方略，中国特色社会主义法治体系波澜壮阔的 40 年，也是中国网络安全法治创新变革的 40 年。中国把握信息化发展给国家和人民带来的历史机遇，围绕安全与发展主题，实现了网络安全法治从无到有、从碎片化到体系化、从应对化到预防化的不断完善，走出了一条既与国际接轨，又不乏中国特色的网络安全法治之路。当前我国网络共建共治共享综合治理格局基本形成，取得了令人瞩目的成绩，经受住了历史的检验。

网络安全法治研究是信息化发展带来的重大时代性课题。网络安全法治研究具有极大的挑战性，呈现显著的跨学科特征，需进行战略性、整体性和前瞻性创新思考，并最终考验的是法律人把握社会和适应社会变迁的能力。作为改革开放后出生并与其同成长的一代，我 2003 年 9 月进入西安交通大学经济法学专业研究生学习，师从马民虎教授，聆听教诲，时至今日。马民虎教授是信息安全法学研究的奠基人之一，创建了国内首个专门从事信息安全法律研究的学术机构西安交通大学信息安全法律研究中心。求学生涯中，我参与了原国务院信息办《网络信息安全条例》的立法委托研究课题，部分研究成果进入马民虎教授2004年出版的我国第一部系统研究信息安全法基础理论专著《信息安全法研究》。得益于导师和前辈们的研究基础与提携，我可以在一个较高的起点上开展相关课题研究和学术探索。2007年6月我进入公安部第三研究所工作，成为一名从事网络安全保卫工作的人民警察。作为公安科技战线上的一名法律人，网络安全法治研究是落实全面依法治国实践和新时代公安工作要求的客观需要，更是一份源自师恩教诲的专业和个人情怀。

改革开放40年多来，我国与世界其他国家一样，面临着日益复杂多变的网络安全问题。无论是《第三次浪潮》还是《数字化生存》，抑或是《网络社会的崛起》中所描述的社会形态变革正在变为一种现实，我国网络安全法律范式变革正式在这一过程中不断展开。已正式施行的《网络安全法》《密码法》《国家安全法》《反恐怖主义法》和正处于制定阶段的《数据安全法》《出口管制法》《个人信息保护法》等基础性法律共同构建起一个横向内部体系更加协调、外部辐射范畴更为广泛、纵向制度、原则、规则更为立体化的中国网络安全法律保障体系。近20年的学术研究历程，我的大量学术研究成果也是和这些立法息息相关，并在导师和公安部第三研究所的支持下，实现了科研成果直接应用于网络安全相关立法的价值目标，得到全国人大法工委、国家密码管理局、公安部网络安全保卫局、公安部法制局、贵州省大数据安全领导小组办公室等国家和地方机构的充分认可。现下，我和公安部第三研究所网络安全法律中心的团队正服务于网络安全中心工作需要，充分整合高等院校、科研机构、网络安全协会、互联网企业等社会力量，广泛开展学术交流，共同探索我国网络空间安全治理的未来方向。我们在《网络安全等级保护条例》《关键信息基础设施保护条例》等《网络安全法》下位配套行政法规研究、起草和修订，网络安全行政执法规范指引制定等工作上不懈努力，也不敢懈怠。

此次出版的系列丛书——《中国网络安全法治研究回顾卷：中国网络安全

法治40年》《中国网络安全法治研究趋势卷：网络安全法治研究2020》《中国网络安全法治研究合规卷：网络安全法律解析2020》从不同维度勾勒了我国网络安全法治图景。回顾卷从法治现实角度，呈现了我国网络安全法治40年建设的发展历程。趋势卷从学术研究角度，集结了近年来我对数据治理、安全漏洞法律规制、个人信息保护、关键信息基础设施安全保护、电子数据取证与鉴定等网络安全法律问题的一些研究成果。合规卷则是从实务角度，展示了原浩作为专业律师对网络安全合规遵从的理解以及更高层面的法律规则反思。

《中国网络安全法治研究回顾卷：中国网络安全法治40年》以网络工具安全治理、网络社会安全治理和网络国家安全治理对我国网络安全的法治化进程进行阶段划分，通过对不同时期的网络安全政策法律及其发展动态进行梳理，较好地反映了依托于技术应用场景的法治演进过程，这为后续我国网络安全法治建设的持续完善研究提供了珍贵的基础资料，具有非常重要的现实价值。40多年的网络安全法治史，要完成这么宏大的课题不仅需要对我国40年网络产业有深度的了解，还需要对我国网络安全法治发展脉络、深义有准确的把握。这对我带领的编写团队来说着实不易，极幸运的是，此项工作得到了马民虎教授和中国信息安全法律大会专家委员会诸多前辈们毫无保留的倾心指导。作为网络安全法治40年真正的亲历者和见证者，他们是公安部网络安全保卫局原高级工程师、我国首部信息安全法规主要起草人景乾元，原国务院信息办副司长、公安部网络安全保卫局原副巡视员郑静清，全国人大常委会法工委经济法室原副巡视员宋燕妮，公安部网络安全保卫局原巡视员顾坚，公安部第三研究所所长助理金波，公安部网络安全保卫局法制指导处处长李菁菁，广东省公安厅网警总队副总队长林雁飞等，不一而足。这里，由衷地说一声：谢谢了！

展望未来。中国对外开放正打开新局面，也为世界各国带来新机遇。面对当今世界百年未有之大变局，中国要加速构建全面依法治国的法治模式，要在着眼世界的视野和本国实践的根基中确定网络安全治理中国方案，要把中国法治体系建设的成效转化为实实在在的治理效能，最大化国家、社会和个人的数字化福祉，实现国家治理能力现代化，这是所有网络安全法律人的责任和梦想。实现这一梦想依然需要各界同仁的苦苦求索和艰苦奋斗，也是我和我的团队坚持不懈的根本所在。

凡是过往，皆为序章。

2020年注定是一个极不平凡的年份。感谢华中科技大学出版社的郭善珊和编辑同仁，我们一起走过疫情，迈向未来！感谢和我一起奋斗的原浩、何治乐、胡文华、梁思雨、马宁、赵丽莉等编者，我们凝心聚力再启航！

本丛书编者才学有限，不敢妄言丛书之价值，但希望本丛书的出版能对未来的中国网络安全法治研究有所裨益。

公安部第三研究所研究员

中国信息安全法律大会专家委员会秘书长

黄道丽

# 前言二

本书是《中国网络安全法治研究》系列的第三卷，主要讨论与网络安全相关的法律规则和规则遵从，也就是通常所说的合规问题。

如果说以19世纪70年代美国《反海外贿赂法》发端建立了当代合规的量化和强制性后果，那么COSO、BSI等基于社会风险的控制管理和《萨班斯法案》定向条款则拉开了本世纪以来规模化合规的帷幕，并客观上促成了中国以《企业内部控制基本规范》和全面风险管理为代表的标准化指引的生成和施行。而在信息、生物等科技相互融合，搭建网络空间并实现与现实社会的无缝衔接过程中，《网络安全法》《密码法》和围绕系统、网络、信息、数据的配套制度、指引标准正在构筑一张日益严密的合规天网。

然而，随着合规泛化，当推荐性指引具有事实强制性，当约谈不再是一种行政指导而成为一种法律责任，当检查、评估从人工验视升级为自动化、常态化的统一平台时，主动提升经营的"守法"就可能异化为一种疲于奔命的被动迎合，传统认知上法律的基线功能也成为一条不确定的"波动"曲线。这不得不引发对合规的反思和警觉。事实上，自19世纪耶林将法律的价值指向权利并为之呼喊以来，围绕权利而非义务应然成为"默认"的法律制度设计，就像当前提到"隐私设计"一样深得人心。

因此，本书在对网络安全领域的两部基础法律《网络安全法》《密码法》解读和给出合规的一般性路径后——当然，也是自2006年以来从事信息安全合规咨询与认证法律实践的体验，彼时的信息安全合规聚焦于银行与软企——开始关注和审视这些合规之规本身的合法性与合理性问题，并尝试为读者提供比较法、历史研究和批判性的多重视角。部分内容完成于《网络安全法》《密码法》施行之前或草案阶段，这得益于前期参与导师马民虎教授长期立法跟踪的研讨和交流，包括2003年国务院原信息办《网络信息安全条例》的立法委托研究课题，

2014年以来国家密码管理局《密码法》起草和释义研究课题等；部分内容是《网络安全法》《密码法》施行后遇到的实务案例，这些诉讼或非诉的案例鲜活而真实，叩问着网络安全的法治意旨和终极目的。

在此，感谢导师马民虎教授自1999年以来的指导，得以入门信息与网络安全领域；感谢公安部第三研究所黄道丽研究员通读了全文，给出了很多详实背景和建议，使得全书不至过于放飞自我；华中科技大学出版社的郭善珊和编辑同仁耐心审核了全书，提出了富有弹性的整体框架从而避免了内容取舍上的纠结，同时细致纠正了直至注释索引的若干错误，使得这些非结构化文章的整理和出版成为现实。

有人评价《战争与和平》，读的时候看到的是战争，读完的时候感受到的是和平。套用这个句式对于合规而言也是合适。于合规之时因应的是如何"和合"，而在合规之后却是触发对法律规则本身的更多思考。期待本书从法律条文引出的合规方法，以及某些非直接和非常规的合规理解，能够给予读者"跳出"遵从义务设定牢笼的启示，更超脱和更整体性的审视合规本身。

# 目 录

## 第一部分 网络安全法与合规

1. 案例驱动:《网络安全法》的合规层级和实现路径 / 2
2. 网络安全法律体系在执法与司法中的投射与验证 / 15
3. 《网络安全法》对不同责任主体的影响与隐性合规义务 / 17
4. 区分运营主体的强制性义务自查机制 / 20
5. 网络运营者的隐性合规义务 / 23
6. 如何实现《网络安全法》第三十八条的年度风险评估合规要求 / 25
7. 网络安全的实名制监管 / 28
8. 数据企业如何实现执法协助的合规 / 31
9. 《网络安全法》对互联网企业的合规要求 / 36
10. 约谈论 / 44
11. 个人信息安全认证有感 / 50
12. 网络服务提供者的信息提供义务——网络侵权司法解释条文与实证分析 / 54
13. 何为网络产品——《网络安全法》第二十二条的合规指向 / 60
14. 下一代移动通讯(5G)安全的法律储备研究 / 62
15. 开源软件的网络安全问题——以开源协议和进出口监管的冲突展开 / 68
16. 网络安全漏洞管理规定(征求意见稿)评价与建议 / 78
17. 网络飞地的爬虫案例观察 / 84
18. 第三方SDK与APP运营者的差异化合规 / 92
19. 人的因素:网络安全文化建设之要旨分析 / 107
20. 《网络安全法》的新审视:回看与前瞻 / 113
21. 疫情防控中的个人信息保护——以运营商途径信息查询服务为例 / 120
22. 疫情防控中的网络安全事件应急启示——从突发事件的普遍性出发 / 126

## 第二部分　密码法相关

1. 取消部分审批许可后的商密管理合规与《网络安全法》的若干问题 / 132
2. 《网络安全法》中的密码法律问题 / 139
3. 立法前置评估的考量——以《密码法》为例 / 145
4. 《密码法》的商用密码检测认证制度体系 / 153
5. 《密码法》的商用密码应用安全性评估制度概述 / 165
6. 《密码法》的商用密码进出口监管体系 / 175
7. 何为大众消费类产品采用的商用密码——《密码法》第二十八条第二款分析 / 185
8. 下一代密码法的若干构想 / 188

## 第三部分　比较法相关

1. 开放数据与网络安全立法和政策的冲突与暗合——以美国政府行政令为视角 / 194
2. 以美网络安全立法进程为参照的《网络安全法》架构比较（上）/ 202
3. 以美网络安全立法进程为参照的《网络安全法》架构比较（中）/ 217
4. 以美网络安全立法进程为参照的《网络安全法》架构比较（下）——全球视野下的合规监管态势 / 228
5. 合规之外：欧盟对中国 5G 安全的法律认识 / 247
6. 美国网络安全法律下的主动防御引介 / 252
7. 美 CLOUD 法案综述与对中国境内服务提供者影响 / 259
8. 美东断网事件点评 / 263
9. 日欧数据跨境充分性互认决定评析 / 265
10. 黑客眼中的 CCPA，及对 HackerOne 的 CCPA 评论的评论 / 271
11. 不安全网络上普密与商密复用的政府事务实践与法律——以澳大利亚政府的《信息安全手册》为例 / 274
12. 美国国会 20 世纪 90 年代的密码技术（政策）之争综述 / 277
13. 加密和科技发展对美国执法机构的影响综述 / 281
14. 密码出口监管在《出口管制法》下的适用性——中美比较视角 / 285
15. 协助解密：百年 AWA 法案和苹果解锁争议 / 289

# 第一部分

## 网络安全法与合规

# 1. 案例驱动：
# 《网络安全法》的合规层级和实现路径

本文先从国内外若干案例出发，启示《网络安全法》合规需求中的案例驱动性，进而基于案例和实践总结《网络安全法》的合规需求来源、考虑因素和基于此设计的合规层级和要求，最终通过分析比较给出三种不同的《网络安全法》合规路径、具体实现和验证方式，及实施的控制方式。

2017 年 8 月，彼时对《网络安全法》已经产生了第一次"审美疲劳"，急需案例的持续推动保持热度和关注。于此之后，相关监管和主管机构奋勇而出，通过单独和联合检查、执法活动，将《网络安全法》的实施推上了热搜。

## 一、十个案例及在《网络安全法》下的评价启示

### 1. 法务不能承受之重

雅虎 CEO 玛丽莎·梅耶尔认为自己要为其任期内发生的两起网络安全事故负责，在 Tumblr 宣布将放弃其 2016 年和 2017 年的奖金和股权奖励，几乎同时，雅虎法律总顾问罗纳德·贝尔经辞职，公司声明不会为其离职支付任何费用。该案件的背景已经众所周知，雅虎母公司美国威瑞森（Verizon）2017 年 10 月 3 日称，30 亿雅虎用户的个人信息泄露。

在《网络安全法》背景下该案最重要的其实不在于对《网络安全法》第四

章网络信息安全下个人信息保护义务和更宽泛的网络安全保护义务问题的挑战，毕竟个人信息泄露的事件每天都在发生，最重要的可能是为我们展现了《网络安全法》所规定的直接负责的主管人员和其他直接责任人员——最终的合规主体和责任承担者——的不同境遇。《网络安全法》第五十九条和第六十四条对"直接负责的主管人员和其他直接责任人员"的上述泄露行为分别规定了相应的法律责任，按说显然并未涵盖案例中所涉及的两位人士，特别是CEO往往能成功避免成为责任主体，而法律总顾问则部分成为"背锅侠"，尽管后者可能并非一般意义上的直接负责的主管人员或直接责任人员。在《网络安全法》的法律责任配置上，如果不能精确定位，指向真实、准确、具体的责任主体，无疑将有悖于立法初衷。而强化管理层职责和明确匹配主体义务，更是包括各类标准在内首先需要设定和试图解决的问题（例如ISO 20001及其国内转化标准）。

### 2. 网络空间的信息孤岛

2017年5月12日起，一款勒索软件在全球较大范围内传播，感染了包括医院、教育、能源、通信、制造业等多个领域，并造成了一定影响。作为《网络安全法》颁布后的重大网络安全事件，网信办还"专门"就勒索软件攻击事件答记者问。

应对新型、复合的网络安全威胁（例如勒索软件本身兼具入侵软件和恶意软件的特性，这些特性在刑事法律责任上分别指向刑法第二百八十五条和第二百八十六条），在基础性、综合性立法《网络安全法》下求解，是类似案件发生后的基本反应。然而显而易见的是《网络安全法》的规定仍然是原则性的和粗颗粒度的，就像"互联网创始人兑现了承诺，但没有预见到用户的互相伤害"一样，《网络安全法》预见到了日益复杂的网络安全威胁，但没有想到会以如此快速和猛烈的方式扑面而来。但值得庆幸的是，《网络安全法》仍给出了应对思路——网络安全等级保护制度，尽管规定的条款力度并不均匀也略显粗糙。随着2019年底网络安全等级保护若干标准的实施，应对网络安全威胁的压力应当能得到部分缓解。

### 3. 应急预案是否只是用来应急

重庆首例违反《网络安全法》行政案件：当地一位网络运营者在提供网络

服务过程中，未依法留存用户登录网络日志，受到警告处罚，并被责令限期十五日内整改。四川省公安机关依法处置的该省第一起违反《网络安全法》的行政案件：宜宾市公安机关网安部门针对市"教师发展平台"网站因网络安全防护工作落实不到位，导致网站存在高危漏洞，造成网站发生被黑客攻击入侵的网络安全事件，对区教师培训与教育研究中心处一万元罚款，对法人代表唐某某处五千元罚款。

上述案例给出的启示首先在于，"危害网络安全等后果"（《网络安全法》第五十九条）是否发生不影响《网络安全法》下的法律责任承担，但影响处罚措施。

其次是实体平台化必然导致监管（合规风险）的问题。"传统"机构、实体一旦设立网站等信息平台或者接受网络服务，就将不同程度地接受《网络安全法》的调整。这些适用性概括而言主要包括三个方面：(1)平台本身的安全性，对应网络运行安全；(2)平台上数据（包括个人信息、重要数据等）的安全性，对应网络信息安全；(3)平台信息的合法性，对应网络内容安全——特别是未来网信办将作为内容安全的主要监管机构。后两者的监管体现了对合法信息和非法信息的区别对待。

同时，相关执法案例中网络运营者大多已经制定了网络安全应急预案，但在发生网络安全事件时，预案并未启动或发挥应有效力。其实应急预案不仅是对网络安全风险和事件的实际处置，更体现网络运营者对整体网络风险控制所持的态度和理解方式。

**4. 冷门事件是否可以焕发"生机"**

2007年杀毒软件厂商赛门铁克（Symantec）的安全软件诺顿在升级时，把装有简体中文的Windows XP两个关键系统文件当作病毒查杀，导致了全国几百万台电脑系统瘫痪。后赛门铁克在其官网主页上发出相关声明致歉。2014年4月8日，微软宣布Windows XP系统正式停止服务。

对于诺顿事件，已知案例仅有"广州市民刘某起诉赛门铁克公司"等个案，包括监管在内的各方对通用软件或网络应用漏洞可能导致的群体性安全事件和争议仍缺乏准备。在2017年7月后随着相关司法解释的出台，未来可能有公益诉讼的新解。但核心前置问题仍需讨论，即《网络安全法》第二十二条"网络产品、服务的提供者应当为其产品、服务持续提供安全维护；在规定或者当事人约定的期限内，不得终止提供安全维护"中的"持续"、"期限"应作如何解读？对于软件作品而言，快速迭代已经成为当前软件发展的显著特点，提供者所宣称的维护期限远少于对其软件作为作品保护的法定期限。

**5. 实名制与个人信息保护的冲突协调**

2014年3月22日报道，携程系统存在技术漏洞，可导致用户信息泄露。漏洞泄露的信息包括用户的姓名、身份证号码、银行卡类别、银行卡卡号、银行卡CVV码等。由于携程开启了用于处理用户支付的服务接口的调试功能，故部分向银行验证持卡所有者接口传输的数据包被直接保存在本地服务器上。

《网络安全法》通过立法再次固定了实名制，并实际上将其作为个人信息保护的前提，尽管存在前台匿名，后台实名的各种技术实现方式。随着产生个人信息终端的全时在线和向服务器端、云端交出数据，原本分散的数据不可避免地形成聚集和聚合效应，《网络安全法》第四十二条规定的"经过处理无法识别特定个人且不能复原的除外"的匿名化措施已经名存实亡，不仅技术上无法实现匿名，法律条文上也显得技穷。而第四十二条的实名制规定，不仅没有起到缓解焦虑的作用，反而强化了收集真实身份的法定性。

**6、我的员工是黑客**

典型案例便是世纪佳缘与乌云网事件。其起因在于某"白帽子"因在乌云网提交世纪佳缘漏洞而遭到举报涉刑。

对于这一事件，需要作多方面的解读。一是对于案例本身而言，如果最终法庭确实给出"白帽子"行为合法性的认定（实践中也确实需要这样的案例证明"白帽子"行为的正当性，以鼓励合法的网络安全漏洞研究，但至本文形成时仍未有结论），则意味着对"白帽子"和平台行为边界，以及《网络安全法》第二十六条"遵守国家有关规定"的澄清，对网络安全人员和社区来讲振奋人心。引申一步或者换一角度，则是由于员工行为和角色的多重性，可能带来的对员工自身和对员工所在单位的不确定风险，未来将必然导致对员工自带设备办公（BYOD）的审查强化。

### 7. 执法协助是否网络运营者应尽的义务

公开信息显示的 2017 年"法院调取微信聊天记录的回函"事件，即 2017 年 5 月 8 日腾讯回复某法院的《调查函回函》所称：微信聊天记录采用"点对点"和"加密"技术进行传输，我方未保存聊天记录。聊天记录仅保存在用户自己的手机或电脑等个人终端设备上，仅用户自己可查看，我方既无法也无权利查看，因此无法协助提供。该事件和同年 8 月"微信不会读取、存储聊天记录"的表态结合起来可以得出在《网络安全法》下网络运营者执法协助义务的基本结论。

这一案件可以从宪法通信自由权和通信秘密权的高度进行法理解读，但实务中更是网络运营者执法协助义务的范围问题。首先"点对点"和"加密"并不等同于"端到端加密"，这一基本区别的结果在于，对于后者而言，网络运营者将不具有解密的能力从而无法（难以）直接从设备（应用）中提取信息。其二不能"查看"不等于不能"访问"，后者已经俨然从信息安全技术术语进化成《网络安全法》的法律术语（第二十一条）。而还有一点最为重要的是，执法协助作为义务，运营者可能难以期待合理的"补偿"。

### 8. 国家安全的名义

2016 年 9 月，神州网信技术有限公司，用以为政府和关键基础设施领域的国有企业用户提供技术先进、安全可控的操作系统产品与服务。2017 年 3 月，为响应中国监管部门提出的"安全可控"的监管要求，推出了定制版 Windows 10 系统。

对于操作系统等核心、基础网络产品、服务（《网络安全法》未定义的重要术语）而言，如果从根本上解决"安全可信"问题（《网络安全法》第十六条使用了"安全可信"的说法，而非"安全可控"、"自主可控"），将最终不可避免地动用——《网络安全法》第三十五条的国家安全审查。在国家安全审查机制下，无论是技术层面的源码，还是股权的架构设计，都将接受严格的、实质性的审查。

作为各国维护国家安全利益的"国之重器"，各国目前都在竞相研讨和测试国家安全审查机制。

### 9. 数据逃离和数据避风港

案例有二,一是微软出于税务、监管等考虑,将全球数据中心设置于爱尔兰等地,在"微软与司法部就存储于爱尔兰服务器的数据能否和如何收集的刑事案件"的诉讼一案中,其主张拒绝提供存储于境外的用户数据。另一个是苹果宣称,中国电信成为苹果的数据中心提供商,使用中国大陆的服务器(公开信息显示为"云上贵州"等)存储中国用户的个人数据。

一国的强数据跨境监管必然意味着数据从一国的逃离,而数据从一国的逃离必然意味着会有另一国将成为其避风港。在目前各国纷纷提出的各种数据跨境监管模式下,《网络安全法》提出的数据本地化条款成为立法过程中最引人争议的条款,数据出境评估的配套制度"个人信息和重要数据出境安全评估办法"也几经大改。在博弈和阻击《网络安全法》的数据跨境监管模式的同时,"古早"的 OECD 模式焕发生机,推动和重塑着美加墨、泛太等多边机制下的数据跨境监管制度,成为《网络安全法》、欧盟个人数据和非个人数据流动框架之外的"第三股势力"。

数据跨境监管将继续成为悬而未决的无解问题。

### 10. 网络飞地与"法外之地"

有关"爬虫"的案例的主要争议在于爬取行为是否违反 robot 协议的民事问题和是否涉及侵入"计算机信息系统"的刑事罪名,在叠加了《网络安全法》之后,爬取行为则进一步通过个人信息的单一数据定性和海量"公开数据"的定量,成为"大数据"企业的达摩克利斯之剑。随着 2019 年杭州 M 数据科技有限公司等企业配合进行刑事调查,"大数据"行业的合法性开始重新接受审视。

但是在《网络安全法》中,实际上对于存在多年的爬虫行为并未给予足够关注,只是在"数据安全管理办法"等配套立法中,对爬虫行为给出了流量比例的限制。无论最终这一条款是否存在,在《网络安全法》这一网络空间的基本法律框架下,对于爬虫行为可能将采取更为灵活的应对方式。毕竟,爬虫所代表的自动化手段趋势不可避免,数据交易的需求及其扩张趋势不可避免,网络属性从封闭的"计算机信息系统"实现社会全覆盖趋势不可避免。

## 二、网络安全法的合规——层级与路径

### 1. 合规往（网）事

如果从已知案例倒推合规问题，不同案例所体现的对法律的符合性程度、成本投入等均不同。这体现了合规本身概念和范围的模糊性。特别是在《网络安全法》施行后合规论可谓人言籍籍，网络运营者无所适从，合什么规、如何合规、合规目的成为困扰网络运营者的基本问题。通说认为的1977年美国《反海外贿赂法》为合规开端，合规实际上具有相对独立和稳定的自身特点，比如其主要侧重合规监管类法律（对应大陆法系则多为行政法规），因此很难讲网络运营者作为企业需要合《中华人民共和国合同法》（以下简称《合同法》）之规；再如其主要关注行为人的特定类行为，因此在行政法规中，也难以做到对综合类法律如《中华人民共和国治安管理处罚法》（以下简称《治安管理处罚法》）的合规。但如此界定的合规必然迎合了行政法的扩张性，因此导致2002年美国《萨班斯法案》和2008年中国《企业内部控制基本规范》成为全面合规的"典范"。

前述合规体现出明显的财务特征，合规接棒的是巴塞尔银行监管委员会的《合规与银行内部合规部门》和银保监会《商业银行合规风险管理指引》及相关众多文件为代表的行业类合规。在《商业银行合规风险管理指引》定义的"合规，是指使商业银行的经营活动与法律、规则和准则相一致"和"合规风险，是指商业银行因没有遵循法律、规则和准则可能遭受法律制裁、监管处罚、重大财务损失和声誉损失的风险"下，合规已经变得无所不包。

毫无疑问，《网络安全法》的合规论，从网络安全风险、法律责任规定、政策法律调整、业务发展变化、资质声誉提升等多种需求角度，塑造并固化了《网络安全法》合规的必然性与正当性。其与环保法［可能还包括《中华人民共和国安全生产法》（以下简称《安全生产法》）］下的合规可以称之为当前合规理念（一虚一实）的全新体验。

在《网络安全法》合规的扩张合理性存有争议前提下，《网络安全法》的强合规符合行政法规和行业合规的定性，并体现出以下特点:(1)法律法规规定的复杂化导致合规要求泛化;(2)合规检查的日常化导致合规事务的常态化;

（3）混合的合规监管环境导致合规风险严格化。

**2. 合规层级**

基于成本效益分析（对应于法律的比例原则），网络运营者（和包括网络产品、服务提供者等相关主体在内的，广义上类似于互联网＋的企业）立足于行业（和上下游）定位，可以实现正金字塔型的合规层级，这一分级分层的方法实际上也与网络安全等级保护的思路不谋而合。在六级（不完全等同于网络安全等级保护的五级划分）分层模式下，（1）普适型。其要求是面向全员并以法律宣传贯彻、网络安全意识培训为主要手段的基本层级；（2）精细化。在这一层级上体现出面向运维、内控、法务等网络相关部门的特点，对法律的认知通过对条款与业务的对应与解读实现；（3）记录化。这个层级的要求在于特别将管理层纳入范围，通过技术措施与管理制度的结合，实现网络相关行为可记录（相当于基本实现了电子证据）、可验证；（4）系统型。在系统型层级上，管理层自上而下的网络安全策略构成了支撑企业整体认知和践行的基础推动力，各类网络安全技术、管理实现与可适用法律的映射，并通过安全审计等评估手段进行确认；（5）外部性。尽管上述四个层级必然会与监管机构建立联系，但整体上仍然主要体现出企业的内部合规需求性，属于被动的合规遵从。在第五层级上，实现与外部监管机构、主管部门的良性互动，匹配外部的检查、整改、认证要求是这一层级的理想化状态；（6）定制化。除了上述五个层级的合规外，对于特定行业、企业、产品或服务，依然会有定制化的特定合规需求存在，特别是对已经完成或实现了早前信息安全等级保护或相关安全认证的企业而言，本身的安全保护机制已经相对建立健全，但需要使特定的新技术、新业务，或在《网络安全法》施行后落入监管范围的产品、服务实现合规。

此外还需要明确的是，自下而上的安全意识培训和自上而下的安全认知框架在不同层级的合规设计和实现中都贯穿始终，而采用何种层级的合规策略和实施取决于外部监管的强制性和内部迎合遵从的成本投入。

**3. 实现路径**

在综合网络安全风险、合规要求的强制程度和企业自身成本效益分析的基

础上,合规路径大致可以有以下几种:

第一、机械符合。按照这一合规路径,将《网络安全法》及其配套制度,以及其他可适用法律法规的对应条款进行识别,并分别在制度、合同、人员、技术等措施上实施控制。其类似的框架如下表:

| 条款 | 既有法律法规 | 控制项 | | | | | 适用 | |
|---|---|---|---|---|---|---|---|---|
| | | 制度 | 协议 | 人员 | 技术 | 记录 | 网络运营者 | CII |
| (一)制定内部安全管理制度和操作规程,确定网络安全负责人,落实网络安全保护责任 | 《信息安全等级保护管理办法》 | 安全管理制度;管理层会议(董事会)决议 | 劳动合同及其附件 | 直接负责的主管人员和其他直接责任人员(CSO/CIO) | 日志/事件监测系统 | | √ | √ |
| (二)采取防范计算机病毒和网络攻击、网络侵入等危害网络安全行为的技术措施 | 《计算机信息系统安全保护条例》(国务院147号令) | 计算机病毒检测与处置流程;网络入侵监测与响应流程 | 反病毒软件采购合同;入侵检测服务协议 | 运维、业务、法务 | AntiVirus/ IPS/ IDS | | √ | √ |

通过这一模式,可以快速建立《网络安全法》与企业内部控制或合规策略之间的对应,其优点是简单有效、实质符合。缺点是无法进行比较和模块化。

第二、基于最佳实践的标准化路径。这是规模企业一般会考虑和实践的方式。下表是美国 FISMA 法案合规的框架 [节选,用以符合 NIST《提升关键基础设施网络安全框架》(Framework for Improving Critical Infrastructure Cybersecurity)]:

| | | | |
|---|---|---|---|
| FISMA (Federal Information Security Management Act of 2002) | Asset Management (ID.AM): The data, personnel, devices, systems, and facilities that enable the organization to achieve business purposes are identified and managed consistent with their relative importance to business objectives and the organization's risk strategy. | ID.AM-1: Physical devices and systems within the organization are inventoried | • CCS CSC 1<br>• COBIT 5 BAI09.01, BAI09.02<br>• ISA 62443-2-1:2009 4.2.3.4<br>• ISA 62443-3-3:2013 SR 7.8<br>• ISO/IEC 27001:2013 A.8.1.1, A.8.1.2<br>• NIST SP 800-53 Rev. 4 CM-8 |
| | | ID.AM-2: Software platforms and applications within the organization are inventoried | • CCS CSC 2<br>• COBIT 5 BAI09.01, BAI09.02, BAI09.05<br>• ISA 62443-2-1:2009 4.2.3.4<br>• ISA 62443-3-3:2013 SR 7.8<br>• ISO/IEC 27001:2013 A.8.1.1, A.8.1.2<br>• NIST SP 800-53 Rev. 4 CM-8 |
| | | ID.AM-3: Organizational communication and data flows are mapped | • CCS CSC 1<br>• COBIT 5 DSS05.02<br>• ISA 62443-2-1:2009 4.2.3.4<br>• ISO/IEC 27001:2013 A.13.2.1<br>• NIST SP 800-53 Rev. 4 AC-4, CA-3, CA-9, PL-8 |
| | | ID.AM-4: External information systems are catalogued | • COBIT 5 APO02.02<br>• ISO/IEC 27001:2013 A.11.2.6<br>• NIST SP 800-53 Rev. 4 AC-20, SA-9 |
| | | ID.AM-5: Resources (e.g., hardware, devices, data, time, and software) are prioritized based on their classification, criticality, and business value | • COBIT 5 APO03.03, APO03.04, BAI09.02<br>• ISA 62443-2-1:2009 4.2.3.6<br>• ISO/IEC 27001:2013 A.8.2.1<br>• NIST SP 800-53 Rev. 4 CP-2, RA-2, SA-14 |

| | | 续表 |
|---|---|---|
| ID.AM-6: Cybersecurity roles and responsibilities for the entire workforce and third-party stakeholders (e.g., suppliers, customers, partners) are established | • COBIT 5 APO01.02, DSS06.03<br>• ISA 62443-2-1:2009 4.3.2.3.3<br>• ISO/IEC 27001:2013 A.6.1.1<br>• NIST SP 800-53 Rev. 4 CP-2, PS-7, PM-11 | |

这一方法的优点是标准化、模块化，可以快速建模和比较，缺点是在框架设立前需要对企业业务、资产、风险等进行前置评估，需持续性投入成本。

第三、在《网络安全法》出台后，为实现企业合规给出的各种指引类文件。指引文件综合了前述两种方法的一些特点，在实现《网络安全法》的合规上更具针对性。以下是基于工信部《工业控制系统信息安全防护能力评估方法》，实现的对《网络安全法》第三十八条的合规框架。

| 工控指南与评估办法、方法 | | |
|---|---|---|
| 按照《工业控制系统信息安全防护能力评估方法》5.8.3 定期评估要求，该评估为"评估所形成的评估得分及报告，仅是对评估时工控系统安全防护状况的表述"，实质上符合第三十八条的评估要求。 | 评估方法与措施 | 对应《网络安全法》条款 |
| 安全软件选择与管理 | 防病毒软件 | 第二十一条第（二）项 |
| | 程序白名单 | 第二十二条 |
| | 恶意软件入侵管理机制 | 第二十一条第（二）项 |
| | 工控系统与临时设备查杀 | 第二十一条第（二）项 |
| 配置和补丁管理 | 系统配置清单 | |
| | 配置审计 | |
| | 配置变更计划与测试 | |
| | 安全漏洞与补丁升级、测试 | |

续表

| | 工控指南与评估办法、方法 | | |
|---|---|---|---|
| 《网络安全法》第三十八条：关键信息基础设施的运营者应当自行或者委托网络安全服务机构对其网络的安全性和可能存在的风险每年至少进行一次检测评估，并将检测评估情况和改进措施报送相关负责关键信息基础设施安全保护工作的部门。 | 边界安全防护 | 环境分离 | |
| | | 内外网边界防护 | |
| | | 逻辑隔离 | |
| | 物理和环境安全防护 | 访问控制 | |
| | | 监控、值守 | |
| | | 接口封闭 | |
| | 身份认证 | 多因素认证 | |
| | | 账户权限与最小特权 | |
| | | 密码强化 | |
| | | 证书保护 | |
| | 远程访问安全 | 禁止通用网络服务 | |
| | | 访问控制 | |
| | | 时限控制与加标锁定 | |
| | | VPN | |
| | | 日志保留与安全审计 | 第二十一条第（三）项 |
| | 安全监测和应急预案演练 | 安全监测设备部署 | |
| | | 深度包检测部署 | |
| | | 应急响应预案及演练 | |
| | 资产安全 | 资产清单与使用处置规则 | |
| | | 冗余配置 | |
| | 数据安全 | 分类分级 | 第二十一条 |
| | | 备份 | 第二十一条第（四）项 |
| | | 测试数据保护 | |
| | 供应链管理 | 服务协议 | |
| | | 保密协议 | |
| | 落实责任（人） | 明确责任人 | |
| | | 成立协调机构 | 第二十一条第（一）项 |

在使用这一方法时，需考虑的是《网络安全法》的配套制度仍在动态调整，且在其他法律法规，例如《密码法》施行后需适时刷新。类似的指引类文件还包括《网络安全法》个人信息保护的相关配套规定和标准：《个人信息安全规范》和网信办等联合发布的《APP违法违规收集使用个人信息行为认定方法》。

无论采用何种路径，《网络安全法》的合规都应考虑基础的风险控制管理理论和有效模型。基于这些理论和模型的成熟方法论包括 SDL（软件安全开发生命周期）、COSO/ Cobit 5.0、ISO 27001，以及云计算环境下适用的 CSA，等等。

## 三、结论

最终，《网络安全法》的合规评价是通过形式符合与实质符合得以验证。形式合规的体现主要包括以下内容：(1)已经与监管机构建立了良好有效的沟通渠道，满足监管的检查要求；(2)建立了标准化的合规体系，主要体现为文档体系化和工具自动化（合规的复杂性导致自动化工具大行其道。例如 RSA 2020 会议上，Securiti.ai 推出的 Privaci.ai 用以实现 GDPR 合规自动化）；(3)通过第三方检测评估或取得第三方出具的相关认证。

实质合规的体现可以认为：(1)实现了网络适度安全，并确保持续改进；(2)将网络安全事件的频次、危害控制在可接受风险的水平；(3)符合监管要求的，可通过外部举报、投诉的发生率进行印证。

## 2. 网络安全法律体系在执法与司法中的投射与验证

《网络安全法》无疑是近两年来国内立法的焦点，特别是2016年11月通过以来，作为监管机构的网信部门配套制度出台。网络相关行业、传统行业，法律行业都投入了许多关注。整体而言，《网络安全法》作为规范网络主体和行为的基本法，具有公法的明显特征。特别是其中条款与现有刑事法律（含司法解释）的直接呼应与对接，体现出因应**网络安全事件**（包括危害网络安全行为、其他网络安全事件）——例如**勒索软件攻击事件**同时波及多个重要和一般领域系统、网络——综合防范与治理的基本思路。

《网络安全法》考虑与刑事司法的优先对接，概因网络安全事件具有同时侵害国家安全、社会公众利益（和提供公众服务的关键信息基础设施——美国2017年5月11日13228号总统行政令"增强联邦政府网络和关键基础设施网络安全"点名"Publicly Traded Critical Infrastructure Entities"）、不特定个人合法权益等**国家网络空间整体安全**"不对称性"特征，传统民事法律面临立法资源、价值效率和实现的多重局限，例如如何通过民事诉讼方式解决本次勒索软件攻击事件，2007年的赛门铁克"误杀"案件就是一个负面参照。因此《网络安全法》从正向行为规范和法律责任追责并举方式，首先要解决与《中华人民共和国刑法修正案（九）》（以下简称《刑法修正案（九）》）、《最高人民法院、最高人民检察院关于办理侵犯公民个人信息刑事案件适用法律若干问题的解释》等若干罪名的匹配问题。

其次，《网络安全法》的一些制度安排体现了行政执法的效率性思考，特别包括第五十条"境外信息阻断"、第五十六条"安全事件约谈"、第五十八条"通信临时限制"等措施,这些制度安排一方面毫无疑问提升了网络安全事件响应效率;另一方面则可能对特定主体权益构成潜在影响,并对传统意义上的"可诉性"构成挑战。《网络安全法》显然已经意识到这一问题,并尝试在第三十条"**网信部门信息用途限定**"中事先进行约束。

再次,可视为《网络安全法》配套的《最高人民法院、最高人民检察院、公安部关于办理刑事案件收集提取和审查判断电子数据若干问题的规定》详细规定了电子数据证据**取证原则**、取证程序与审查方法,瑕疵补正与非法排除等内容,是验证《网络安全法》所有主体符合与否的根本性证据依据。

综上,在《网络安全法》施行后,网络安全/合规风险管理的司法实践将迎来全新格局,并将通过个案形式验证《网络安全法》条文的"可用性"。

# 3. 《网络安全法》对不同责任主体的影响与隐性合规义务[①]

《网络安全法》（网安法）作为规范网络安全实践的基本法，特别是 2016 年 11 月通过以来监管机构出台了一系列配套制度，系统性识别和规定了网络运营者与关键信息基础设施（CII）运营者、网络产品/服务提供者、电子信息发送/应用软件下载服务提供者、网络安全服务机构等特定运营者的职责与义务，基于区分主体与匹配责任的体系架构已悄然成型。

从责任主体（企业为例）看，机遇与挑战并存。一方面网络安全威胁具有以小搏大的不对称性（如 2017 年 5 月的勒索软件攻击事件），以提升网络安全风险管理为机遇实现企业网络安全/合规风险的消减，保障业务运营具有积极和正面意义；另一方面，网安法宽泛的网络运营者定义、义务和责任边界，乃至对企业社会责任的要求，则需企业战略性的初次投入和持续性的投入。不同责任主体具有网络安全/合规风险的不同需求，技术、管理与法律措施都应纳入考量。

## 一、区分类型的企业主要义务

1. 包括特定运营者在内的网络运营者应按照网络安全等级保护制度履行**安全保护义务**，特别是制定和优化安全管理制度（以及信息实名与保护制度等），

---

[①] 本文首发于 2017 年 5 月 E 安全，为《网络安全法》通过，尚未施行时的早期解读。

以实现对有限人财物的合理配置，并精确到"直接负责的主管人员和其他直接责任人员"，否则将承担从警告、罚款到关停、吊销直至刑事责任。

2. 网络产品／服务提供者应对国家标准的**强制性要求**，实现质量（缺陷、漏洞、期限）、服务（保密、水平）的协议层面符合；涉及网络关键设备和网络安全专用产品的，还应寻求对认证检测资质与评测协议的审查、目录时效性等方面的法律支持。

3. 网安法为电子信息发送／应用软件下载服务提供者的信息发布、推送和下载服务设定了**安全管理义务**，涵盖了从内容审查到质量（恶意软件）控制的各方面，需要法律视角的研判和论证，以认定和识别"任何个人和组织"的禁止性信息内容、危害网络安全行为。

4. 针对CII运营者**附加保护要求**，其中背景调查、意识培训、国家安全审查、数据本地化、年度安全评估、应急预案制定和演练都属于前沿、复合的合规内容——这也是为何会在欧盟ENISA两年一度的演习中看到律师身影。

5. 网络安全服务机构在**风险评估**、**信息共享**等方面具有不可替代的作用，但规范缺失导致个案频发（如白帽子事件），需要对第26条"国家有关规定"进行法律的权威解读。

整体而言，企业应通过从法条、标准、再到制度与技术分项控制的路径进行部署与整合，以实现网安法的落地和"可用性"。

在从不同主体视角的典型合规义务和实现思路之外，有些合规义务则需从《网络安全法》与现行有效之其他基本法综合研判得出，此即构成网安法相关特定主体合规的隐性成本。

## 二、刑法扩张及后果的评估

从行刑衔接的视角来看，《网络安全法》第三章27条、第四章44条和46条与《刑法修正案（九）》的关系无疑紧密，两高《关于办理侵犯公民个人信息刑事案件适用法律若干问题的解释》则可视为对《网络安全法》第四章个人信息保护制度的及时"补位"。《网络安全法》考虑与刑事司法的优先对接，概因网络安全事件具有同时侵害国家安全、社会公众利益、不特定个人合法权益等**"国家网络空间整体安全"**的"不对称性"特征,传统民事途径面临立法资源、价值效率和实现的多重局限等问题,例如新近爆发的**勒索软件攻击事件**同时波及多个重要和一般领域系统、网络,需要以公法的"综合防范与治理"思路予以快速回应;但另一方面,泛化和背离刑法谦抑性的介入则会徒增网络运营者等责任主体的合规成本。例如对公民个人信息保护,刑法的提前和全面规范,在市场发育尚欠充分的场景下则可能会抑制数据流通和(大)数据分析技术,也导致无法通过市场化交易的方式构筑数据价值形成机制。对此,2007 年的赛门铁克"误杀"案件就是一个负面参照,应考虑对网安法进行持续的立法效果监测与评估,正视与刑法的对接问题。

## 三、行政法上的可诉性问题

网安法的一些制度安排体现了行政执法的效率性思考,同时对传统意义上的"可诉性"也构成了挑战。特别包括第 50 条"境外信息阻断"、第 56 条"安全事件约谈"、第 58 条"通信临时限制"等措施,这些制度安排一方面毫无疑问提升了网络安全事件响应效率,另一方面则可能对特定主体权益构成潜在和不可逆的影响。

以约谈为例,学术界通说认为约谈限于"行政指导"的功能,不具有《行政处罚法》意义上的可诉性。在具体实施中,如 2017 年 6 月 1 日通过的《互联网信息内容管理行政执法程序规定》(该规定直接对应网安法第 12 条、第 47 条、第 50 条等内容),其第五章专门规定了听证、约谈,但这两者在行政法上对行政相对人(如网络运营者)的意义显然相反,前者属于网络运营者的权利,后者则为**不确定的双重义务**,即不仅约谈行为本身无法通过复议、诉讼等方式救济,且约谈并不免除后续行政处罚的责任。

综上,尽管网安法 30 条"**网信部门信息用途限定**"等进行了事先约束,并在第 73 条等规定了监管者渎职的法律责任,但随着网络空间民事、行政与刑事立法的进一步夯实与平衡,相关制度设计应有各自归位的长远考量。

# 4. 区分运营主体的强制性义务自查机制

《网络安全法》不仅是一部体现顶层设计，自上而下的基本法，而且是一部企业迎难而上，顺势而为的"自适应"规则体系。由于《网络安全法》一方面采用了宽泛的网络运营者的定义，另一方面又贯彻以分级分层保护思路，因此企业既要主动和自觉适用相关条款，同时又应有理有据地甄别和排除非适用条款（比如是否适用 CII 运营者的监管要求），以实现给定成本和投入前提下核心与关键业务的优先考虑和人财物的优化配置——整体而言，企业需要一份有效的风险控制自查清单，快速发现问题，并以发现为契机带动企业网络安全治理体系的战略部署和规范建设。

《网络安全法》下的规范主体可以简单分为网络运营者和关键信息基础设施（CII）运营者，网络运营者又可区分为一般企业的网络化（即所谓的互联网＋），另一类则包括了网络产品/服务的提供者、电子信息发送服务/应用软件下载服务提供者、网络安全服务机构等网络行业企业。因此高效的自查可以基于简单分类和风险控制清单设计，实现企业对自身网络安全风险、合规风险的快速匹配，为持续合规与完善夯实基础。

## 一、网络运营者的自查

网络运营者自查的维度构成按照《网络安全法》的体系一般顺次分为四到五个"域"，一是网络安全管理机构制度，二是网络运行安全，三是数据安全，四是监测预警与应急处置,通过四个域的设置,基本可以实现对《网络安全法》要求的网络安全保护义务的覆盖。此外,针对不同网络产品、服务,还应增加控制域,比如对"网络信息服务提供者"和其中已经通过《网络安全法》配套制度《互联网新闻信息服务管理规定》所规定的"互联网新闻信息服务提供者",需增加第五项内容安全,以突显对"十不准"等禁止内容的针对性治理,而对于某些行业(比如电商、快递),则需要从"网络安全管理机构制度"的角度将人员安全单独列出,作为重点关注点。

在区分安全管理的"域"之后,应考虑技术措施、管理制度、协议条款,以及具体的部署和管控行为,将法律条款的法言法语转化为符合企业应用的语言。

以典型的《网络安全法》第二十一条为例,"网络运营者应当按照网络安全等级保护制度的要求,履行下列安全保护义务,……(二)采取防范计算机病毒和网络攻击、网络侵入等危害网络安全行为的技术措施",在企业的实际部署上,(1)采购和部署 IPS/IDS 等软硬件设备,并对其进行定期升级、漏洞修复等规范动作;(2)进一步而言,则要求企业在进行前述的采购和部署时,应按照《网络安全法》第二十二条"网络产品、服务应当符合相关国家标准的强制性要求。网络产品、服务的提供者不得设置恶意程序;发现其网络产品、服务存在安全缺陷、漏洞等风险时,应当立即采取补救措施,按照规定及时告知用户并向有关主管部门报告"的规定对供应商进行技术、标准、(服务水平)协议、管理、人员(访问控制)层面的审查;(3)通过相互串联、迭代、印证,以期最终能够全面形成符合《最高人民法院、最高人民检察院、公安部关于办理刑事案件收集提取和审查判断电子数据若干问题的规定》规定的有效的电子数据证据链。

企业自查,就是按照清单设计和体现的治理思路,发现问题,形成印象,为后续的整改和提高提供支持。即问题发现为《网络安全法》合规的第一步,同时自查的过程也是一次系统的《网络安全法》普法培训的过程,有利于企业形成统一思想和一致行动。

## 二、关键信息基础设施（CII）运营者的自查

CII 的自查同样可以按照不同安全域的思路进行，一是网络安全机构、制度和责任人，二是网络运行安全，三是数据安全，四是监测预警与应急处置，但在每个域的控制规范上应给出比一般网络运营者更高的要求，例如《网络安全法》第三十四条的附件网络安全保护义务。但其实对 CII 运营者而言，最为基本的和体现企业投入的规范要求为《网络安全法》第三十三条"建设关键信息基础设施应当确保其具有支持业务稳定、持续运行的性能，并保证安全技术措施同步规划、同步建设、同步使用"。这一规定不仅意味着对新建设施需进行"三同步"，更要求对所有的已建设施进行改造、升级，其难度和复杂程度绝对高于新建设施。

因此对《网络安全法》第三十三条的自查，无论是借助或利用网络、信息系统维持核心或关键运营的设施部署，还是以网络、信息系统为运营设施的直接上线，均应考虑以下问题：（1）先行设计，并由域中的网络安全机构、负责人出具专门评估意见，必要时需聘请外部机构进行独立评估（参考《网络安全法》第二十三条）；（2）同步上线与业务复杂程度和风险状况相适应的风险管理功能（系统），包括制定和预备应急预案，特别是回滚方案等；（3）实施风险计量、监控、预警和干预，并及时更新。概而言之，"三同步"是不亚于环评的控制机制，一旦严格实施完全可以参考环评监管的力度。

此外，在网络运营者和 CII 运营者之间，存在一定程度上的相互牵制和"穿越"，从《网络安全法》第三十一条第二款，"国家鼓励关键信息基础设施以外的网络运营者自愿参与关键信息基础设施保护体系"可见一斑。在进行自查时，量化判断适用哪种自查清单存在一些不确定性（CII 确定指南提供了一些指引性的参考），这就要求在自查发现时，预留提升和严格监管的空间，避免受限于预算给定等限制。

# 5. 网络运营者的隐性合规义务

本文从不同视角简述了合规主体的典型合规义务和实现思路。但有些合规义务需从《网络安全法》与现行有效之其他基本法中综合研判得出,此即构成《网络安全法》相关特定主体合规的隐性成本。

## 一、刑法扩张及后果的评估

从行刑衔接的视角来看,《网络安全法》第三章第二十七条、第四章第四十四条和第四十六条与《刑法修正案(九)》的关系无疑非常紧密,《最高人民法院、最高人民检察院关于办理侵犯公民个人信息刑事案件适用法律若干问题的解释》则可视为对《网络安全法》第四章个人信息保护制度的及时"补位"。《网络安全法》考虑与刑事司法的优先对接,概因网络安全事件具有同时侵害国家安全、社会公众利益、不特定个人合法权益等"**国家网络空间整体安全**"的"**不对称性**"特征,传统民事途径面临立法资源、价值效率和实现的多重局限等问题,例如新近爆发的**勒索软件攻击事件**同时波及多个重要和一般领域系统、网络,需要以公法的"综合防范与治理"思路予以快速回应;但另一方面,泛化和背离刑法谦抑性的介入则会徒增网络运营者等责任主体的合规成本。例如对公民个人信息保护,刑法的提前和全面规范,在市场发育尚欠充分的场景下则可能会抑制数据流通和(大)数据分析技术,也导致无法通过市场化交易的方式构筑数据价值形成机制。对此,2007年的赛门铁克"误杀"案件就是一个负面参照，应考虑对《网络安全法》进行持续的立法效果监测与评估，正视与刑法的对接问题。

## 二、行政法上的可诉性问题

《网络安全法》的一些制度安排体现了行政执法的效率性思考，同时对传统意义上的"可诉性"也构成了挑战。特别包括第五十条"境外信息阻断"、第五十六条"安全事件约谈"、第五十八条"通信临时限制"等措施，这些制度安排一方面毫无疑问提升了网络安全事件响应效率，另一方面则可能对特定主体权益构成潜在和不可逆的影响。

以约谈为例，学术界通说认为约谈限于"行政指导"的功能，不具有《中华人民共和国行政处罚法》（以下简称《行政处罚法》）意义上的可诉性。在具体实施中，如 2017 年 6 月 1 日通过的《互联网信息内容管理行政执法程序规定》（该规定直接对应《网络安全法》第十二条、第四十九条、第五十条等内容），其第五章对听证、约谈问题作了专门规定，但这两者在行政法上对行政相对人（如网络运营者）的意义显然相反，前者属于网络运营者的权利，后者则为**不确定的双重义务**，即不仅约谈行为本身无法通过复议、诉讼等方式救济，而且约谈并不免除后续行政处罚的责任。

综上，尽管《网络安全法》第三十条"**网信部门信息用途限定**"等对信息的使用进行了事先约束，并在第七十三条等规定了监管者渎职的法律责任，但随着网络空间民事、行政与刑事立法的进一步夯实与平衡，相关制度设计还应有各自归位的长远考量。

# 6. 如何实现《网络安全法》第三十八条的年度风险评估合规要求

《网络安全法》第三十八条和《关键信息基础设施安全保护条例》（征求意见稿）第二十八条规定，关键信息基础设施的运营者应当自行或者委托网络安全服务机构对其网络的安全性和可能存在的风险每年至少进行一次检测评估，并将检测评估情况和改进措施报送相关负责关键信息基础设施安全保护工作的部门。该规定与美国《联邦信息安全现代化法案》等域外法律已体现出各国对网络安全风险评估的认识与重要性研判上升到类似《萨班斯法案》的合规高度，对关键信息基础设施运营者的成本投入、内控水平等都提出了更高要求。

本文比较了美国国家标准与技术研究院（NIST）于2014年制定的《提升关键基础设施网络安全框架》（CSF Ver 1.0），我国财政部、证监会、审计署、银保监会发布的于2009年开始实施的《企业内部控制基本规范》（借鉴了包括COSO内部控制整合框架等），传统信息安全领域经典的ISO 27001体系，以及工信部《工业控制系统信息安全防护指南》、《工业控制系统信息安全防护能力评估工作管理办法》（含附件《工业控制系统信息安全防护能力评估方法》）几种年度风险评估的方法，以供开展相关合规工作参考。

| NIST 框架 | ISO/IEC 体系 | 内控规范及 COSO（2004） | | 工控指南/方法 |
|---|---|---|---|---|
| 提供了《联邦信息安全管理法》《联邦信息安全现代化法》等与关键设施保护总令、标准的衔接 | 基于信息安全风险管理，通过从控制域到控制目标再到控制措施逐层细化，特定的增加项体现在 27000 等标准簇中 | 侧重业务整体性和审计：内部控制审计是建设与实施内部控制的重要环节，是检验内部控制有效性的重要手段和有力保证 | | 按照《工业控制系统信息安全防护能力评估方法》5.8.3 定期评估要求，该评估为"评估所形成的评估得分及报告，仅是对评估时工控系统安全防护状况的表述"，实质上符合第三十八条评估要求 |
| 识别 | 资产管理 | 安全方针（策略） | 内部环境/目标设定 | 组织架构 | 安全软件选择与管理 |
| | 业务环境 | 信息安全组织 | | 发展战略 | 配置和补丁管理 |
| | （公司）治理 | 资产管理 | | 人力资源 | 边界安全防护 |
| | 风险评估 | 人力资源安全 | | 社会责任 | 物理和环境安全防护 |
| | 风险管理战略 | 物理和环境安全 | | 企业文化 | 身份认证 |
| | 供应链风险管理 | 通信和操作管理 | | 资金活动 | 远程访问安全 |
| 防护 | 身份管理与访问控制 | 访问控制 | 事项识别/风险评估/监控 | 采购业务 | 安全监测和应急预案演练 |
| | 意识与培训 | 信息系统获取、开发和维护 | | 资产管理 | 资产安全 |
| | 数据安全 | 事件管理 | | 销售业务 | 数据安全 |
| | 信息保护规程 | 业务连续性管理 | | 研究与开发 | 内部控制应用 | 供应链管理 |
| | （业务）连续性 | 符合性 | | 工程项目 | | 落实责任（人） |
| | 保护技术措施 | 提供审计与认证的组织增加项 | | 担保业务 | | |
| 检测 | 异常与事件 | 电信组织增加项 | | 业务外包 | | |
| | 安全持续性监控 | 金融机构增加项 | | 信息系统 | | |
| | 检测规程 | 云服务机构增加项 | | 财务报告 | | |
| 响应 | 应急计划 | 个人可识别信息（PII）增加项 | 风险应对/控制活动 | 全面预算 | | |
| | 通信 | 能源行业增加项 | | 合同管理 | | |
| | 分析 | 网络安全（cybersecurity）增加项 | 信息与沟通 | 内部信息传递 | | |
| | 缓解 | 信息安全事件管理增加项 | | 缺陷认定 | | |
| | 改进 | 供应链安全增加项 | 控制活动/内部监督 | 自我评价 | 内部控制评价 | |
| 恢复 | 恢复计划 | 电子数据证据增加项 | | 利用信息系统实施内部控制 | | |
| | 提升 | 入侵检测（IDPS）增加项 | | 内控审计报告 | 内部控制审计 | |
| | 通讯 | 隐私管理增加项 | (本格特意留空) | | | |

作为基础制度文件,《网络安全法》并未对检测评估的具体内容作出指引和示范性规定,因此可以理解为在相应的指引或示范性规定未出台之前,关键信息基础设施运营者根据并结合所在行业要求和自身特点,以上述规定的实质性符合为目标所作出和报送的评估报告,都属于《网络安全法》所称的年度关键信息基础设施网络安全评估报告。

# 7. 网络安全的实名制监管

## 一、实名制的监管规定

《网络安全法》第八条规定,"国家网信部门负责统筹协调网络安全工作和相关监督管理工作。国务院电信主管部门、公安部门和其他有关机关依照本法和有关法律、行政法规的规定,在各自职责范围内负责网络安全保护和监督管理工作。"据此形成了网信、电信、公安等部门各司其职并在网信部门统筹协调下开展网络安全工作和监管的职责布局。同时,《网络安全法》第二十四条的规定视为是实名制的明确规定:"网络运营者为用户办理网络接入、域名注册服务,办理固定电话、移动电话等入网手续,或者为用户提供信息发布、即时通讯等服务,在与用户签订协议或者确认提供服务时,应当要求用户提供真实身份信息。"

结合相关配套文件,网信部门通过《国务院关于授权国家互联网信息办公室负责互联网信息内容管理工作的通知》确立了其对网络信息内容管理的一般职责,实名制作为网络信息内容管理的前置要求,其作用和目的在于实现网络信息内容与真实发布者之间的准确关联。因此,尽管实名制所产生的数据作为个人信息已经打通并贯穿于线上线下的各个领域,但监管具体规则应分别落地于物理空间和网络空间,分别归入公安部门、电信部门和网信部门的监管范围,特别是《网络安全法》规定公安部门职责体现为《网络安全法》规定的"任何个人和组织有权对危害网络安全的行为"的举报,对"从事危害网络安全的活动",予以没收违法所得、拘留、罚款等处罚,这实际上是实名制的个人信息"定位"到具体个人的"最后一公里"。

## 二、实名制监管的分工

基于以上,例如网吧、旅馆等物理场所的实名制规范基于《治安管理处罚法》由公安机关进行管理;电话、域名等电信服务的实名制规范由电信部门进行管理,现行规定包括《互联网域名管理办法》、《通信短信息服务管理规定》《电话用户真实身份信息登记规定》[①];《互联网新闻信息服务管理规定》、《互联网论坛社区服务管理规定》、《互联网跟帖评论服务管理规定》,以及最新发布的《互联网用户公众账号信息服务管理规定》、《互联网群组信息服务管理规定》等则将网站平台类的规范作为信息内容管理纳入网信部门。

## 三、违反实名制的行政处罚

按照《网络安全法》第六十一条,网络运营者违反实名制的,由有关主管部门责令改正;拒不改正或者情节严重的,处五万元以上五十万元以下罚款,并可以由有关主管部门(包括公安部门等发证机关)责令暂停相关业务、停业整顿、关闭网站、吊销相关业务许可证或者吊销营业执照,对直接负责的主管人员和其他直接责任人员处一万元以上十万元以下罚款。

特别值得注意的是,《治安管理处罚法》(修订公开征求意见稿)第七十二条规定:"电信、互联网、金融、长途客运、机动车租赁等业务经营者、服务提供者未按规定对客户身份进行查验,或者对身份不明、拒绝身份查验的客户提供服务,经主管部门行政处罚后一年内又实施的,对其直接负责的主管人员和

---

[①] 与同期发布的《电信和互联网用户个人信息保护规定》,体现了在前《网络安全法》时代对个人信息保护和实名制保护与治理并重的思路。

其他直接责任人员处五日以下拘留；情节较重的，处五日以上十日以下拘留。仍不改正的，由原发证部门吊销其有关证照。"据此公安机关对实名制违法行为拥有第二次处罚的权力。

## 8. 数据企业如何实现执法协助的合规

### 前言

美国新近的《CLOUD法案》再次将2013年底开始的微软与美国政府之间境外爱尔兰数据令状一案推向幕前。2018年2月底美最高法院开庭审理该案，即将给出司法机关的最终意见，该意见与立法机关在《CLOUD法案》中的法条表述，将一并构成当前"美国CLOUD法案允许政府跨境调取数据，中国客户存在美国云服务商那里的数据特朗普想看就看"和"欧盟寻求立法允许执法部门跨境获得用户资料"普遍焦虑的来源。一时间，要求对从事境内跨境业务企业和《网络安全法》第三十七条重新审视和解释的讨论如火如荼。

笔者对微软系列案长期给予关注（参见《微软电子邮件案与数据管辖的基础问题浅析》和《网络服务商的"自我搜查"权利及其限制》，载于《信息网络与高新技术法律前沿》第八卷、第九卷）。其实微软对跨境数据存取司法实践的推动可谓功劳巨大，除了上述能否获取"神秘客户"位于境外爱尔兰服务器上邮件的基础刑案外，微软还贡献了包括"导演"起诉前高级软件架构师亚历克斯·基布卡尔（Alex Kibkalo）商业秘密刑案等，直接挑战了美执法机关的权限。上述两案与苹果与FBI的iPhone 5c案都是当年的经典案例。对上述法案和案例的进展，参见本书《美CLOUD法案综述与对中国境内服务提供者影响》《协助解密：百年AWA法案和苹果解锁争议》。

本文分三部分。一是摘录了各方在案件过程中呈现的亮点,部分论调恐怕连美国最高法院九人也要拍案叫绝;二是考虑到新鲜出炉的《CLOUD法案》,必须将其中的关键点放出以飨读者;三是结合中国《网络安全法》和合规实务的好实践,给各家数据企业(比《网络安全法》的网络运营者概念略宽泛,但可以约等于)的合规一些可视化的参考。

本文主要基于我国《网络安全法》、《刑事诉讼法》,美国《联邦刑事诉讼规则》(Federal Rules of Criminal Procedure)、《CLOUD法案》(立法程序中)和若干判例,不穷尽所有执法类型,仅作一般性合规参考。

## 个案亮点呈现

1. 法院令状的性质:地方法院签发的令状具有搜查令和传票的混合属性。传票属性要求ISP自行提供其处理、保管或控制的信息而不需考虑信息的物理存储位置,并具有无需政府机构人员的直接介入、无需说明合理事由等较少的程序限制;搜查令属性则可以确保符合证据规则和合法的取证方式,以适用于获取数据。一般来说,法院令状属于调查令或者定性为传票,同时具有两种属性,是对法院令状性质不同寻常的诠释。

2. 将搜、查分开解释:微软认为,搜查令的"搜"和"查"应有所区别,在"查"的行为发生之前有"搜"的过程,法院故意混同了不同行为,导致了错误适用——一旦微软按照搜查令实施了邮件复制的行为,就构成了第四修正案下的"搜",而非法院认为的"呈现"。当政府机构实施了数据复制,便实际占有了数据并可用作其他用途,用户便失去了对数据的绝对权利,后续如何"查"的行为对用户而言就显得不再重要。在大数据时代,搜而不查的数据囤积不可谓不严重!

3. "自抛自扣":按照EFF解读,基布卡尔案中微软暗示其"无需获得法院令状,就能够'自己搜查自己'"。尽管有微软法务部门的内部授权,但此行为已违反了电子通信隐私法(ECPA),即微软应当在获得相应授权/许可令状之后才能进行相关的邮件搜查(search,在EFF的表述中,搜查的概念似乎从属于调查）活动。微软则发微博称：他们认为 Hotmail 和 Outlook 电子邮件属于个人隐私。……他们也仅仅会在极端情况下查看（此处用了 review，弱化了行为的强制性和侵犯性）用户的邮箱及其他服务数据。看看、搜查、调查、查看！各方咬文嚼字到令人发指的程度！

## CLOUD 法案关键条款

虽然美国最高法院九人组这两年蹭热点的频度越来越高，但 115-116 届国会这两年也没闲着，议员们学习热情高涨，提出了电网研发、漏洞发掘、信息共享等各类法案。为了用"21 世纪的法律来保护 21 世纪的技术"，阿奇（Hatch）等一波议员埋头苦写了 CLOUD 法案（参议院版本）。法案可以分为两个部分：一是解决类似微软 Ireland 案的美执法机关如何获取境外数据的问题，二是作为对连锁反应的反应，如何回应外国政府对美提出的类似要求。

（一）法案规定，电子通信服务或远程计算服务的提供者（"**服务供应商**"）应当遵守本章规定的义务，保存、备份和披露有线和电子通信的内容以及拥有、监管或控制的与其用户或订户的相关的任何记录或其他信息，无论此类通信、记录或其他信息位于美国境内或是境外。

作为例外，法案规定服务供应商可以在 14 天内提出撤销或变更（获取数据）法律程序的动议，理由可以是以下内容：（1）目标对象不是"美国人"且不在美国境内居住；（2）所要求的披露将会使服务供应商陷入违反适格外国政府法律的实质性风险。

由于法案给了服务供应商一个反驳或抗辩政府获取数据的除外性规定，当然法案不限制或妨碍服务提供者基于其他理由的申请，但"该申请是基于与适格外国政府法律冲突而撤销的唯一理由"。单看此条，"美国 CLOUD 法案允许政府跨境调取数据，中国客户存在美国云服务商那里的数据特朗普想看就看？"似乎是个伪问题。然而，法案进一步规定了政府可以对服务提供者的申请作出回应，除了判断是不是美国人和对外国法律的违反外，法院可以综合考虑政府对"个案情形"的阐释，决定最终是否对法律程序作出改变或撤销。其中首要的便是美国利益（the interests of the United States）。**换句话就是，如果法院经过制衡决定优先考虑美国利益，微软也需提供境外数据，即使是外国人或与外国法律存在冲突**。故对各国《网络安全法》理解深邃、电子证据运用老道的微软等科技公司对此表示"谨慎乐观"，微软首席法务官布拉德·史密斯（Brad Smith）表示对迄今为止的诉讼（成果）只是感到鼓舞。

（二）外国政府对美（实际上包括美国企业或位于美国境内两种情况）数据收集方面，法案认为在符合"适格外国政府"的前提下，进行大小约30项的实质性检视，以确保外国政府对"隐私权和公民自由提供了实质性和程序性的强有力保护"。其中的"对促进和保护全球信息自由流通和互联网的开放、传播和互联性作出承诺"，其他安理会常任理事国和发展中大国表示对此多有不同的理解。而程序上则包括要求总检察长在与国务卿达成一致"决议"，并向国会提交书面认可文件，国会则会对此进行进一步听证、审查，等等。

总之，法案的某些方面规定极其细致，另一些则模糊含混，具有前网络时代的法言法语通病。由于法案目前仍处于引入国会阶段，也会受最高法院最终裁判的因素影响，故其最终版本和通过情况仍然有不确定性。

## 合规建议

从中国法下企业视角，以境内执法机构（行政/刑事）要求获取境内企业存储在境外的数据为例，给出合规建议：

| 序号 | 流程合规符合 | 法律依据或细化分析 | 备注 |
| --- | --- | --- | --- |
| 0 | 企业架构与对接人员安排 | 应考虑相应职位与人员配备，相关安全技术、意识、《网络安全法》等法律的培训 | |
| 1 | 调查令/函及其内容的查看/核实 | 了解或需获取的资料、信息的具体内容和法律依据 | 参考腾讯"拒绝法院调取微信聊天记录的回函"事件 |
| 2 | 其他程序性合法要件的查看/核实 | 如执法人员人数，执法证件等 | |

续表

| 序号 | 流程合规符合 | 法律依据或细化分析 | 备注 |
|---|---|---|---|
| 3 | 对需调查（访问、获取）数据做内容数据和非内容数据的区分 | 不同数据类型在云上的存储逻辑和物理位置都有差异，应与调查令内容结合考虑 | |
| 4 | 数据存储国的数据合规要求评估 | 如CLOUD法案下的程序与实质要求 | 再如，越南不设定严格的数据本地化要求，故可能直接转向对位于例如美国境内数据的获取 |
| 5 | 数据访问路径国的数据跨境要求 | 如适用 | |
| 6 | 访问企业境外数据的方法 | 考虑并区分由自行内部人员访问还是接入执法机关，需外部律师评估对调查令的符合性 | |
| 7 | 对相关数据的获取（提取、提供）和介质要求 | 符合《网络安全法》《个人信息安全规范》等个人信息与数据保护的要求 | |
| 8 | 从备份数据中获取数据的合法性 | 如适用 | |
| 9 | 数据本地化的评估 | 对境外数据的获取，同样涉及境内数据的出境问题，应与执法机关确认并形成书面文件，以符合《个人信息和重要数据出境安全评估办法（征求意见稿）》等数据出境评估的要求 | |
| 10 | 对整体执法协助（取证过程）的固定及其合法理由 | 考虑必要的签署、记录、录音录像（如适用） | |
| 11 | 对加密数据的识别、解密或恢复 | 《网络安全法》对解密协助无条件限制 | 美对解密与否有相应规定，参考苹果iPhone 5c案 |
| 12 | 不建议远程访问、勘验或介入第三方网络及其合理理由 | 涉及数据出境、不安全网络风险等问题 | |
| 13 | 拒绝或无法协助的合理理由 | 如适用，需外部律师介入评估 | |
| 14 | 评估执法协助对企业运营的直接和间接影响 | 包括但不限于业务连续性、费用等 | |
| 15 | 对执法机构的其他协助建议 | | |

# 9.《网络安全法》对互联网企业的合规要求

《网络安全法》(含二次、三次审议稿中的若干调整,本文统称"《网络安全法》")对网络运营者的定义与范围作出了进一步细化,从而使得网络运营者具备了法律上包含和代替包括《全国人民代表大会常务委员会关于加强网络信息保护的决定》、《中华人民共和国反恐怖主义法》(以下简称《反恐怖主义法》)、《最高人民法院关于审理利用信息网络侵害人身权益民事纠纷案件适用法律若干问题的规定》等规范中的"网络服务提供者"、"电信业务经营者、互联网服务提供者"等在内的一系列术语的严谨性,并将上述术语统一整合纳入法律规范。而一般意义上的互联网企业则是比网络运营者更宽泛的用语,其不仅包括《网络安全法》中的网络运营者,还包括《网络安全法》中的其他主体,如关键信息基础设施运营者、网络产品/服务提供者、电子信息发送服务提供者/应用软件下载服务提供者,以及网络安全服务机构等第三方中介服务机构。这些统称为互联网企业的网络参与主体构成了广义上的网络运营者,也是本文研究对象。

在围绕《网络安全法》作为维护网络运行安全和信息安全的基本法展开的立法构架下,审视和分析其对互联网企业(《网络安全法》的主要规范对象)的职责和义务性规定,无疑具有极其基础和重要的价值。

概言之,《网络安全法》对互联网企业从以下几个方面提出或升级了合规要求,从而对其经营模式、成本效益等产生深刻影响。

## 一、互联网信息内容规范

《网络安全法》第十二条重述了《互联网信息服务管理办法》等规范规定的的互联网信息内容禁止性规定，并在第四十七条进一步规定，"网络运营者应当加强对其用户发布的信息的管理，发现法律、行政法规禁止发布或者传输的信息的，应当立即停止传输该信息，采取消除等处置措施，防止信息扩散，保存有关记录，并向有关主管部门报告。"

考虑到 2016 年巴西法院多次裁定暂停脸书（Facebook）公司的终端应用 WhatsApp 服务的司法案例[①]，上述规定将信息内容的禁止性规定违反明确为"安全事件"的一种类型尽管存有争议，但并非无先例可循。本文认为，对于违反上述规定的情形，《网络安全法》设置了类似于"多重验证"的执法步骤。首先是网络运营者的自我纠正；其次，在无法实现自我纠正时按照第五十条、第五十六条、第五十八条等规定，可以实施阻断、约谈、网络通信限制等技术、规范措施实施外部纠正；再次，在第六十八条规定，拒不改正或情节严重的，并应承担相应的法律责任。通过分段设计，一方面客观上在不同阶段增加了互联网企业的合规要求，另一方面也给予互联网企业基于法律风险评估（如衡量删除信息的用户减损和执法协助效力提升等不同需求的利益主体法律位阶的强制性和诉求的紧迫性等因素）实现有效合规提供了一定的缓冲空间。这一立法思路在其他条款设计中也多有体现。

## 二、个人信息保护原则和匿名化要求

《网络安全法》第四十一条规定："网络运营者收集、使用个人信息，应当遵循合法、正当、必要的原则，公开收集、使用规则，明示收集、使用信息的目的、方式和范围，并经被收集者同意。"上述规定实际上重述了《全国人民代表大会常务委员会关于加强网络信息保护的决定》（以下简称《决定》）的个

---

① 2016 年 7 月，巴西法院裁判暂停 WhatsApp 服务的境外司法实践，是类似举措的重要参考。

人信息保护的一般原则。并在第四十二条进一步发展了《决定》"国家保护能够识别公民个人身份和涉及公民个人隐私的电子信息"匿名化规定，网络运营者不得泄露、篡改、毁损其收集的公民个人信息；未经被收集者同意，不得向他人提供公民个人信息。但是，经过处理无法识别特定个人且不能复原的除外。

据此，《网络安全法》通过上述规定回应了个人数据匿名化的呼声，迎合了大数据分析的技术趋势，并为互联网企业规范处理个人数据给出了通用法律依据。可以认为，该规定大幅提升了《中华人民共和国统计法》（以下简称《统计法》）中"统计调查中获得的能够识别或者推断单个统计调查对象身份的资料，任何单位和个人不得对外提供、泄露，不得用于统计以外的目的"规定的水准，基本与新加坡修订后的《统计法》持平；同时也增加了数据处理的成本和难度。但是在大数据分析应用日益普遍化的当下，要求互联网企业作为微观经济主体提供和提升数据处理能力——将匿名化处理作为大数据分析应用的前提，是无法回避的基本问题。

## 三、网络身份管理规范

在个人信息保护规范的同时，《网络安全法》第二十四条规定，网络运营者为用户办理网络接入、域名注册服务，办理固定电话、移动电话等入网手续，或者为用户提供信息发布、即时通讯等服务，在与用户签订协议或者确认提供服务时，应当要求用户提供真实身份信息。用户不提供真实身份信息的，网络运营者不得为其提供相关服务。并进一步将"网络可信身份战略"作为《网络安全法》的两大战略之一，与"网络安全战略"并举。

实际上，上述对接入的实名制规定强化了互联网企业的审查义务。随着"可信""互认"的身份认证管理技术、规范的标准化和普遍应用，可以预见在推动化解早期实名制导致的数据泄露问题和减少相关顾虑的同时，继续推动实名制的形式审查向实质审查义务的改进，将成为所有互联网企业需要认真面对的合规问题，《网络安全法》已在第六十一条设置了违反实名制的法律责任条款。

## 四、网络产品、服务提供者的安全审查规范

对于网络产品、服务提供者,《网络安全法》第三十五条、三十六条规定,如向关键信息基础设施的运营者提供网络产品和服务,应符合(1)签订安全保密协议,明确安全和保密义务与责任;(2)可能影响国家安全的,应当通过国家网信部门会同国务院有关部门组织的国家安全审查。进一步而言,如果作为关键信息基础设施以外的网络运营者自愿参与关键信息基础设施保护体系,自愿性并不意味着责任的降低或转移,不仅需适用签署两项规定,还需参照第三十四条,增加履行额外安全保护义务。

本文认为,上述规定实际上构成了网络产品、服务采购的国家安全审查的基础内容,对网络产品、服务提供者,特别是境外供应商将产生深刻影响。在立足于本国发展现状并参照美国外资投资委员会(CFIUS)、欧盟等通行的反垄断审查机制直接设置的针对网络产品、服务设置的国家安全审查义务,在以关键信息基础设施保护为目标的《网络安全法》架构中极具杀伤力,部分是由于关键信息基础设施的边界和范围容易模糊和涉密保护的性质所决定。总之,一旦违反,则会"断崖式"的丧失提供商的适格性和外包资格,并可能承担第六十五条等规定的法律责任。

## 五、网络安全保护义务

《网络安全法》系统地规范了互联网企业的安全保护义务[①]。其第十条规定,"建设、运营网络或者通过网络提供服务,应当依照法律、行政法规的规定和国家标准的强制性要求,采取技术措施和其他必要措施,保障网络安全、稳定运行,有效应对网络安全事件,防范网络违法犯罪活动,维护网络数据的完整性、

---

[①] 针对关键信息基础设施的运营者的额外安全保护义务,不属于本文讨论内容。按照一般理解,《网络安全法》中包括数据跨境的安全评估、年度风险评估等制度设计超出了一般互联网企业的合规范围。

保密性和可用性。"同时在第三十三条参照环保法的规范提出了"建设关键信息基础设施应当确保其具有支持业务稳定、持续运行的性能，并保证安全技术措施同步规划、同步建设、同步使用"的三同步规定。

在具体的义务设计上，《网络安全法》第二十一条规定了互联网企业的具体义务，要求互联网企业在网络安全等级保护的基础上，包括网络运营者在内的互联网企业应当采取必要的管理和技术措施，履行安全保护义务。其中对网络日志的留存期限规定在三次审议稿后调整为"并按照规定留存相关的网络日志不少于六个月"，设定了互联网企业数据留存的下限，与二次审议稿的"并留存网络日志不少于六个月"比较，互联网企业应基于六个月的留存期限底限，遍历"相关""规定"，在对其他规定适用更长期限（更短期限的，按照此规定修订为不少于六个月）和类型的网络日志继续适用的基础上，重新梳理和规范数据留存的类型、容量和冗余等内控机制。本文认为，该第二十一条在与第三十七条综合考虑会导致互联网企业合规要求的进一步复杂化，第三十七条规定"关键信息基础设施的运营者在中华人民共和国境内运营中收集和产生的个人信息和重要数据应当在境内存储。因业务需要，确需向境外提供的，应当按照国家网信部门会同国务院有关部门制定的办法进行安全评估"，由于各国对数据留存期限的规定不同，例如英国正在修订中的《调查权法案》规定不少于十二个月，因此互联网企业在部署数据留存的内控机制时，将不得不在不同的留存期限中权衡和调整。

## 六、数据共享要求

《网络安全法》第五十一条、第五十二条规定建立网络安全监测预警和信息通报制度。第五十五条规定发生网络安全事件，应当立即启动网络安全事件应急预案，对网络安全事件进行调查和评估，要求网络运营者采取技术措施和其他必要措施，消除安全隐患，防止危害扩大，并及时向社会发布与公众有关的警示信息。上述规定是传统安全事件响应的一般思路，《网络安全法》在重述的基础上作出了进一步发展,要求网络安全服务机构等在内的互联网企业,基于"全天候全方位感知网络安全态势"的思路,实现网络安全信息共享——第三十九条"国家网信部门应当统筹协调有关部门对关键信息基础设施的安全保护采取下列措施:……(三)促进有关部门、关键信息基础设施运营者以及有关研究机构、网络安全服务机构等之间的网络安全信息共享"。同时,并对网络安全服务机构的安全信息发布作出了约束,第二十六条规定:"开展网络安全认证、检测、风险评估等活动,向社会发布系统漏洞、计算机病毒、网络攻击、网络侵入等网络安全信息,应当遵守国家有关规定。"

在《网络安全法》的构想中,已经考虑并在尝试的整合数据共享作为近年来提出并处于初步实践阶段的治理机制,例如美国已经在总统令的基础上正式在2015年《网络安全法案》中专章规定了《网络安全信息共享法案》(Cybersecurity Information Sharing Act of 2015)。同时兼顾了信息共享可能会引入或放大安全风险的问题,特别在《网络安全法》第三十条规定,网信部门和有关部门在履行网络安全保护职责中获取的信息,只能用于维护网络安全的需要,不得用于其他用途(比较二次审议稿第三十八条的规定:"国家网信部门和有关部门在关键信息基础设施保护中获取的信息,只能用于维护网络安全的需要,不得用于其他用途。"原规定只限于在关键信息基础设施保护中获取的信息)。

## 七、执法支持和协助

《网络安全法》第二十八条规定,"网络运营者应当为公安机关、国家安全机关依法维护国家安全和侦查犯罪的活动提供技术支持和协助。"随后《最高人民法院、最高人民检察院、公安部关于办理刑事案件收集提取和审查判断电子数据若干问题的规定》第三条的规定从不同视角细化了上述规定,"人民法院、人民检察院和公安机关有权依法向有关单位和个人收集、调取电子数据。有关单位和个人应当如实提供。"

上述执法协助的规定，和《国家安全法》第七十七条等规定实质上等同。互联网企业在比较不同法律规定的执法协助条款和履行具体的执法协助义务时，需要考虑基于本国实际的协助特点，尽管《网络安全法》并未直接对第二十八条设置法律责任条款：（1）六个月的网络日志留存期限与刑事侦查的不确定时限有冲突，应考虑部署缓解的合规措施；（2）由于不区分互联网企业是否持有密钥和解密技术，所以对互联网企业的解密要求可能高于国外的一些规范[①]；（3）上述规定不区分系统或应用产生的数据差异，对内容数据或非内容数据适用统一标准；（4）提供执法支持和协助属于互联网企业的义务，尚无补偿性条款。

## 八、跨国互联网企业的安全问题

《网络安全法》第三十七条规定，"关键信息基础设施的运营者在中华人民共和国境内运营中收集和产生的个人信息和重要数据应当在境内存储。因业务需要，确需向境外提供的，应当按照国家网信部门会同国务院有关部门制定的办法进行安全评估；法律、行政法规另有规定的，依照其规定。"

从字面理解，数据本地化的要求限于关键信息基础设施的运营者，跨国互联网企业在整个关键信息基础设施体系中的定位目前尚不明朗，但是2016年8月10日以美国商会（American Chamber of Commerce）为首的46家外国团体针对《网络安全法》和保监会发布的《保险机构信息化监管规定》发出联名意见函，认为"宽泛的数据本地存储要求"的"这些规定没有额外的安全益处，反而会阻碍经济增长，并且会对外国公司和中国公司进入市场造成障碍"，显然已经意识到了跨境数据流动监管并不局限于网络安全等级保护和关键信息基础设施限定的保密范围，但在正式发布的《网络安全法》中并未对此作出任何修订（比

---

① 按照公开信息，2016年的FBI要求苹果公司解锁枪击案嫌疑人的iPhone 5C手机，苹果公司声称并不持有密钥。从曝光的2015年雅虎遵循NSA要求开发秘密软件扫描邮件事件中雅虎公司的声明"雅虎是一家遵纪守法的公司，遵守美国的法律"看，如何遵守当地国法律，履行执法协助义务，将是所有互联网企业都会面临的难题。

较二次审议稿,第三十七条的修订限于将"重要业务数据"修订为"重要数据",可以理解为实际上扩大了数据留存的范围)。因此,在考虑数据跨境流动和本地存储问题时,除了上文提到的留存期限之外,更需考虑如何符合本地存储的硬性要求。

综上,《网络安全法》提出或提升了对互联网企业的合规要求,如何提前布局,需要互联网企业深入研究应对。例如,苹果公司为了应对数据本地存储问题,已经在2014年开始部署与本地电信企业的合作安排。本文认为,尽管存在诸多不确定性和争议条款,但基于现有的行业最佳实践,通过ISO或等同国标的推行,借鉴和采用财政部等《企业内部控制基本规范》、银监会等发出的若干管理指引,在技术、管理和法律措施中安排适度合理的内控配比,能够符合《网络安全法》的一般规定,降低互联网企业的合规风险。

# *10.* 约谈论

本文演示稿件成文于 2019 年 8 月的第四届 SSC 安全峰会。因主要面向网络安全圈内人士，原标题为"网络安全：人的因素与从业人员安全"，在向与会人士引介《网络安全法》、《治安管理处罚法》的执法主体和执法行为中，从正向角度肯定了多部门联合执法，例如 2019 年初的网信办、工信部、公安部、市场监管总局开展的 APP 违法违规收集使用个人信息专项治理执法行动；同时从反向对某些运动式执法提出了建议，并特别从改进和完善角度对约谈进行了较为系统的趋势分析，以期增进执法效能，实现执法规范。

## 一、约谈的现象级应用与隐忧

《网络安全法》第五十六条规定："省级以上人民政府有关部门在履行网络安全监督管理职责中，发现网络存在较大安全风险或者发生安全事件的，可以按照规定的权限和程序对该网络的运营者的法定代表人或者主要负责人进行约谈。网络运营者应当按照要求采取措施，进行整改，消除隐患。"自实施以来，约谈成为现象级应用。据初步整理的 2017 年至 2019 年的不完全信息显示，在诸多涉及《网络安全法》违法的案件处理中，都首先应用约谈的方式进行处理。公开检索的案例如下（为简单起见，部分直接援引了相关网页标题，未屏蔽监管对象名称）：

| | 监管对象或内容 | 监管机构 |
|---|---|---|
| 1 | BOSS 直聘 | 北京市网信办、天津市网信办 |
| 2 | 支付宝年度账单事件 | 国家网信办网络安全协调局 |
| 3 | 北京百度网讯科技有限公司、蚂蚁金服集团公司、北京字节跳动科技有限公司 | 工信部信息通信管理局 |
| 4 | WiFi 分享类网络应用服务企业 | 公安部网络安全保卫局 |
| 5 | 58 同城、赶集网 | 北京市网信办、北京市规划国土委 |
| 6 | 网易云音乐、百度网盘、B 站、猫耳 FM | 全国扫黄打非办 |
| 7 | 今日头条、凤凰新闻手机客户端 | 国家网信办指导北京市网信办 |
| 8 | 淘宝网、同花顺金融网、蘑菇街互动网、虾米音乐网、配音秀网等 | 浙江省网信办联合杭州市网信办 |
| 9 | 万豪酒店 | 上海黄浦区网信办和黄浦区市场监管局 |
| 10 | 百度、腾讯、新浪、今日头条、搜狐、网易、UC 头条、一点资讯、凤凰、知乎 10 家客户端自媒体平台 | 国家网信办 |
| 11 | 快手、火山小视频直播短视频平台 | 国家网信办 |
| 12 | 抖音、搜狗 | 北京市网信办、北京市工商局 |
| 13 | 微信公众号"二更食堂" | 浙江省网信办会同杭州市网信办 |
| 14 | 迅雷在线、酷狗音乐、PP 助手、红歌会等网站 | 广东省网信办 |
| 15 | 部分移动转售企业（垃圾信息） | 工信部信息通信管理局 |
| 16 | 上海倩言网络科技有限公司、上海鸣应信息技术有限公司 | 上海市网信办 |
| 17 | 微信（7.0）、聊天宝、马桶 MT、多闪等社交类应用 | 国家网信办 |
| 18 | 长江水利委员会、黄河水利委员会、淮河水利委员会、海河水利委员会、太湖流域管理局、汉江集团等（网络安全攻防演练） | 水利部网信办 |
| 19 | 滴滴出行、首汽约车、神州优车、曹操出行、美团出行、高德、嘀嗒出行、哈啰出行等 | 交通运输部、中央网信办、工业和信息化部、公安部、应急管理部、市场监督管理总局（交通运输新业态协同监管部际联席会议办公室）名义 |
| 20 | 北京陌陌科技有限公司（ZAO） | 工信部网络安全管理局 |

从上述及其他公开信息看，对约谈的适用存在以下的一些问题：

（1）部分案件未严格按照《网络安全法》规定的权限实施，或对约谈的适用性未作明确界定。例如在天津市区两级网信办依法约谈龙之声网案件中，对两级网信办是指导还是委托等方式并未明确，如不能明确则可能有违第五十六条规定的"省级以上人民政府有关部门"的规定导致区级网信办约谈的效力丧失。

（2）将约谈和行政处罚等法律责任混淆。还是在上述案件中，一方面适用约谈条款对网站"疏于管理、未严格执行有关规定，导致网站注册用户长期发布违法违规信息的情形提出严厉批评，并责令其立即整改"，另一方面却又认定"上述情形已违反《中华人民共和国网络安全法》第四十七条"，依据第六十八条规定进行处罚。而《网络安全法》第六十八条明确规定，"网络运营者违反本法第四十七条规定，对法律、行政法规禁止发布或者传输的信息未停止传输、采取消除等处置措施、保存有关记录的，由有关主管部门责令改正，给予警告，没收违法所得；拒不改正或者情节严重的，处十万元以上五十万元以下罚款，并可以责令暂停相关业务、停业整顿、关闭网站、吊销相关业务许可证或者吊销营业执照，对直接负责的主管人员和其他直接责任人员处一万元以上十万元以下罚款"，事实上本案又并未按照该条处罚。

（3）存在多监管机构就同一涉嫌违法情形重复约谈或适用不同行政处罚的风险。除以跨部门、联席等协调方式的约谈之外，一些案件的涉嫌违法可能存在同时违反若干法律法规的情形，但由于约谈的适用无需排除行政法上的"一事不再罚原则"，故存在不具有执法资格的机关参与约谈，或多执法机关对违法情形进行约谈和分别适用不同法律规定的可能。

（4）适用约谈的主体层级不完全匹配甚至错位。例如在上海黄浦市场监管局约谈万豪酒店案件中，《网络安全法》规定省级以上人民政府、有关部门的网信办和基于其他法律法规规定的主体同时作为约谈主体，不仅存在上述的权限问题，而且将上海市黄浦区市场监管局作为约谈主体，对此事按照《网络安全法》和《广告法》进行了立案也不符合其他法律规定，即作为法律适用依据之一的《网络安全法》明确排除了区级执法机构，另一适用依据的《中华人民共和国广告法》（以下简称《广告法》）并未将约谈作为执法或法律责任机制，责令万豪国际集团对官方中文网站及中文版面APP自动关闭一周，更超出了约谈的范围，应归入处罚后果。

以上种种，在实践中将导致监管对象在"被约谈"时产生困惑，即监管机构是否有权约谈？约谈的法律后果如何？对约谈的结果不符能否起诉监管机构? 未履行约谈结果的会导致何种法律后果? 而从监管机构角度, 得心应手地适用约谈看似起到了"四两拨千斤"的效果, 但持续使用会在长期产生何种法律效果和持续风险? 可能也需要再斟酌考虑。

本文认为, 如对约谈不加约束和明确的适用, 轻易、重复使用将可能会产生的不良反应如下: (1) 由于约谈的启动不如法律法规明确规定的行政处罚的条件严格, 故存在任意启动的随意性; (2) 由于启动的随意性, 对监管对象可能涉嫌的违法行为定性可能并未予以严格论证, 因为无需适用严格的行政处罚等法律后果, 故对涉嫌违法行为将不可避免地具有模糊性; (3) 这种启动的随意性和行为定性的模糊性将会引起监管对象对执法后果的不确定性, 加之不同层级的执法主体的涉嫌违法行为的定性不一致, 将最终导致执法机构的权威性受到影响; (4) 由于《广告法》《治安管理处罚法》等并未将约谈作为一种处罚手段进行适用, 且学界通说认为约谈属于一种行政指导, 不会对网络运营者等监管对象产生处罚等法律后果, 故作为网络运营者等监管对象而言, 将无法就监管机构的约谈行为提起行政诉讼, 即约谈行为不具可诉性。特别是以约谈之名, 同时对网络运营者进行笼统的整改评价, 甚至叠加责令关闭网站或应用等实质性"打包"处罚, 网络运营者的诉权从形式到实质将受到进一步抑制, 而监管对象权利伸张的抑制意味着监管机构权力的扩张; (5) 另一方面由于行为定性的模糊性和约谈本身不直接导致行政处罚的法律后果, 故在适用法律上, 监管机构的认定违法事实和准确适用法律的执法能力将不可避免被降低。最终, 一方面是权力扩张, 另一方面则是执法能力的弱化, 这种执法效能不仅堪忧, 而且一旦步入恶性循环将更甚危险。

从《网络安全法》第五十六条规定的约谈本质而言, 该规定并不是将约谈作为针对涉嫌违法的法律责任机制进行的规定, 而是将约谈作为一种风险防范和控制机制。其目的不在于对已经发生的危害后果进行处罚或救济, 而在于消除隐患, 防患于未然。因此如果严格评价前述已经包含了多数主流网络服务的网络运营者的约谈行为, 水利部网信办针对网络安全攻防演练发现问题进行的约谈, 以及公安部网络安全保卫局对 WiFi 分享类网络应用服务企业的约谈就是为数不多的符合立法本意的监管行为。这也是为什么约谈会放置在"监测预警与应急处置"的章节，而非法律责任章节。

## 二、因应约谈的合规建议

  网络运营者面临的约谈合规风险实在且迫切，如本文所显示，主要的网络应用服务都多少具有约谈的现实或潜在可能，因此如何因应与实现约谈合规，是急需回应的实践问题。特别是国家网信办发布《互联网新闻信息服务单位约谈工作规定》《互联网信息内容管理行政执法程序规定》后，对约谈从程序和实体的适用性上作出了初步规定，为网络运营者的约谈符合性提供了合规路径。概括而言，约谈合规应从程序与实体方面分别着手：

  1.从程序层面，作为"《互联网新闻信息服务单位约谈工作规定》无疑是对目前网络新闻信息的发布和传播的有效督导方式，但网信办如何防止约谈被滥用？"问题的回应，网信办答复：国家互联网信息办公室、地方互联网信息办公室对互联网新闻信息服务单位实施约谈，应当提前告知约谈事由，并约定时间、地点和参加人员等。实施约谈时，应当由两名以上执法人员参加，主动出示证件，并记录约谈情况。基于约谈将最终形成《互联网信息内容管理行政执法程序规定》附件12所称的执法约谈笔录。由于约谈涉及谈话人、被约谈人双方的约谈内容，被约谈人网络运营者是否有权利要求对笔录载明的具体内容保密，以至持有一份复印件，都需要在约谈程序中向监管机构申明，这些亦是未来约谈合规与整改的依据性文件。

  2.从实体符合层面，除了网信办基于《互联网信息内容管理行政执法程序规定》《互联网新闻信息服务单位约谈工作规定》的明确规定之外，约谈目前在《网络安全法》下存在不同程度的扩大化适用，一旦违反将可能纳入年检、征信等评价范畴，故网络运营者应注意以下几点：(1)将约谈风险作为"常态化"合规内容对待，即其发生的可能性较其他行政处罚大，特别是针对"互联网新闻信息服务单位"而言，不仅对于信息内容，包括"网络安全制度不健全、不落实的"、不符合《网络安全法》规定的网络安全等级保护或年度检测评估，甚至某些尚不明确的义务等情形都可能纳入或触发约谈;(2)应明确约谈整改范围、期限、具体措施和验证、评估机制等问题,避免引发进一步的处罚后果。这一方面的典型案例是江苏省消保委认为百度公司旗下两款手机软件手机百度、百度浏览器涉嫌侵犯消费者个人权益,经过两次约谈没有实质性整改,于2017年12月11日就百度公司涉嫌违法获取用户信息权限一事提起公益诉讼,南京市中级人民法院正式立案。后鉴于百度公司已整改,江苏省消保委提出撤诉,徒增合规成本;(3)应注意《网络安全法》规定的约谈和《互联网信息内容管理行政执法程序规定》的"互联网信息内容管理部门对互联网信息服务提供者违法行为作出行政处罚决定前,可以根据有关规定对其实施约谈"的差别,前者是独立程序,并不当然导致行政处罚或其他法律责任,而后者是处罚前的附属程序,即后者依附于或作为行政处罚程序的组成部分。

综上本文认为,约谈的普遍化适用可能导致监管机构的执法能力和执法范围的多重风险,如不加约束将导致滥用和增加监管对象合规的不确定性,应进一步通过法律法规进行规范,并综合其他治理手段进行准确适用。

# 11. 个人信息安全认证有感

最近百度地图和支付宝拿到了中国网络安全审查技术与认证中心的 GB/T 35273-2017 管理体系认证——就是《信息安全技术个人信息安全规范》2018 版，这一"事件"引发业界各方议论。一种质疑认为二者取得的认证保护水准和用户自身信息安全的体验差异明显，此举有"自抛自扣"之嫌，如果这两者如此敏感的产品都能妥妥地拿到认证，还有谁不能够证明个人信息安全的内部隐私政策遵从和外部合规性？本文基于公开信息，结合早年信息安全咨询认证的浅薄经验提点建议，以期促进网络安全信息共享和行业良性发展。

## 一、硬伤还是软肋

公开信息显示，本次认证证明二者的个人信息安全管理体系符合 35273 之外，还符合隐私政策，从认证机构的角度可能存在两个基本法律问题：（1）如何可以论证各家个人信息安全管理活动在符合标准之外还符合各家的隐私政策？（2）从认证的终极合规目的看，如果说符合 35273 是为了遵从《网络安全法》体系的个人信息安全还可以理解，但如何能够推导证明其隐私政策符合《网络安全法》？这个证明过程存在逻辑自洽问题，同时有背书之嫌。这些法律问题不解决，引发的质疑就无法愉快地消除。而从根本上，本文认为个人信息安全的认证还需要讨论以下这些基本问题。

## 二、个人信息安全规范（35273）在标准体系中的定位

通说认为《信息安全技术个人信息安全规范》2018 版是《网络安全法》体系下对个人信息保护相关规范进行指引的推荐性标准类文件，和信息安全领域的主流认证 ISO/IEC 27001、ISO/IEC 27002 一样，属于推荐性而非强制性标准。按照 35273 的适用范围表述：标准规范了开展收集、保存、使用、共享、转让、公开披露等个人信息处理活动应遵循的原则和安全要求。适用于规范各类组织个人信息处理活动，也适用于主管监管部门、第三方评估机构等组织对个人信息处理活动进行监督、管理和评估，**因此在无强制性国家标准的情形下，由符合《中华人民共和国认证认可条例》（以下简称《认证认可条例》）的第三方评估机构适用 35273 进行个人信息安全管理体系的认证试点不失为一种有益的尝试，但应严格限定和规范认证内容，而不应"创设"认证服务。**

## 三、35273 认证在安全管理体系中的定位

个人信息安全规范指引下的个人信息安全管理体系，属于信息安全管理体系（ISMS）的一部分，是企业等组织机构整体管理体系的一个部分，是基于风险评估建立、实施、运行、监视、评审、保持和持续改进信息安全等一系列的管理活动，是组织在整体或特定范围内建立信息安全方针和目标，以及完成这些目标所用的方法的体系。在当前的实践领域，实际上也包括了"网络安全"的范畴。不仅如此，《网络安全法》的体系和规范充分吸收了包括信息安全管理体系在内的最佳实践，并在实施层面上体现了 ISO/IEC 27001 从组织架构、方针的顶层设计、资产管理、人员安全、物理和逻辑（访问控制）安全、密码（学）（保障）安全、通信安全、操作安全、外包（供应链）安全、系统获取开发维护、事件管理、业务连续性等多个安全域的安全（风险）控制措施的理念，从而使得法律条文的规定可以通过配套制度和标准指引等方式实现落实。个人信息安全作为组织重要资产的数据，将可能涉及多个安全域的安全管理。

以新近云服务的发展态势看,基于 ISO/IEC 27001 认证的"可扩充性",ISO/IEC27018 公有云个人信息保护实用准则(Code of practice for protection of personally identifiable information(PII)in public clouds acting as PII processors,最新为 2019 版)加入了 ISO/IEC27001 认证体系。个人信息安全管理体系在 ISMS 大致处于如上的"上层建筑"定位。因此应在 ISO/IEC 27001 基础认证之上进行个人信息安全管理体系认证而不应作为单独的认证。

## 四、中国网络安全审查技术与认证中心的定位

中国网络安全审查技术与认证中心(CCRC,原中国信息安全认证中心)[①]是国家市场监督管理总局直属事业单位。在《网络安全法》和有关强制性产品认证、网络安全管理规定下,于 2018 年 3 月列入国家认监委、工业和信息化部、公安部、国家互联网信息办公室公布的第一批承担网络关键设备和网络安全专用产品安全认证和安全检测任务的机构名录。目前质疑的缘由之一就在于中国信息安全认证中心的身份。简而言之就是,CCRC 作为直属单位,是否具有独立性和是否可能因潜在的行政垄断而导致认证能力不足,最终发生网络安全风险。

《认证认可条例》的修订旨在通过引入"有进有退"的市场竞争,增强包括个人信息安全在内的网络安全保障能力。不仅是要求 CCRC 通过年度认证的授予和撤销机制,评价受审核企业、产品或服务的安全管理能力,同时其本身也需要接受市场竞争、认可机构和法律责任的强制约束。**在这方面,统一的《认证认可条例》不仅需要加强对既有规范性文件的整理,其对 CCRC 等直属单位的适用效力如何,也仍然需要通过认可与否的判定来提供说服力。**

---

① 在《网络安全审查办法》通过后,CCRC 的角色再次变化。

## 五、在全球视野下审视个人信息安全认证

2018年5月实施的欧盟《一般数据保护规范》（GDPR）对个人信息保护给出了全球范式，包括35273在内，各国的个人信息保护政策或多或少从GDPR获得启发。GDPR同样给出了对个人信息安全保护评价的认证机制，其第42条和43条规定，鼓励在欧盟层面建立数据保护认证机制，以表明数据控制者和处理者符合GDPR规定。简而言之主要原则如下：(1)认证应基于自愿原则和透明程序；(2)认证不应减少或降低数据控制者和处理者责任；(3)认证不应限制监管机构的权力；(4)受审核的数据控制者和处理者应提供任何必要的访问控制权限，接受认证机构和监管机构的审核；(5)认证有效期不超过三年；(6)认证机构应经监管机构授权，并符合ISO/IEC17065（等同国标CNAS-CC02产品、过程和服务认证机构要求）等规定的条件；(7)认证机构应对受审核的认证结果负责；(8)认可机构应对认证机构负责，等等。其中最为关键的原则可以概括为透明度和可追责。将全球视野下的个人信息安全认证聚焦到本国场景，透明度不仅表现为认证过程和结果的透明（认证过程不应对企业商业秘密造成减损自不待言），更为重要的是，作为认证基础的产品、服务的企业控制、处理个人信息的透明度如何，反映在本次百度地图和支付宝认证中，即是其隐私政策的制定和实施过程的透明度。可追责不仅体现为认可机构对认证机构资质的撤销，也包括对认可机构的法律责任的追究；不仅包括认证机构对认证结果的撤销，也包括对认证机构的法律责任的追究；乃至给予符合资质条件的所有主体的平等市场地位和充分竞争环境。2019年1月《信息安全技术个人信息安全规范》的第一次修订也应当对这些事件和趋势作出回应。

对于本次事件的主角而言，无论基于行政还是早期所形成的资历都只是拥有了竞争的优势机会，只有凭能力才能决定是否可以获得用户的最终"认可"。

# 12. 网络服务提供者的信息提供义务
## ——网络侵权司法解释条文与实证分析

最高人民法院于2014年10月发布了《最高人民法院关于审理利用信息网络侵害人身权益民事纠纷案件适用法律若干问题的规定》(以下简称《规定》),对网络服务提供者的避风港规则及其例外、个人信息利用和保护、自媒体和灰色产业责任、与《最高人民法院、最高人民检察院关于办理利用信息网络实施诽谤等刑事案件适用法律若干问题的解释》的衔接等问题做出了细化界定。《规定》第三条和第四条进一步明确了网络服务提供者的"信息提供义务"。对这两条规定,实践操作中可能产生以下疑问:(1)"网络服务提供者向人民法院提供能够确定涉嫌侵权的网络用户的姓名(名称)、联系方式、网络地址等信息"如何合法取得?具体包含哪些内容?是否导致实名制?(2)何种情形构成"网络服务提供者无正当理由拒不提供"?网络服务提供者据此接受人民法院处罚后是否仍需承担民事责任?(3)该规定如何应对技术发展和变革,如目前跨国企业提出的系统软件或硬件级别的默认加密和标准化等?该规定如何适用于境外网络服务提供者?本文拟对以上问题进行分析,并提出相应的完善建议。

## 一、网络服务提供者的信息提供内容

按照《规定》第四条,"服务提供者向人民法院提供能够确定涉嫌侵权的网络用户的姓名(名称)、联系方式、网络地址等信息",但该信息如何取得,《规定》

并未作出规定,据"就《关于审理利用信息网络侵害人身权益民事纠纷案件适用法律若干问题的规定》最高人民法院民一庭负责人答记者问","在调整的行为上,本解释仅调整利用信息网络公开个人信息的行为,而未涵盖收集、利用等行为类型",因此对上述"姓名(名称)、联系方式、网络地址等信息"等非内容信息的取得方式和具体内容上,需要进行进一步细化说明。

服务提供者对用户信息的收集方式如下:(1)服务注册方式,按照《电话用户真实身份信息登记规定》和《电信和互联网用户个人信息保护规定》,此类信息收集已经采用实名登记;(2)信息发布方式,此类信息收集是否实名,最高人民法院作出回应,肯定了信息传播的匿名性:"本司法解释在两个方面作出了规定,一是规定被采取措施的网络用户有权要求网络服务提供者提供通知内容。不同于网络服务提供者主动向网络用户提供通知内容的做法,主要是考虑到海量信息、网络匿名导致网络用户常常无法通知等现实因素"。显然考虑到了立法和解释互联网发展的反向作用,"司法裁判中认定的标准过严,会造成网络服务提供者承担责任过重,并可能会促使网络服务提供者自我审查过严,经营负担加大,并进而影响合法信息的自由传播,不利于互联网的发展",同时也为后续技术发展中可能引入的默认加密的全程匿名(不仅网络用户信息匿名,其信息内容也可能加密)的不确定性预留了路径。

收集内容方面,《电信和互联网用户个人信息保护规定》,用户个人信息是指电信业务经营者和互联网信息服务提供者在提供服务的过程中收集的用户姓名、出生日期、身份证件号码、住址、电话号码、账号和密码等能够单独或者与其他信息结合识别用户的信息,以及用户使用服务的时间、地点等信息。尽管在注册和服务过程中,网络服务提供者收集了上述信息,但按照《规定》第四条"责令网络服务提供者向人民法院提供能够确定涉嫌侵权的网络用户的姓名(名称)、联系方式、网络地址等信息",最高人民法院将个人信息的提供内容从民事诉讼法上进行了限定,只要能够确定涉嫌侵权的网络用户(一般为被告人)身份并送达,即符合并满足《规定》的要求,不应以《规定》作为收集个人信息和实名制的依据。司法实践可以认为,现有技术条件下的主要的网络服务提供者即使不完全要求用户实名,也应当能够提供法院所要求的个人信息,并实现被告人信息和涉嫌侵权的信息的关联。最高人民法院并未背书实名制，也未对如何使用作扩大化解释。国外也有类似的案例情况，例如在美国 2009 年利斯库拉·科恩（Liskula Cohen）诉 Google 和 Blogger.com 和后续罗斯玛丽·波特（Rosemary Port）案中，波特（Rosemary Port）在其谷歌个人博客匿名发布信息称，模特科恩（Liskula Cohen）是"skank（讨厌鬼）"。科恩起诉谷歌要求公布博客的真实姓名，2009 年 8 月，法院裁决谷歌公布博客的身份识别信息，包括姓名、地址、电子邮件地址、IP 地址、电话号码，以及辅助确定个人身份的其他信息。科恩随即起诉波特诽谤，要求赔偿 300 万美元，波特则声称起诉谷歌违反其隐私策略和隐私保护规定披露其身份信息，要求赔偿 1500 万美元。法院对要求提供的个人信息以确定个人身份为限是各国司法的一般作法。有关非内容信息与内容信息混合加密等情形下如何提供，《规定》并未明确，因此网络服务提供者可以据此认为无需提供加密内容信息可能成为拒不提供的理由，相关分析见后。

## 二、网络服务提供者拒不提供的正当理由

首先需要明确的是，《规定》尽管考虑了网络服务提供者的保密义务，并认为如果允许原告有权直接要求网络服务提供者向其提供网络用户的个人信息，则很容易发生借维权之名获取他人个人信息的现象，网络服务提供者也会违反相应的保密义务，但网络服务提供者提出的服务协议的保密条款不能作为拒不提供的正当理由，因为"人民法院可以根据原告的请求及案件的具体情况，责令网络服务提供者向人民法院提供"属于保密条款中的常规除外条款，即使非明确约定于保密条款，法院要求信息提供也符合强制性法律的要求。

因此拒不提供的正当理由，主要考虑提供与否的可实现性、在技术上的可能性，主要包括是否超过数据保存期限，是否存有备份，以及数据存储设备是否遭到破坏和可恢复性等方面。此外，在新近微软案例中，一国法院是否有权要求本国网络服务提供者（进一步可以引申到于本国内无注册实体的境外网络

服务提供者）提供存储于境外服务器上的数据，也是大数据技术下需要讨论的问题。

从目前国内相关法律法规和规定看，对不同数据的保存期限的规定散见于不同的行政法规、部门规章和规范性文件中，以《互联网信息服务管理办法》为例，第十四条规定从事新闻、出版以及电子公告等服务项目的互联网信息服务提供者，应当记录提供的信息内容及其发布时间、互联网地址或者域名；互联网接入服务提供者应当记录上网用户的上网时间、用户账号、互联网地址或者域名、主叫电话号码等信息。互联网信息服务提供者和互联网接入服务提供者的记录备份应当保存60日，并在国家有关机关依法查询时，予以提供。[①] 这一保存期限的规定显然和民事法律中的诉讼时效等规定的适用上存在冲突。在大数据技术和执法实践中，网络服务提供者永久或保留2年用户注册信息或6个月的网络用户日志信息（如IP地址）没有技术障碍，也是部分网络服务提供者的惯常做法。因此应进行相关办法和规定的修订与协调，并应特别对包括对延长期限可能导致的隐私问题进行事先和充分评估，以使《规定》能够最终落实。

此外应当认识到，不同的数据类型在不同的法域下可能存在数据保存期限的冲突，例如欧盟数据留存指令规定期限不少于6个月（被裁决无效，但已在起草新版本），苹果公司自行规定的保留siri用户数据的期限为2年（其声称仅用于服务质量测试），欧盟是否有权要求苹果公司提供超过6个月的网络用户数据，类似的问题和案件可能在国内也会陆续出现。

同类问题还包括法院是否有权要求向位于境外的服务器获取数据，而该服务器的控制者又区分境内实体和在境内无实体的机构等不同类型。在2014年微软邮件服务案中，美国纽约南区联邦地区法院于2014年4月25日通过一份法院令驳回了微软要求部分撤销搜查令的动议，以法律文件的形式支持了政府部门于2月14日提出的反对微软要求撤销搜查令动议的备忘录，从而要求微软提供位于爱尔兰服务器上的用户信息（该案在微软策略性地选择蔑视法庭认罪后仍未完结，并可能对MLATs的适用和主权理论的国际协调主义理念也会产生深

---

[①] 2014年1月16日访问。对办法的修订拟延长至6个月或以上。按照《电话用户真实身份信息登记规定》，电信业务经营者在向电话用户提供服务期间及终止向其提供服务后两年内，应当留存用户办理入网手续时提供的身份信息和相关材料。

刻影响）。

此外，有关数据备份和破坏后在技术上恢复的可能性问题，《互联网信息服务管理办法》规定的"互联网信息服务提供者和互联网接入服务提供者的记录备份应当保存 60 日"，实际上指的是用户信息本身，而对该等用户信息的备份事实上主要通过行业通行惯例（如现有的技术层面的异地同步备份等成熟方案、管理层面的网络服务提供者规章制度等）等形式体现而未作强制性规定，[①] 因此如果没有强制性的备份规定、规章或标准制度（其效力待商榷），则降低了技术上恢复的可能性，技术上的不可能的认定可能极具挑战并成为拒不提供的正当理由；另一不可能为存储器被物理损坏而不能恢复（按照公开技术资料，对物理损坏的恢复性认识存在渐进性）。

## 三、应对加密常态化等技术发展趋势的挑战

2014 年 9 月，苹果、谷歌等跨国公司纷纷声称将引入系统级别的加密功能，一旦启动 iOS 或 Android 设备即激活加密模式。谷歌声称"作为下一代 Android 发布工作的一部分，由于加密将作为默认功能出现，所以用户甚至想不到要去启动它。"苹果则称，其他人将无法绕过用户密码访问设备内的数据，对执法部门也不例外。这些技术层面的变革可能为网络服务提供者的义务预留了再次分配和解释的空间。

2012 年的 United States v. Fricosu 一案，美国法院确立了可强制要求嫌疑人提供密码的（刑事）案例，但该案件引发的提供密码或解密是否构成自证其罪的问题，因双方达成认罪协议而并未最终解决！而在 2014 年的克里斯托弗·威尔逊（Christopher Wilson）网络攻击一案中，英国法院法官罗格·索恩（Roger Thorn QC）直接援引 2000 年调查权规制法案（Regulation of Investigatory Powers Act 2000）的国家安全条款要求提供嫌疑人密码，并最终判处监禁 6 个月，

---

① 本文暂不考虑电子数据证据原件问题的不同解读，因此认为用户信息及其备份各自独立并完全一致。

尽管媒体认为适用国家安全条款属于法条滥用。

因此,如在民事和刑事法律层面解决密码提供是否构成"伪造、毁灭重要证据,妨碍人民法院审理案件的"或自证其罪,并保持法院指定机构具有相应的解密能力的前提下,可考虑对加密网络用户信息(注册信息或发布信息,如前文所述,美国法院将此区分为非内容信息和内容信息,加密也可能分别针对非内容的注册信息,以及发送、传输和查看过程的内容信息分别或混合进行的情形)的责任分配:

(1)如果该信息由网络服务提供者提供加密服务,则提供用户信息的责任应由其承担(按照《规定》应屏蔽内容信息,存有涉嫌侵权的内容信息的提供义务由原告承担,除非原告无法提供加密涉嫌侵权的内容信息——此时如何证明存在"具体的事实、理由"和立案可能也存在争议,由此可能引入诉前保全调整和可公证性等问题);(2)如果属于用户自行加密,例如自媒体时代的信息发布或转载加密,应当免除网络服务提供者的解密义务,但其应提供非网络服务提供者加密的证据(增加责任分配),并构成法院认可的拒不提供的正当理由;(3)如果网络用户拒不提供(可能是忘记密码,也可能不愿提供,但不在现行《中华人民共和国民事诉讼法》(以下简称《民事诉讼法》)第一百一十一条规定的范围内)的,人民法院可考虑指定机构强制解密,并由其承担不利的法律后果,但依据《民事诉讼法》第一百一十一条的规定是否可以对网络用户采取处罚等措施,《规定》没有明确,需后续解释进一步纳入或排除。

# 13. 何为网络产品——《网络安全法》第二十二条的合规指向

《网络安全法》第二十二条规定:"网络产品、服务应当符合相关国家标准的强制性要求。网络产品、服务的提供者不得设置恶意程序;发现其网络产品、服务存在安全缺陷、漏洞等风险时,应当立即采取补救措施,按照规定及时告知用户并向有关主管部门报告。网络产品、服务的提供者应当为其产品、服务持续提供安全维护;在规定或者当事人约定的期限内,不得终止提供安全维护。"

但并未明确何为网络产品、服务。故实践中对一般理解意义上的构成完整网络产品的各个组件是否属于网络产品存在争议,厂商可能因是否适用该条款而导致合规认知偏差。本文以某些硬件产品(如CPU)和商用密码产品为例分析该条款指向的产品范围。

1. 是否属于网络产品,应综合考虑其是否具有网络功能,在网络产品、服务"供应链"中的功能和定位。这一评价逻辑与2000年"关于商用密码管理的有关问题"中所称的"以加解密的核心功能"作为认定和评价何为密码产品的事实标准类似。以"网络功能"而非是否可以"独立运行"作为评价具有其合理性,但尚不足够。作为对比,目前对商用密码产品进行了清单分类,对加密功能增加模块认定的讨论也在考虑中。

2. 在独立性上,对网络产品的监管适用等同原则。因此是否属于网络产品本身,还是属于网络产品的部件、组件,从监管有效性而言并无实质差别。比如对密码技术、产品的监管,美国、中国等均可以通过"物项"(item)方式进行区分和进出口监管。

3. 基于"互联互通"的评价。在《网络安全法》背景下，互联互通成为基本态，甚至很多产品都针对网络用途进行了优化。因此对产品是否属于网络产品，可以从产品的设计特性、相关设施设备和运行环境进行考虑。

4. 从清单管理看，2017 年 6 月网信办发布《网络关键设备和网络安全专用产品目录（第一批）》，明确特定范围的路由器、交换机、网闸、控制器、防火墙、IDS、IPS 等属于网络关键设备和网络安全专用产品，而网络关键设备和网络安全专用产品属于《网络安全法》的网络产品、服务，对此应无争议。从监管者角度，将识别对网络功能具有重要意义的可分组件进行监管，可实现落实追溯监管对象的目的，但分类本身无法穷尽（而且过于细分的产品也不利于安全行业发展）。《中华人民共和国密码法》（以下简称《密码法》）第二十六条也规定，"涉及国家安全、国计民生、社会公共利益的商用密码产品，应当依法列入网络关键设备和网络安全专用产品目录，由具备资格的机构检测认证合格后，方可销售或者提供。"因此特定的"商用密码产品"也落入网络产品的范畴，此时也并未单独评价其"网络功能"。

5. 从缺陷治理和漏洞管理的角度进一步讨论，某些产品一旦披露漏洞，其修复的补丁所涉及的固件、系统更新软件等就会被认定为属于《网络安全法》的安全产品、服务。这些软件可能无法在该产品上独立运行，但不可避免地具有网络产品的某些属性，如需运行于相应的网络或信息系统，仍然可能被设置恶意程序，仍然可能存在瑕疵和漏洞，仍然需要维护和更新，等等。

主体判断其产品是否落入网络产品、服务的范围，是启动相应合规程序的第一步。从目前整体监管态势看，由于网络的概念延伸，认定何为网络产品的范围适用广义的理解（比较而言，由于对商用密码监管的"放管服"和国民待遇等原则的明确，认定商用密码产品的范围较为严格，特别是涉及 C 端产品、服务，在实践中监管亦会趋于宽松）。

# 14. 下一代移动通讯（5G）安全的法律储备研究

## 一、5G 技术特征与法律属性应为研究安全法律的出发点

基于 3GPP 的阶段性 5G 规范认为，作为融合网络，5G 主要具有增强的移动宽带（eMBB）、海量机器类通信（mMTC）和超高可靠低时延通信（uRLLC）的典型技术特征，并进一步细化为多类关键技术指标：

| 条目 | 性能 | 描述 | 5G 目标 | 适用场景 |
|---|---|---|---|---|
| 1 | Peak data rate | Maximum achievable data rate | 20 Gbit/s | eMBB |
| 2 | User experienced data rate | Achievable data rate across the coverage area (hotspot cases) | 1 Gbit/s | eMBB |
| | | Achievable data rate across the coverage area | 100 Mbit/s | eMBB |
| 3 | Latency | Radio network contribution to packet travel time | 1 ms | uRLLC |
| 4 | Mobility | Maximum speed for handoff and QoS requirements | 500 km/h | eMBB/uRLLC |
| 5 | Connection density | Total number of devices per unit area | $10^6/km^2$ | mMTC |
| 6 | Energy efficiency | Data sent/received per unit energy consumption (by device or network) | Equal to 4G | eMBB |
| 7 | Area traffic capacity | Total traffic across coverage area | 1000 (Mbit/s)/$m^2$ | eMBB |
| 8 | Spectrum efficiency | Throughput per unit wireless bandwidth and per network cell | 3–4x 4G | eMBB |

从技术特性上可以进一步概括出，5G 所体现出的速度（简单对应于 eMBB）、海量［可以简单等价于物联网（IoT），mMTC］与可靠（从行业领域出发可以对比如 CII，uRLLC）事实上体现了不同主体的数据需求，因此能够进行不同数据利益相关方（包括数据主体、数据处理或控制者）的权利义务界定，从而为安全法律的部署提供接口。特别是对于 uRLLC，经合组织（OECD）已经率先跟进，其在 2019 年 2 月将之前倡导的关键信息基础设施保护（protection of critical information infrastructures）调整为保障关键活动的数字安全（Digital Security of Critical Activities：DSCA），用意直指 5G。

显然，将 5G 简化为接入、物联网和关键活动（应用）后，我们可以发现 5G 的接入将主要体现频谱资源的分配权和用户的接入权，进而技术（网络）中立、竞争法都可以展开讨论；IoT 的提出则快速体现了 5G 在物联网部署和应用上的法律问题；DSCA 则直接对应到了关键信息基础设施保护的法律问题上。

因此，尽管 5G 的安全法律问题不限于以上，但基于经验和归纳的法律方法有助于给出技术之外的 5G 视角，并提供了 5G 规范中所反复倡导的"身份多元"的审视角度。

## 二、在行业领域差异化应用的基础上抽象出 5G 安全法律的一般特点

ITU-T 的案例展现了 5G 广泛的应用行业和领域，毫无疑问这些应用场景具有各自特定的安全法律风险，例如最为典型的无人机就属于交通类的垂直行业，且存在于物流等多行业的交叉市场。但同时也看到随着 5G 的阶段性部署和发展，将最终形成普适性的网络，并成为全行业的普遍性应用。因此应当在行业和领域应用的基础上，归纳 5G 安全的普遍性法律问题，这不仅是法律科学的自身要求，也为通过法律规范新业态、新技术提供了方法。

概括而言，5G 安全的法律问题主要来源于两方面，一是由于 5G 并不是全新的技术，其部分技术特征承继和发展于 4G 等前代技术，并需要考虑对 4G 等

技术的向下兼容，而兼容就意味着向风险寻求妥协方案，这些"**兼容安全**"的"代际"风险仍然包括以下内容：（1）权限滥用（privilege misuse）；（2）数据操控；（3）数据（包）篡改；（4）虚拟网络层（VNF）脆弱性；（5）恶意代码；（6）配置修改；（7）资源分配问题；（8）图像篡改；（9）目录信息滥用；（10）恶意图像上载，等等。二是为了寻求解决前代网络的安全问题，在 5G 架构层面进行了诸多新设计，而这些为设计自身的"**架构安全**"而引入的风险成为当前 5G 的主要安全问题。

如果说 4G 网络的普及和成熟意味着各国对其安全性有了基本的认识，5G 架构，包括 NFV/SDN 以及服务化架构则进一步对各国的网络安全法律提出了从认知到执法的全面挑战。无论是欧盟 2019 年 3 月 12 日的《欧洲议会关于中国在欧盟增长的技术存在与有关安全威胁的决议》[2019/2575（RSP）]，其主要评估和推演考虑可能采取的行动，以在欧盟层面减少威胁，还是美国国会参议院 2019 年 3 月 28 日的《华为和中兴通讯等中国公司对美国及其盟国国家安全严重威胁的决议》（未表决），事实上都体现出对 5G 架构（可能的潜在后门、重大漏洞）的警觉。

## 三、现有法律区分主体的适用性分析

对 5G 安全问题进行深入法律适用性研究，要求将 5G 技术区分为平台与服务，区分不同用户类型作适当分析。

**1. 区分平台与服务**

首先应当明确，通过法律制度保障 5G 的安全目标，包括 5G 平台安全和承载于平台上的各类服务的安全。在《网络安全法》中，承担网络安全保障义务的主体统称为网络运营者，而如果在 5G 下作适当细分，则应当区分为电信运营商和各类业务提供商，由于两者在 5G 中的初始位置和生态链环不同，特别是对电信运营商虚拟化技术乃至云化服务能力要求的提高，应当为其分配不同的法律义务。这就使得电信法的制定，以及与网络安全法的衔接成为一个基础性的问题。

### 2. 区分人、机器用户

如果将 IoT 设备的接入视为一类单独的"用户",并以连接密度作为重要的 5G 技术衡量指标,则其区别于"人"的用户的主要安全问题在于为符合连接密度的指标要求,使得海量(massive)物联网设备(不局限于智能家居、智能建筑或其组合扩展的智能城市,也包括无人机等)处于自动化的"无人值守"和适时接入的状态,从而造成以下问题:(1)在物理和逻辑上暴露于威胁之下,传统的安全边界定义失灵;(2)"简单"的拒绝服务攻击(DoS)将继续有效,且其危害后果将会放大(作为早期物联网风险的代表性事件,可参考 2016 年恶意软件 Mirai 导致的美国东部部分网络"瘫痪"事件)。由此,将进一步推动网络安全法律治理思路从响应向预防一端的"前移"。这将进一步导致以下结果:(1)"传统"的法律责任后果的弱化,因为一方面尽可能的"防患于未然"导致现实危害降低,另一方面 DoS 却可能无法追责;(2)执法能力随着 5G 得到急剧加强,从而使得"规范执法"成为一个严重且深刻的命题。

### 3. 区分基础设施与定制应用

如果区分国家用户和行业用户,则对于国家用户而言,要求在包括政府采购领域的 5G 安全当属于应有之义。如何实现供应链安全,欧盟给出了外国直接投资的审查(screening)框架,并于 2019 年 2 月 14 日一读通过,拟将在 2020 年底生效。该框架要求对于 5G 设备进行任何必要的安全评估(一般认为,4G 的安全评估标准不适用虚拟化网络功能设施),并给出了一般性的评估指引。特别包括以下内容:(1)授权 ENISA 优先考虑制定 5G 设备认证计划;(2)ENISA 合作下的寻求不同供应商设备的多样化,或引入多阶段采购流程。而早在此前,美国已于 2018 年 8 月 13 日通过了《2019 财政年度国防授权法案》(National Defense Authorization Act for fiscal year 2019),其中就包括对 CFIUS 审查制度进行改革的《2018 年外国投资风险评估现代化法案》(FIRRMA)。比较而言,美国《华为和中兴通讯等中国公司对美国及其盟国国家安全严重威胁的决议》的安全评估政策更为"激进"。

## 四、对现有法律的其他挑战与求解建议

### 1. 对网络数据三性的冲击

从网络安全的角度审视，5G 的技术特征尽管仍然能够从《网络安全法》第十条规定的"维护网络数据的完整性、保密性和可用性"（"三性"）进行评价，且在可预见的未来，信息安全或者说数据安全的三性仍将作为《数据安全法》立法的基本价值目标，但 5G 对三性的冲击可能前所未有，甚至要重新定义。

（1）完整性意味着数据的真实准确性可以校验和度量，但增强现实则意味着数据的实时产生和演化，特别是在将 GDPR 的数据主体权利引入 5G 后（GDPR 是否适用于 5G 本身也是个问题），数据在任一时点上的完整性都将无法评价。

（2）对于保密性，在以"人"的用户和机器用户的不同视角，将产生不同分级分类的保密性需求，而统一的分级分类是多国网络安全立法致力于达成的重要目标，例如针对不同网络安全风险级别的应急响应机制，其涉及最为重要的资源匹配问题。

（3）在 uRLLC 指标实现的前提下，一般意义上的可用性将变得无用。当然包括端到端加密在内的授权访问的可用性和完整性仍然有效。由此以来，数据三性在历经多年的"做加法"（例如不断附加的可追溯性、抗抵赖性、可审计性，甚至"安全性本性"，等等）之后，将可能第一次迎来"做减法"的过程。

### 2. 异构与多层网络：透明度

随着 5G 对前代网络架构的修补、调整和新设，其最终呈现的将是一个更为复杂化的网络。不仅内部结构迥异，且不断的虚拟化和向云迁移，因此应对复杂网络是否可以以静制动，在《网络安全法》等现有法律中寻找适用，需要进行一次细致的法律评估。即使现有法律能作出反应，对 5G 网络透明度的法律要求也需要着重强调。特别是考虑到以下问题：(1) 多元化的身份认证和管理可能导致的连锁法律风险；(2) 对称密码的局限性，和非对称密码抗量子攻击的局限性，基本回应应考虑包括更长的安全密钥，等等，这也是当前密码法立法需要解答的问题；(3) 如何在虚拟化或云中界定各主体的权利义务；

（4）5G 的"设计安全"（secure by design），其体现的网络架构和算法是否可以进行安全评估。在此基础上，立法博弈过程和条款指向，网络安全信息共享与协同都需要增进透明度。

### 3. 标准化：统一还是分裂

5G 安全在 3GPP、IMT-2020、ITU-T 等标准组织中取得了重大进展，但正如此前引发激烈争议的话语权分配问题所言，标准组织的构成、方案的推进已经不同以前，因此产生了一个看似悖论的问题：标准化致力于 5G 基线规范的形成，但却可能最终导致 5G 标准的分裂，甚至出现传言中的"站队"景象。例如在《华为和中兴通讯等中国公司对美国及其盟国国家安全严重威胁的决议》中，美国明确通过双边或多边途径寻求"华为或中兴通讯产品的安全、经济、可靠的替代品"。虽然将特定的公司直接对应为 5G 标准并不妥当，但如果从更长远的历史沿革看，标准化的分裂不无可能，因此如果 5G 的目标在于推进网络命运共同体的建设与福祉，则 5G 标准化进程的参与各方仍将持续经历博弈的过程。

# *15.* 开源软件的网络安全问题——以开源协议和进出口监管的冲突展开[①]

## 一、背景

2019年5月，公开信息显示 Linux 基金会就列入美国商务部实体名单实体的开源软件适用性和是否限制出口作出了声明，其主要观点涉及四点：一、当前在法律上对名单实体的限制主要围绕出口监管规则（EAR）进行；二、对于开源软件中的开源加密软件的源码，已经属于"可公开获取"的物项，因此不受 EAR 监管；三、单独的开源（软件）项目（按照公开信息显示目前维护数量大致在 123 个）仍然应当向商务部工业与安全局（BIS）和国家安全局（NSA）履行 EAR 规定的通知要求，方能满足"可公开获取"的条件；四、开源软件、开源代码协作、会议、培训、会员资格或赞助属于不受 EAR 约束的活动。

结合该声明及其前后的各方解读，产生了以下几个主要问题：一是开源协议是否能够抗辩出口监管；二是如果开源协议不能或不足以抗辩出口监管，如何在出口监管规则中寻求开源出口的合规，或者说例外适用；三是如果已知案例认定开源（代码）作为言论自由的表达，这些既有的经典案例是否足以继续支撑"表达的出口"，是否可能只需一个案例就可颠覆经典，还是需要通过修

---

① 信息网络安全公安部重点实验室开放课题项目资助。

改 EAR 才能限制"表达的出口";四是一些技术救济方式,例如同步、镜像、分支等是否可采、可行;五是是否还有更为有效的激发开源活力和提升安全的机制。

本文尝试对上述问题进行一些粗浅的分析,以期深入业界对开源的长远思考和布局,繁荣开源发展。为了聚焦以上问题,本文不再严格区分自由软件等概念。

## 二、开源软件网络安全的法律问题

### (一)开源协议及其脆弱性

所谓的开源协议,实际上主要指包括开源软件在内的著作权许可协议,例如典型的 GNU General Public License,等等。在许可协议中,通过将著作权法下规定的著作权人的发表权、署名权、修改权、复制权、发行权、传播权等权利按照《计算机软件保护条例》第十八条"许可他人行使软件著作权的,应当订立许可使用合同。许可使用合同中软件著作权人未明确许可的权利,被许可人不得行使"等规定,进行部分或全部的让渡,吸纳和鼓励更多的人员参与软件开发与维护,如漏洞脆弱性发掘,等等。因此在著作权法与合同法的民事法律中,开源协议是合同各方当事人对权利义务不违反强制性法律规定的自行安排,体现的是民事主体的意思自治。

但也正因为合同的意思自治和相对性等法律特性,导致开源协议具有某些可以类比为"脆弱性"的限制,这些限制主要体现在三个方面:一、协议本身可以通过协商、修订、补充等方式进行修改,乃至在不同的语种翻译过程中都可能导致语义变化,这也是在不同语言版本的协议中,需要设定以何种语言为准的原因(因此 GNU General Public License 的许可协议以英文为准,中文翻译仅供参考,这也不同于在国际公法中,多边或双边协议的多种语言等同适用);二、违约责任的设置可能导致当事人在权衡各种可能责任之后做出主动或者"恶意"的违约,特别是可以终止许可,禁止开源分支,等等;三、从根本上,意思自治和相对性约束了开源协议仅对协议各方发生效力,其与开源软件进出口监管属于不同的法律部门。当发生国家安全、社会公众利益和个人(合同方)利益竞合时,就会产生事实上的法益冲突和优先劣后等问题。

因此,在回答"**开源协议是否抗辩出口监管**"的基本问题上,不应对开源协议施以过高要求或期待,这一诉求已经超过了开源社区所能承受的范围。例如 GNU 声明:有时某些政府的出口管制法规或者贸易制裁会限制您在国际上分发程序副本的自由。软件开发者没有能力消除这种限制或者凌驾于这些限制之上,但开发者可以且必须做的是拒绝将此种限制作为(用户)使用程序的条件。如此,这些限制将不会影响这类政府管辖权之外的行为或行为人。因此,自由软件许可证不得要求用户以遵守任何重要的出口法规作为先决条件来行使赋予用户的任何基本自由。……然而,它仍然是一个潜在的问题:因为一旦出口法规在未来做出变化,就可能使某个限制变成重要的,从而无法实现我们期望的软件自由。当然对于开源社区而言,其所能作出的反应不仅限于开源协议本身。

### (二)开源的进出口监管——以美国出口监管为例

在进出口监管法律的清单管理模式中,软件、技术、系统、设备、商品、组件和代码可以属于不同的物项(items),并有不同的监管编码,因此尽管《计算机软件保护条例》规定"同一计算机程序的源程序和目标程序为同一作品",但从进出口监管视角,其所体现和承载的物项形式、内容、阶段、功能等均有不同,进而也适用不同的进出口监管规则。也正是基于软件和代码的分离,开源软件、开源代码作为分别的物项出口最终成为可能,使得开源代码本身可以作为"言论自由"表达的一种形式进入司法审视的范围(有关言论自由相关案例及评价,见下文)。

对于判断是否构成开源的"可公开获取"而言,还是以 EAR 对 Linux 基金会所关注的"加密软件"为例,就包括了可公开获取的大宗市场加密目标代码软件(Mass market encryption object code software)、履行了 EAR《控制策略——基于 CCL 的控制》742.15(b)邮件通知义务的可公开获取的加密源码(encryption source code)、履行了 EAR《控制策略——基于 CCL 的控制》742.15(b)邮件通知义务的可公开获取的加密目标代码(encryption object code,其相应的源码也符合前述"可公开获取")。

但是当代码、软件、系统在形式上统合于某一物项时,例如以开源软件,或者包括了开源软件的应用软件形式出口时,该物项将作为独立的物项进行EAR 的适用性评估,而不能仅以其包括或宣称为可公开获取的源码(merely because it incorporates or calls to publicly available open source code)而认为其不适用 EAR 监管。这也是 EAR 明确提出的监管原则,因此不能想当然地认为只要或主要为开源源码,即不适用 EAR 监管,还应当考虑其体现为的物项,以及所承载的介质(典型的如托管平台和离线介质)。

也正因此,即使在开源协议中对适用法律和争议解决不作约定,也无法完全规避进出口监管中对开源主体(基金、平台等)适用属地的服务器主义(代码托管服务器)管辖权。开源协议难以做到与出口管制无关。

### (三)源码与言论自由表达的确认性问题

本文认为,应在对美国 20 世纪 90 年代三大经典案例回顾和分析的基础上,回答是否可以认为"从此之后,美国政府再也不能试图限制软件源码流通了"的问题。

#### 1. PGP 案

PGP(Pretty Good Privacy)案件和对其作者菲利普·齐默尔曼(Philip Zimmermann)长达三年之久的调查为 20 世纪 90 年代第一次"密码战争"(crypto wars)时期的巅峰之作。最终司法部撤销了起诉而非败诉,因此也留下对美国第一修正案是否和多大程度上保护软件/代码作为一种言论自由表达的持续疑问。这一诉讼不仅没有针对性地解决源码与言论自由表达的问题,事实上还最终导致了 1998 年之后 PGP 的分化(为基于 GNU 的 OpenPGP 和商业版)。2014 年开始,随着美国等国家的网络服务提供商开始监听和在邮件流量中移除 STARTTLS 标记,PGP 及其和与他加密协议的关系和脆弱性也进一步得到发掘——可出口的 PGP 反而可能成为监听的有效工具!

#### 2. Snuffle 案

伊利诺斯州立大学伯恩斯坦(Bernstein)副教授开发的 Snuffle 软件试图通

过纸质期刊和网络发布，但政府要求其按照军火出口控制法的规定注册为"军火商"并取得出口许可证。伯恩斯坦认为政府禁令违反了第一修正案。司法部作为被告认为如果伯恩斯坦的软件通过计算机语言（源代码）表达，则不受第一修正案保护。1996年和1997年（重申），法官帕特勒（Patel）驳回了政府观点，"第一次"明确计算机源代码属于受第一修正案保护的言论表达。法院援引了1971年五角大楼文件案等判例后认为，Arms Export Control Act和EAR的规定属于预先设定的言论限制，因为法案要求伯恩斯坦在发表其言论之前申请并获得许可证属于事先审查机制，"仅以国家安全利益为由不应设定预先限制"，还应当至少考虑第一修正案相关案例所反复提及的威胁的直接性和紧迫性，并强调出口控制所限制自由表达的言论是基于言论的"内容"，而非政府所认为的"功能"。

对该案的正确解读应当包括以下内容：（1）该案主要限制了EAR出口监管的事先审查机制，即以国家安全为由设定出口限制时，应符合直接性（必要性）、紧迫性（紧急性）的条件，并应给予当事方其他救济，因此属于个案裁决不能作为一般情形；（2）尽管1999年5月第九巡回上诉法院维持了一审判决，明确伯恩斯坦有权发布源代码，重述了EAR的违宪性，但并非一致通过，内尔松（Nelsow）法官发表了反对意见，认为伯恩斯坦必须在事实上使用源代码（文本）进行讨论或教授密码学，只有在此情形下才是其科学方法和想法的表达。因此案例并非一致性无争议的裁决；（3）尽管一审法院支持了伯恩斯坦，但该案持续长达四年之久，期间很多的密码技术发展受到影响，如服务器软件Apache。事实上政府的目的部分得到了实现。

### 3. 荣格（Junger）案

凯斯西储大学法学（注意，实际上在法学教授的计算机法课程中披露和讨论的加密技术细节相对有限）教授容格（Junger）在克利夫兰联邦地方法院起诉政府（国务院，区别于第2个案子的司法部、NSA），认为对方限制其在计算机法课程教授密码学——争议的焦点在于美国《国际武器贸易条例》（ITAR）所定义的"出口"是否包括与外国人讨论非分级（non-classified）的加密软件的技术信息，如注册容格课程的外籍学生。该案有别于前两个案例的关注包括以下内容：（1）1996年8月，容格和其代理律师多次向法院申请临时禁令，要求禁止政府阻碍其与外国人讨论或发布一般加密信息，但被法院驳回；（2）法院裁判中有认为，加密软件源代码具有固有的功能属性，不能仅解释为表达加密理论或描述软件功能，加密软件主要用于实现加密功能，并与实施加密的计算机硬件紧密结合。

因此，尽管2000年中，第六巡回上诉法院维持了ITAR的限制规定应接受第一修正案审查的观点，但在2000年之后随着密码技术的发展和课程的更新，其效用性已经不能完全适用。

综合上述已经略显久远的案例，**实际上不能得出"从此之后，美国政府再也不能试图限制软件源码流通了"的结论**。首先前述案例并非最高法院案例，其论证和援引效力的权威程度并不足够；其次在案件分析中，核心焦点在于前置审查程序的有效性与否，这就导致了个案差异会导致不同结果的可能，特别是前述案例均更接近于美国"内部矛盾"，而一旦涉及与别国争议，就进一步加大了裁决结果的不确定性；再次源码本身的"双重属性"，不同个案将会在软件的功能性与表达性之间摇摆，在未来可能只需一个相反案例就会导致对出口监管态度的"重置"。

## 三、提升开源软件的网络安全价值建议

### （一）开源的市场和版权法价值

事实上，我们关注开源软件的协议安全，正是开源软件对整体安全市场的价值体现。这就从根本上决定了开源可以通过协议适当规避商业软件市场和传统版权法的某些限制，从而给出了维护国家安全、社会公众利益和公民个人信息和隐私的多一重审视维度，也就决定了进出口监管只能、也需要以例外的方式给予其适度的自由。

美国2018年国防预算法案（National Defense Authorization Act for Fiscal Year 2018）明确规定，国防部长应启动2016年8月OMB备忘录（M-16-21）

制定的为期三年的开源软件试点计划（open source software pilot program），其目标要求政府机构将至少 20% 的新定制开发的代码作为开源软件发布。在该法案的语境下，以减少重复的技术开发合同为理由显然只是其字面意思。

从版权法角度，即使抛开版权法保护软件的早期争议，目前以版权保护计算机软件也略显疲态和"腐朽"。开源协议正是撕开了版权法保护计算机软件的一道口子，以软件许可的约定形式转移了著作权人的部分财产，乃至人身权利（按照著作权法，发表权、署名权、修改权、保护作品完整权属于有人身依附性的人身权利），直接挑战了商业软件的垄断性利益。也正是在这层意思下，开源软件的作者并不如开源管理者自由，后者才是真正的自由，可以规定开源协议的自由，可以引入审查和设定分支的自由，直至决定是否与商业软件竞争或是并购的自由。

从开源软件的发展看，确实经历着从早期的作为商业软件的补充与竞争，到更趋于"开闭"灵活和相互融合的艰难蜕变。特别是在云计算产业下，开源软件和开源社区的定位和发展面临重大挑战。

## （二）提升开源软件安全应避免的误区

在 2018 年 12 月的第九届中国信息安全法律大会上，我们提出开源的安全不仅是从物理层到应用层的协议安全，还包括法律协议的安全。开源代码和开源协议都需要通过某种形式的审核或审查，并在所受限的软件市场、版权法和进出口监管下"辗转腾挪"，通过特定的制度建设与安排，方能逐步、渐进的提升安全。这就需要缓和包括以下问题在内的主要冲突：

**1. 为何有的开源项目关停而有的繁荣**

以 GitHub 为例，其上也存有大量停止开发维护的项目，除了项目本身的技术和需求之外，代码审查和闭源被认为是部分项目消亡的原因。例如早期据称 2013 年约翰霍普金斯大学的马修·格林（Matthew Green）教授组织了对 TrueCrypt 的安全审计，得出的不安全结论部分导致了开发者退出。毫无疑问，尽管有别于中国《网络安全法》（或美国类似等同的审查机制）等下的国家安全审查，第三方的额外（从开源初衷而言，开源软件的社区模式自带审视）审查机制限制了开源的某些自由，抑制（或加速了）了市场自身的优胜劣汰。另外，云计算厂商与开源社区的合作模式也极具争议。

基于上述分析实际上得出了一个提升开源软件安全的适度性结论，**即对于开源软件而言，应审慎引入代码审查机制，并应严格限制国家安全审查的适用性**。但如此一来，则与《网络安全法》第三十五条规定的"关键信息基础设施的运营者采购网络产品和服务，可能影响国家安全的，应当通过国家网信部门会同国务院有关部门组织的国家安全审查"发生冲突，从而可能导致要么将开源软件限制在关键信息基础设施领域之外，要么因国家安全审查而抑制了开源软件的研发。

**2. 同步备份和设立分支为何不能解决发展和安全问题**

对于托管在境外服务器（如 GitHub）上的开源代码，是作为分发（对应于版权法的发行权）平台还是只作为备份镜像（对应于版权法的传播权），进一步而言是否考虑在现有的开源软件之上设立分支，本质上应作为技术问题处理而不应作为应对进出口监管的终极解决思路。以强行引入的外部机制将可能导致开源项目的萧条直至关停，因为其违背了开源社区发展的弱中心化而非去中心化的规律，而承认分支的存在即意味着可以向上回溯。分支很大程度上是作为开源冲突的协议安排，并不直接与发展和安全有关。例如 2018 年 11 月，自由软件基金会（FSF）更新软件许可证评论认为，如果既有项目增加了禁止商业性使用的商业条款（Commons Clause），则应当重新设立分支。

## （三）提升开源软件安全与繁荣的着力点

**1. 从维护现有开源项目开始**

无论是本文引述的 Linux 基金会的开源项目，还是境内企业已经广泛参与和贡献的开源社区，在提供代码输出的同时，也应当对其所适用的开源协议给予适当的关注。正如本文认为的开源安全不仅是从物理层到应用层的协议安全，还包括法律协议安全所言，开源协议的安全不仅涉及各类许可证条款的差异，而且包括不同许可证混用的冲突，还包括在商业化应用中对传统版权法著作权人权利的"逆转"和"强化"。即对开源协议的关注和争议不应停留在 DivX 和

Xvid 的协议转换,而需从微软收购 GitHub 的市场和产业高度重新审视。应当借鉴 FSF "评论"的软件许可证的做法,给予开源软件多一重维度关注,不仅聚焦在源码本身,也注重代码的"外围"和"周边"。

**2. 与《网络安全法》若干问题的协调**

目前开源软件与《网络安全法》体系的协调可能包括以下问题:

(1)按照《网络安全法》第二十二条,"网络产品、服务的提供者应当为其产品、服务持续提供安全维护;在规定或者当事人约定的期限内,不得终止提供安全维护。"对于开源软件产品或服务而言(按照著作权法和计算机软件保护条例,对开源软件产品或服务的认定应基于产品或服务的"完成"),如果直接关停或设立分支,可能构成对该条的违反,但如果按照该条规定也不符合开源软件的发展规律,同时也可能导致对开源社区追责的"落空"。因此应考虑在开源协议中设计与该条有关的内容,特别是完善开源协议的权利义务转让、第三方承受维护机制,等等,以促成开源软件的完成与发行,减少不必要的分支和碎片化。

(2)在开源软件的全球参与下,开源社区的协同必然产生数据出境的问题,按照《网络安全法》和热议中的数据安全管理办法、重要数据出境安全评估办法所规定的以网络运营者为主要责任方,以合同审查(数据出境安全评估审核)为制度设计的安全模式下,源码的出入境应当作为协议安全的特殊情形予以充分的论证和除外规定,否则可能无法满足开源软件的宽松研发模式。

(3)至于《网络安全法》第二十二条规定的"网络产品、服务应当符合相关国家标准的强制性要求。网络产品、服务的提供者不得设置恶意程序;发现其网络产品、服务存在安全缺陷、漏洞等风险时,应当立即采取补救措施,按照规定及时告知用户并向有关主管部门报告",第三十五条规定的"关键信息基础设施的运营者采购网络产品和服务,可能影响国家安全的,应当通过国家网信部门会同国务院有关部门组织的国家安全审查"的网络安全审查和《网络安全漏洞管理规定(征求意见稿)》,必要和适度的代码审查是网络安全等级保护和关键信息基础设施保护的必要组成部分,其实现的重要路径即是代码审查。对于代码审查,可以认为其一方面受到了开源的启发和影响,另一方面审查也会抑制和终止某些开源项目的持续。同时《网络安全法》的规定会增加开源社区审核、审计开源安全的义务和成本,因此也需要在脆弱性与漏洞管理中,对开源软件作为一种特殊类型进行制度和协议设计,并特别限定网络安全审查的适用范围,充分评估审查对开源软件的影响。

## 四、结论

开源软件作为传统版权法规定下的代码分离与等同的必然产物,其制度设计在于解决类似"多场耦合"问题,从而直接在软件开发者(作者)与著作权之间建立关联,与传统版权法的规定相比,具有某些天然的外部性和自适应优势,特别是第五代移动通信技术的发展可能再次提升开源软件的应用,各国均对开源软件予以高度重视和密切关注。整体而言,从开源软件的协议安全(并促进繁荣)角度,至少应当从以下几个方面进行综合考虑:(1)在版权法下设计软件权益机制,体现开源从属性权利的独立性;(2)从服务协议、许可协议等视角探讨开源软件的合同法下规范;(3)协调进出口监管法与版权法,规范审查和评估对开源的影响;(4)从网络安全法的基本法出发,将其作为一类特殊的安全审查和出境评估类型。

最后,开源的核心在于软件开发者的著作权利义务设计与分配,应从宏观与微观上给予开源软件开发以充分支援。这些支援不在于简单的资金投入或纸面指引,而在于通过降低人员流动的成本,**并特别注重未被定义为高端人才的人员价值和促进开源繁荣的作用**,以开源代码和开源协议的参与度作为评价开源安全与繁荣的主要机制。

# 16. 网络安全漏洞管理规定（征求意见稿）评价与建议

2019年6月18日，工信部发布了《网络安全漏洞管理规定（征求意见稿）》（以下简称《规定》），向公众征求意见。本文作为初步建议予以提交，作者参与了上海信息安全协会组织的业内专家讨论会。

## 一、对规定的整体评价

**1.《规定》的法律效力层次**

本次管理规定是作为部门规章的形式提出，通常会体现作为主要监管部门的管理意旨和理念，但网络安全漏洞实际上至少涉及与公安、网信等部门的跨部门协同，在更高层面上涉及《网络安全法》的第二十六条（网络安全信息披露）、第三十九条（网络安全信息共享）和第五十一条（网络安全监测预警和信息通报）的核心问题，是作为《网络安全法》第二十六条"开展网络安全认证、检测、风险评估等活动，向社会发布系统漏洞、计算机病毒、网络攻击、网络侵入等网络安全信息，应当遵守国家有关规定"的"有关规定"出现。因此规定仅属于部门规章是否可以符合"有关规定"的范畴需要进一步探讨。

**2.《规定》体现的管理思路**

规定整体上体现了以厂商为核心（而非以平台为核心）的缺陷治理理念，

因此主要条款围绕厂商责任,但又未将厂商作为第一或基础责任主体进行条款设计,而且平台的能力和义务又无法回避,因此在标题上"管理"而非"治理"也体现出立法者的纠结,此为管理思路的一个"缺陷"。另外,在当前国际上将网络安全漏洞不仅作为缺陷,也视为资源进行综合规制的背景下,规定的局限性也很明显。

## 二、具体修改建议

| 编号 | 原文 | 修改建议 | 修改理由 |
|---|---|---|---|
| 第一条 | 为规范网络安全漏洞(以下简称漏洞)报告和信息发布等行为,保证网络产品、服务、系统的漏洞得到及时修补,提高网络安全防护水平,根据《国家安全法》《网络安全法》,制定本规定。 | | |
| 第二条 | 中华人民共和国境内网络产品、服务提供者和网络运营者,以及开展漏洞检测、评估、收集、发布及相关竞赛等活动的组织(以下简称第三方组织)或个人,应当遵守本规定。 | | 对第三方组织的定义应与《网络安全法》匹配。 |
| 第三条 | 网络产品、服务提供者和网络运营者发现或获知其网络产品、服务、系统存在漏洞后,应当遵守以下规定: | 网络产品、服务提供者和网络运营者应对其产品、服务的安全性负责。发现或获知其网络产品、服务、系统存在漏洞后,应当遵守以下规定: | 按照《网络安全法》第二十二条,网络产品、服务应当符合相关国家标准的强制性要求。网络产品、服务的提供者不得设置恶意程序;发现其网络产品、服务存在安全缺陷、漏洞等风险时,应当立即采取补救措施,按照规定及时告知用户并向有关主管部门报告。从规定的基本思路看,漏洞从传统法理上类似于缺陷,应明确或重申网络产品、服务提供者应是漏洞第一责任方,以缓和各方,特别是平台、"白帽子"等群体的焦虑。 |

续表

| 编号 | 原文 | 修改建议 | 修改理由 |
|---|---|---|---|
| 第三条 | （一）立即对漏洞进行验证，对相关网络产品应当在90日内采取漏洞修补或防范措施，对相关网络服务或系统应当在10日内采取漏洞修补或防范措施； | 应基于漏洞属性、程度、分类等行业实践，区分并进一步细化修复期限。 | 包括平台在内的漏洞规划多已对漏洞修复进行了详细的区别对待，笼统的规定90日无法满足不同类型、程度的漏洞管理要求。 |
| | （二）需要用户或相关技术合作方采取漏洞修补或防范措施的，应当在对相关网络产品、服务、系统采取漏洞修补或防范措施后5日内，将漏洞风险及用户或相关技术合作方需采取的修补或防范措施向社会发布或通过客服等方式告知所有可能受影响的用户和相关技术合作方，提供必要的技术支持，并向工业和信息化部网络安全威胁信息共享平台报送相关漏洞情况。 | 增加：（三）鼓励与第三方组织或个人等网络安全服务机构进行漏洞修补或防范措施的合作。 | 实际上这里的"相关技术合作方"已经具备了《网络安全法》规定的网络安全服务机构的某些特性，规定应考虑《网络安全法》对网络安全服务机构概念和用语的适应性。<br>同时本条规定的"相关技术合作方"与规定提出的"第三方组织"关系也需要澄清。 |
| 第四条 | 工业和信息化部、公安部和有关行业主管部门按照各自职责组织督促网络产品、服务提供者和网络运营者采取漏洞修补或防范措施。 | 工业和信息化部、公安部和有关行业主管部门按照各自职责组织督促网络产品、服务提供者和网络运营者采取漏洞修补或防范措施，并对其采取的漏洞修补或防范措施的网络安全风险防范或消减的有效性进行验证。 | 如何认定修补完成和漏洞生命周期终止始终是安全漏洞规制的问题，其体现的是生命周期终止的最后一公里问题。 |
| 第五条 | 工业和信息化部、公安部、国家互联网信息办公室等有关部门实现漏洞信息实时共享。 | | 这个属于狭义的网络安全信息共享，应考虑与《网络安全法》规定的关键信息基础设施运营者，乃至与一般网络运营者等实现共享。如果无法规定应考虑预留接口，规定的现有条款可能无法回应安全漏洞"资源性"问题。 |

| 编号 | 原文 | 修改建议 | 修改理由 |
|---|---|---|---|
| 第六条 | 第三方组织或个人通过网站、媒体、会议等方式向社会发布漏洞信息，应当遵循必要、真实、客观、有利于防范和应对网络安全风险的原则，并遵守以下规定： | | |
| | （一）不得在网络产品、服务提供者和网络运营者向社会或用户发布漏洞修补或防范措施之前发布相关漏洞信息； | 增加：但网络产品、服务提供者和网络运营者怠于发布，或经第三方组织或个人依法或依约提供技术支持后仍不予发布的除外。 | 结合第三条第（一）款，这里实际上还是一个时间限制的问题，如果网络产品、服务提供者和网络运营者不发布（怠于发布或能力限制），第三方组织或个人就永远无法发布？显然规定的条款存在问题。 |
| | （二）不得刻意夸大漏洞的危害和风险； | | 如何界定可能需要借鉴或参考《广告法》的表述。 |
| | （三）不得发布和提供专门用于利用网络产品、服务、系统漏洞从事危害网络安全活动的方法、程序和工具； | | 如何认定专门是一个老问题。[①]但无论在刑法还是《网络安全法》下都没有澄清，因而持续成为平台、"白帽子"等群体关注的敏感话题。 |
| | （四）应当同步发布漏洞修补或防范措施。 | | 没有区分临时措施和补丁级修补等机制的差异，也无视了发现者的技术能力，强制的额外增加了发现者的不合理义务。 |
| 第七条 | 第三方组织应当加强内部管理，履行下列管理义务，防范漏洞信息泄露和内部人员违规发布漏洞信息： | | |
| | （一）明确漏洞管理部门和责任人； | | |
| | （二）建立漏洞信息发布内部审核机制； | 建立漏洞信息报告、发布内部审核机制； | |
| | （三）采取防范漏洞信息泄露的必要措施； | | |

续表

| 编号 | 原文 | 修改建议 | 修改理由 |
| --- | --- | --- | --- |
| 第七条 | （四）定期对内部人员进行保密教育； | | 这个保密教育过于宽泛，可能是受到《保守国家秘密法》的用语影响。应区分保守国家秘密，保护企业或用户商业秘密、个人信息等的不同。 |
| | （五）制定内部问责制度。 | | |
| 第八条 | 网络产品、服务提供者和网络运营者未按本规定采取漏洞修补或防范措施并向社会或用户发布的，由工业和信息化部、公安部等有关部门按职责依据《网络安全法》第五十六条、第五十九条、第六十条等规定组织对其进行约谈或给予行政处罚。 | | 缺失网络产品、服务提供者和网络运营者对第三方组织的民事责任。 |
| 第九条 | 第三方组织违反本规定向社会发布漏洞信息，由工业和信息化部、公安部等有关部门组织对其进行约谈，或依据《网络安全法》第六十二条、第六十三条等规定给予行政处罚；构成犯罪的，依法追究刑事责任；给网络产品、服务提供者和网络运营者造成经济或名誉损害的，依法承担民事责任。 | 第三方组织违反本规定向社会发布漏洞信息，由工业和信息化部、公安部等有关部门组织对其进行约谈，或依据《网络安全法》第六十二条、第六十三条等规定给予行政处罚；构成犯罪的，依法追究刑事责任；给网络产品、服务提供者和网络运营者造成经济损害的，依法承担民事责任。网络产品、服务提供者和网络运营者对漏洞等缺陷存有过错的，应相 | 主体间的权利义务设定应公平、对等。 |

续表

| 编号 | 原文 | 修改建议 | 修改理由 |
|---|---|---|---|
| 第九条 | | 应减轻或免除第三方组织的责任。或：网络产品、服务提供者和网络运营者对漏洞等缺陷存有过错的，按其过错程度相应减轻或免除第三方组织的责任。 | |
| 第十条 | 鼓励第三方组织和个人获知网络产品、服务、系统存在的漏洞后，及时向国家信息安全漏洞共享平台、国家信息安全漏洞库等漏洞收集平台报送有关情况。漏洞收集平台应当遵守本规定第六条、第七条规定。 | 鼓励第三方组织和个人获知网络产品、服务、系统存在的漏洞后，及时向国家信息安全漏洞共享平台、国家信息安全漏洞库等漏洞收集平台报送有关情况。漏洞收集平台应当遵守本规定第六条、第七条规定，并应给予相应激励举措。 | 应鼓励网络产品、服务提供者、网络运营者通过第三方组织、个人等网络安全服务机构以合法方式参与网络产品、服务、系统的网络安全漏洞的修补或防范，并应给予相应激励。 |
| 第十一条 | 任何组织或个人发现涉嫌违反本规定的情形，有权向工业和信息化部、公安部举报。 | | 作为部门规章，应提出较为详细的举报途径和机制。另一方面，没有体现《网络安全法》规定的协调性。 |
| 第十二条 | 本规定自印发之日起施行。 | | |

# 17. 网络飞地的爬虫案例观察

## 一、个人信息公开数据访问的基本路径与法律评价

网络爬虫是网络时代检索资源和获取信息的必要手段。网络爬虫的本质是根据特定程序和规则通过访问网络地址抓取和下载数据的技术。根据其抓取程序设定的不同，网络爬虫可以选择访问特定类别或主题的网站。通过网络爬虫程序进行的网页访问和数据捕捉称为数据抓取，数据抓取行为无需数据方（一般为数据控制者）的授权，但是根据业界惯例（即"爬虫协议"或"机器人协议"），数据方可以在网站或次级域名的根目录中设置 robot.txt，告知网络爬虫该网站允许和禁止爬虫访问的界限。根据现有判例，尽管包括中国在内的各国法院对于爬虫协议的必要性认定不尽相同，但多承认爬虫协议作为业界惯例，其对爬虫抓取的限制确实有效。

相对于爬虫"数据抓取"，另一种获得数据的基本行为称为"数据获取"，是经过数据方授权的行为，数据方根据双方协议和授权开放不同的接口，需求方得以从中获取结构化数据。数据获取的行为受到协议的约束，关于协议范围、履行、违约等常规合同纠纷适用合同法的法律要求和原则。同时，由于网络和信息本身的特殊性，数据获取和协议也受限于《网络安全法》，对数据，尤其是个人用户的数据，在采集、保管、使用等各个环节都要注意相应的义务和要求。

无论是爬虫抓取还是数据获取，从本质上来说都是通过技术手段获得数据

的行为，且用这两种方式获得的绝大多数属于原始数据，有别于大数据交易中经过脱敏或匿名化处理的数据，数据的权属复杂，存在隐私、个人信息、企业非公开信息泄露的风险。不同于数据获取受到合同法、网络安全法等法律约束，爬虫抓取更多依赖于机器人协议的业内规范和道德指引，其行为本身及爬虫技术的友好性等性能都缺乏可明确参照的法律界限。但是正如美国电子前沿基金会（Electronic Frontier Foundation）所宣称的，爬虫抓取及其所带来的便捷索引功能，在网络时代不可或缺。爬虫技术固然带来了隐私侵犯和数据滥用的危险，但更多的爬虫是"好的爬虫"，不应当被过分限制。在目前产生的爬虫相关案例中，虽然法院仍然应用基础法律探索爬虫技术的法律属性，但也不可避免地对数据持有和数据需求双方提出了网络环境下的要求和义务。

## 二、新浪诉脉脉不正当竞争纠纷案中的数据爬取

### （一）案件事实与证据

在新浪微博与脉脉软件 OpenAPI 纠纷案中，[①] 脉脉软件属于利用新浪微博的用户数据开发第三方软件的数据使用者，与新浪微博原本通过 OpenAPI 平台合作。新浪微博认为脉脉软件违背了平台的开发者协议，非法获取了微博的用户教育信息和职业信息，并在双方合作结束后持续非法使用微博用户的信息。

在审判中，新浪微博提出了脉脉非法取得数据的两种可能方式：一是通过 OpenAPI 的通用接口获取了不属于自己权限的信息；二是通过脉脉微博账号或其他爬虫账号爬取了信息（新浪微博设置了禁止爬虫访问的 robot.txt）。但是在举证方面，新浪微博既无法提供脉脉在 OpenAPI 接口越权获取信息的记录来直接证明其观点一，又无法提供爬虫违规爬取记录来直接证明其观点二。围绕脉脉数据获得手段的证据均为间接证据，包括脉脉软件申请并获准开放的 OpenAPI 接口，其中不涵盖用户教育信息和职业信息接口；及"脉脉"、"淘友网"

---

[①] 中国裁判文书网，北京淘友天下技术有限公司等与北京微梦创科网络技术有限公司不正当竞争纠纷二审民事判决书。

（即脉脉方微博账号）2014年7月、8月访问微博账号的频次，分别为1.6万次和9000次。

### （二）爬虫技术证据裁判

根据综合分析，一审法院判定1.6万次及9000次的低频次的微博访问量完全无法达到爬虫技术所产生的访问频次，不能认定脉脉软件进行了爬虫抓取行为，但是，不论脉脉软件"采取何种技术措施，都能认定……在双方合作期间存在抓取涉案新浪微博用户职业信息、教育信息的行为"。

二审法院在结果上同意脉脉软件使用了不合法的数据获取手段，但是认为应当查明其技术手段，不能将爬虫抓取和数据获取手段一概而论。二审法院特别就爬虫抓取行为的认定从证据角度进行了讨论，认为其举证适用举证责任分配的一般规则，谁主张谁举证，在本案中应当由新浪微博方提供后台日志或其他合理证据证明脉脉软件使用了爬虫技术手段。就本案已有的证据，虽然专家意见和技术事实表明脉脉"可能通过建立大量微博账户，模拟正常用户行为在网页主站、无线客户端等进行信息抓取或者购买大量IP来伪造调用IP来源，通过伪造为正常用户的请求等手段实现信息抓取"，但是，微博方"并未就上诉主张提供任何证据加以证明"，没有达到一定的证明程度，从而产生举证责任的转移。

## 三、谷米诉元光数据爬取案

### （一）案件事实与证据

深圳市谷米科技公司开发了名为"酷米客"的实时公交信息APP，其运营依靠后台公交车的实时定位数据支撑，需要谷米公司与公交车合作在车上安装GPS定位系统。武汉元光科技有限公司开发了同类型的公交APP"车来了"，并利用爬虫技术爬取了酷米客软件的公交车实时数据。在本案民事诉讼发生之前，元光公司涉及破解酷米客软件的保护程序和利用爬虫爬取数据的技术人员已均被判处非法获取计算机信息系统数据罪，其使用爬虫技术手段爬取酷米客数据的行为事实没有争议。

### （二）软件及数据免费与数据爬取的合法性

元光公司提出，因为酷米客APP的公交信息数据可以免费向用户提供，则元光公司有权获取这些数据，使用爬虫爬取行为不构成不正当竞争。虽然法院没有明确谷米公司是否设置了robot协议和使用了怎样的技术防护手段，但是认定因为该类公交数据可以为谷米公司带来"现实或潜在、当下或将来的经济利益，其已经具备无形财产的属性"，不能认定为"公共信息"，承认谷米公司对数据享有包括处分权在内的相关财产权益。因此，元光公司仅可以使用数据权利人所允许的方式，即登录APP或网站等方式查询，而不能使用爬虫等侵入服务器的手段。简而言之，法院承认了酷米客公交信息此类经过收集、加工、处理，有经济价值的数据的财产属性，并且承认了权利人有权决定此类数据的分享方式。

### （三）刑事法律适用及其对民事程序的影响

案件事实说明，谷米公司对酷米客软件的后台数据进行了加密保护，元光公司技术人员破解保护程序侵入其后台获取数据的行为情节特别严重，违反了《刑法》第二百八十五条，构成非法获取计算机信息系统数据罪。

在后续的民事案件中，谷米公司以不正当竞争为案由起诉元光公司和涉案人员，虽然民事案由与刑事罪名从法律要素到证明方面存在区别，但刑事程序的判决显然对本案有着显著的影响。

一方面，在法律要素的认定上，为了认定元光公司违反诚实信用原则，具有破坏市场竞争，谋取不当利益的民事上的故意，法庭借用了刑事判决中对被告人犯罪行为的主观故意认定作为本案的证据。法庭认为，虽然刑事案件的"评价对象及评判标准"与民事诉讼有别，但所针对的事实"亦不与该刑事判决的相关认定相左"。

另一方面，在民事审判的损失认定中，法庭借用了刑事程序中对经济损失的评估。在谷米公司未能提供证据证明自身损失数额的情况下，法庭以刑事判决中评估的"谷米公司因被非法侵入计算机信息系统所造成的直接经济损失"数额作为依据,用于认定谷米公司的直接损失。

## 四、hiQ 诉 LinkedIn 案

### (一)案件事实与法律程序

hiQ 实验室("hiQ Labs")是一家采集用户数据进行数据分析的公司,其主营业务为替雇佣单位分析员工在专业领域内的业务能力及是否有跳槽离职倾向。为了开展业务,hiQ 需要在网络上应用爬虫检索被分析员工的公开数据,其中最大的数据资源库就是职业社交网站领英("LinkedIn")。据 hiQ 称,领英于 2017 年内部决定拓展业务,利用用户资源进行职场数据分析,进军 hiQ 同类领域。2017 年 5 月 23 日,领英的律师向 hiQ 正式发出终止函(Cease and Desist Letter),宣称 hiQ 抓取使用其用户数据的行为违反了领英用户协议、州法、联邦反计算机欺诈和滥用法("Computer Fraud and Abuse Act",CFAA)、加州刑法,以及数字千年版权法("Digital Millennium Copyright Act",DMCA)。终止函要求 hiQ 立即停止抓取领英用户数据的行为,声明 hiQ 未来的任何抓取都是未经授权的禁止行为,并随即对 hiQ 设置了技术措施,阻止 hiQ 的软件进入领英网站。

因为领英并未对 hiQ 提起诉讼,hiQ 不能合法通过领英的技术障碍,随即于 2017 年 6 月 7 日自行向加州北区法院提起诉讼,要求法庭确认 hiQ 的行为不违反 CFAA、DMCA、普通法、加州刑法,并诉领英不正当竞争等。由于 hiQ 的服务完全依赖于领英的客户数据源,hiQ 于庭审前立即诉请法庭发布禁止令,在诉讼期间禁止领英对 hiQ 设置技术措施,允许 hiQ 继续抓取数据。[①]

2017 年 8 月 14 日,经过一系列动议申请、修改和听证,北区法院法官同意了 hiQ 的申请,对领英发布临时性禁止令,在本案审理中要求领英撤回其终

---

① 原浩、蔡雨琪,《个人信息的公开数据边界》载《信息网络与高新技术法律前沿(第12卷)》,上海交通大学出版社,2018年9月出版。

止函，取消技术措施。领英后就本禁止令上诉，此禁止令仍在第九巡回法院等待裁决，而一审程序则随之中止①。

### （二）hiQ 爬虫抓取和领英用户数据

领英将自己的用户信息依据公开程度划分为五等，由用户自由选择和设置，其中，hiQ 所抓取的信息为公开等级最高的"完全公开"类型。完全公开的用户数据可以被包括 Google、Bing 等在内的任何搜索引擎抓取，且不论对方是否登录领英，都可以浏览这些数据。并且，用户方在设置数据隐私等级时会收到公开程度和后果的提示，对非领英用户可见的情况有所知晓。

领英方则认为，hiQ 对领英用户信息并不仅限于爬虫抓取，而是进行数据收集，该数据收集行为违反了领英与用户之间的协议。领英认为 hiQ 对用户数据的收集和使用方式，即用于判断用户的专业水平和是否有离职倾向，违背了用户的意愿，特别是违背了那些将自己信息改动设置为"不通知其他人"的用户的意愿，因而超出了其用户协议中包含的用户的合理隐私期待（"reasonable expectation of privacy"）。

### （三）一审禁止令中的爬虫相关法律分析

虽然在禁止令中，法院并不就争议问题作出任何实质性的裁判，但可以从禁止令的法律分析中看出法院对于本案初步的观点。总的来说，法庭认为领英与其他进行类似数据抓取和分析的工作室也存在合作，其中也包括开放那些将信息改动设置为"不通知其他人"的用户数据，而并未考虑用户的合理隐私期待。法庭认为，领英对 hiQ 设置的反爬虫技术障碍具有针对性，且领英允许其他第三方爬取数据的实际做法与针对 hiQ 的论点可能使其陷入了自相矛盾的境地，很难有效用其隐私政策进行解释。

双方争议的焦点之一在于数据爬取的授权和权限问题。领英希望法庭裁判，如果作为数据持有方禁止了 hiQ 爬取数据的行为，那么如果 hiQ 继续进行爬取，这种爬取将违反 CFAA 相关条款，即"故意地从受保护的计算机上未经授权地

---

① 2019 年 9 月，联邦第九巡回上诉法院维持了前述裁决。

或越权地获取信息"。而 hiQ 则极力反对对 CFAA 的此种解读,认为一旦将授权的权力完全交予领英这一类数据掌控方,则数据掌控方可以任意地将公开数据向指定人员以指定形式开放,可能带来严重的后果;而这种解读也不符合 CFAA 保护计算机不受黑客侵犯的本意。法庭表示,领英对 CFAA 条款,尤其是其法律要素"授权"(authorization)的解读是对法条纯文本性的解读,有一定的说服力;但同时 hiQ 的论点也不无道理,从法律最初制定的环境和目的来看,CFAA 不能很好地适用于本案的商业环境下的爬虫数据抓取。另外,法庭也考虑到了本案作为判例的后果,如果认定领英能够自主"授权"数据爬取,则可能给未来的违反者带来不仅是民事,而且是刑事上的责任。

## 五、案例综合评价

从前述中外案件可以看出,基于对爬虫所抓取的数据的法律性质、类型、数量不同,可以产生不同的法律后果。其中最大的争议之一还是,数据方所获取的个人信息是否当然成为其绝对的企业财产,其行使对所控制数据的民事权利是否排除了其他人的所有权利。本文认为这一简单论断有别于时下业界争议核心的基本观点,即数据主体(提供数据的一方,一般为自然人)、数据方(本文一般指向数据控制者)等各方存在对数据的多元权利,在对这些权利进行精细化的法律构造和赋权之前,不应笼统地认为数据方拥有所有权利。因此,在谷米诉元光数据爬取案中,法院认为谷米公司系"酷米客"软件著作权人,相应地,也就对该软件所包含的信息数据享有占有、使用、收益及处分的合法权益。未经谷米公司许可,任何人不得非法获取该软件的后台数据并用于经营行为。因此,六被告有关谷米公司"酷米客"软件实时公交数据属于公共信息的主张不能成立。该观点通过法院认为的形式表达过去绝对,似有不妥。

从更广泛和普遍性的社会性考虑,爬虫无论其设定和出现之初便是程序化、自动化的必然产物,还是在网络空间命运共同体的倡导下才可能成为数据共享的某种有效和必要的补充,均不应简单和盖然的否定其合理性,而应当在个案（刑法仍应一如既往地体现其谦抑性）中进行单独评价。正如威廉·吉布森（William Gibson）在《神经漫游者》中所述，"有很多种理论解释千叶城为何会容忍仁清街这样一块'飞地'，……不过他觉得另一种说法也有些道理：飞速发展的技术必须要有无法无天的地方才能发挥功用，'夜之城'的存在与它的居民无关，只是为了技术本身所特地留出的一片无人监管区。"

# *18.* 第三方 SDK 与 APP 运营者的差异化合规

随着 APP 违法违规收集使用个人信息专项治理执法行动的开展，与 APP 存在密切关联的第三方 SDK 收集、推广行为也逐渐进入各方视野。第三方 SDK 存在安全漏洞、病毒传播、侵犯个人信息等安全风险，结合实际案例分析第三方 SDK 安全威胁，规划 APP 和第三方 SDK 之间的权利义务，以及各自需进行的合规动作非常必要。本文梳理了国内外第三方 SDK 收集、使用个人信息的若干案例，对第三方 SDK 和 APP 的义务和责任进行适当分配，以便企业在合规过程参考。

## 一、SDK 模式的应用场景与安全风险

### （一）第三方 SDK 的含义

一般认为，软件开发工具包（Software Development Kit，SDK）是集成在 APP 里的第三方工具包，用于为特定设备或操作系统开发应用程序的软件集合，广义上指辅助开发某一类软件的相关文档、范例和工具的集合。SDK 可以帮助 APP（开发者，APP 专项治理工作组的概念为"APP 运营者"）高效率、低成本地实现地图、支付、统计、社交、广告等通用功能。

第三方 SDK（提供者）将实现特定功能的代码进行封装，向开发者提供简单的调用接口，开发者不必关心所需功能的具体代码实现便能使用相关功

能，简化了开发的过程，提高了开发效率。第三方 SDK 为了实现统计分析、地图等功能，需要或请求采集 APP 的用户数据及权限，例如 IMEI，mac 地址、Android ID、手机品牌、型号、LBS 等。第三方 SDK 采集的数据至少可用于两个用途：（1）为相应的 APP 提供统计分析（DAU、新增用户数等功能）；（2）将集成该 SDK 的各个 APP 数据打通，形成基于设备 ID 的标签，用于精准广告投放等用途。

### （二）第三方 SDK 的主要类型

根据全国信息安全标准化技术委员会 2019 年 12 月发布的《网络安全实践—第三方 SDK 安全指引》（TC260-PG-2019XA），常见的第三方 SDK 可以分为以下类别。具体见下表：

| 序号 | SDK 分类 | 功能描述 |
| --- | --- | --- |
| 1 | 框架类 | 提供开发某一类 APP 或跨平台 APP 所需的整体框架。 |
| 2 | 广告类 | 提供广告展示功能，通过使用广告 SDK，开发者可以在 APP 中展示广告商投放的广告，进而根据用户的点击赚取收益。 |
| 3 | 推送类 | 提供消息推送功能。 |
| 4 | 统计类 | 提供收集用户与 APP 之间的交互行为的功能。根据用户使用 APP 的情况，开发者可以有针对性地改进 APP。 |
| 5 | 地图类 | 提供地图和定位功能。 |
| 6 | 第三方登录类 | 提供通过社交网络账号（如微博、微信、QQ）等第三方账号登录 APP 和从 APP 内分享内容到社交网络的功能。 |
| 7 | 支付类 | 提供移动支付功能。 |
| 8 | 客服类 | 提供客服对话窗口、客服机器人等客服功能。 |
| 9 | 测试类 | 提供线上测试功能。 |
| 10 | 安全风控类 | 提供移动业务安全风控功能。 |
| 11 | Crash 监控类 | 提供 APP 崩溃、APP 无响应、卡顿的数据分析。 |
| 12 | 人脸识别类 | 提供人脸识别、活体检测等功能。 |
| 13 | 语音识别类 | 提供语音转文字等功能。 |
| 14 | 短信验证类 | 提供短信验证功能。 |
| 15 | 工具类 | 提供 APP 的基础功能，如网络访问、图片缓存、二维码识别等。 |

## (三) SDK 引入的风险

随着第三方 SDK 从完善 APP 某些功能向商业利益的变迁，目前其开发过程中较为关注个人信息收集、广告推送、第三方登录等目标，由于其侧重于功能目标的实现和便利性，故对安全性的投入和关注较少，导致 APP 开发者使用第三方 SDK 存在多种安全问题。SDK 的风险点主要包括以下几个方面：

**1. 安全漏洞**

在目前的信息技术水平下，安全漏洞的存在几乎不可避免，成为引发系统、网络不安全的重要风险要素。SDK 存在的漏洞引发的安全形势严峻，目前已经出现的 SDK 安全漏洞包括不合理的敏感数据权限分配、HTTP 的非必要调用、用户日志泄漏等。SDK 的安全漏洞产生原因多见于开发者的能力水平限制、缺乏安全审查、为实现某些目的故意设置（典型的例如收集个人信息和越权操作）。例如：

2015 年 10 月，一款名为"某米"的第三方广告 SDK 收集用户的个人身份信息，包括 Apple ID 邮件地址、设备识别码，以及安装在手机上的 APP 列表信息。最后，使用该 SDK 的 256 款 APP 从苹果应用商店下架。

2017 年 8 月，第三方广告 SDK 的"某信"发现内置后门，在未经用户允许的情况下收集用户隐私数据，获取用户设备中全部已经安装 APP 列表。嵌入该 SDK 的 500 多款 APP 的总下载量超过 1 亿次，最终全部从 Google Play 下架。

2017 年 9 月，360 的 Vulpecker 安全团队发现了国内消息推送厂商"某盟"的 SDK 存在可越权调用未导出组件的漏洞，利用该漏洞可实现对使用了该 SDK 的 APP 的任意组件的恶意调用、任意虚假消息的通知、远程代码执行等攻击测试。

2018 年 4 月，"某推"漏洞爆发，可通过预留的后门云控开启恶意功能，进行恶意广告行为和应用推广以牟取非法收益。受到影响的设备会不断弹出广告和安装推广应用，300 余款知名应用软件被感染，受影响用户高达 2000 余万。

### 2. 传播计算机病毒等恶意程序

随着各类 APP 对第三方 SDK 的依赖，利用 SDK 传播病毒的事件也持续曝光。2019 年 8 月，360 的异常数据检测系统捕获到一类名为"SensorService"的应用存在异常行为。分析发现其通过某广告 SDK 传播，安装后无图标，并且伪装成系统服务，利用系统漏洞进行提权，接收云端服务器控制命令进行静默安装推广应用、刷量等恶意操作。这类恶意应用（SensorBot）不仅给用户的个人隐私及财产安全带来极大风险，而且静默推广的方式严重损害了软件厂商的品牌形象。据统计 SensorBot 最早出现于 2016 年 9 月，截至 2019 年 8 月感染量已达 400 多万次。值得注意的是 SensorBot 每逢节假日，新增感染量便会呈现一个明显的上升趋势。

### 3. 侵犯个人信息

第三方 SDK 违规收集个人信息的安全事件不断增多，已经成为侵犯公民个人信息和危害计算机信息系统安全犯罪的重要途径。SDK 侵犯公民个人信息的方式主要包括 APP 隐私政策中缺乏对 SDK 收集个人信息的说明，SDK 文档中未规定收集个人信息种类，未经授权收集、使用个人信息等。2019 年 7 月，南都个人信息保护研究中心与中国金融认证中心选择测试了 60 款用户量较大的 APP，共使用 113 个不同的 SDK 后，联合发布《常用第三方 SDK 收集使用个人信息测评报告》指出，这些 SDK 收集的信息中，手机设备信息和网络信息最为频繁。在用户个人信息方面，支付宝 SDK 获取了用户的手机号，TalkingData SDK 可以获取用户的地理位置，但都未在对应 APP 的《隐私政策》里明确告知，且这些信息与实现 SDK 的功能有何关系较难看出。此外，中国银行手机银行 APP 的讯飞 SDK 可以"对环境或通话录音"，却没有提供任何隐私政策；宜人财富 APP 和宜人贷借款 APP 使用的 TalkingData SDK 获取了用户的地理位置，但两款 APP 的隐私政策都没有提及。在对 15 个市场上的主流 SDK 进行深入分析后发现，Ping++、TalkingData、友盟三个 SDK 能够通过代码收集的用户个人信息都超出了其官方文档所声明的系统权限，其中不乏支付卡信息、地理位置信息、传感器数据等个人敏感信息。

## （四）SDK 国内违法犯罪案例梳理

目前我国的 SDK 案例主要涉及广告推广类的第三方 SDK，可见的公开信息显示罪名主要包括非法获取公民个人信息罪、非法获取计算机信息系统数据罪、非法获取计算机信息系统数据、非法控制计算机信息系统罪等。

| 案件 | 基本案情 | SDK 类型 | 适用法律 |
| --- | --- | --- | --- |
| 朱伟国、李江涛犯非法获取公民个人信息罪[①] | 2013 年 2 月至 7 月期间，被告人李江涛从官方手机软件商店下载正规手机应用程序对其进行反编译，加入一段恶意代码后（被称为"推荐密贼行为"的 SDK）重新打包上传到手机软件市场，在诱使用户安装并首次运行植入恶意代码后，监控用户手机中的程序运行状态，同步获取用户手机内存中记载的正在运行的应用程序包名和顶层窗口名称等数据，将所获取的数据发送至云端，与云端预设的流行程序列表进行比对，后弹出对应形式的广告。在被告人李江涛从事上述活动过程中，被告人孙轩协助其从事调试等工作。<br>被告人李江涛、孙轩通过上述方式向用户手机发送易积分公司的广告，感染手机 20 余万部。2013 年 5 月，被告人李江涛委托被告人孙轩从易积分公司提取广告收益 51778.518 元，扣除税费，非法获利 49705.38 元。 | 广告推广类 | 《刑法》第二百五十三条之一，第二百八十五条 |
| 欧建宏、陈言敏、宋瑞等非法获取计算机信息系统数据、非法控制计算机信息系统罪[②] | 2015 年 8 月，被告人欧建宏、陈言敏、宋瑞等人成为朗趣公司北京团队。朗趣公司北京团队成立后，继续与朗趣公司团队（又称上海团队）合作原有业务，并开始研究只保留广告功能的 SDK，同时向手机商推广广告 SDK 业务。经协商，由北京团队提供广告 SDK 工具包，手机商将广告 SDK 工具包预装到智能手机系统中，并使广告 SDK 获取系统权限，北京团队则根据存活率按安装台数或以广告费收入分成的方式向手机商支付费用。<br>装有广告 SDK 的手机在用户首次开机联网时，广告 SDK 即通过互联网与后台服务器连接，在用户不知情的情况下向后台服务器上传 IMEI、IMSI 等用户信息、自动更新广告 SDK 版本等，并根据与手 | 广告推广类 | 《刑法》第二百八十五条；《最高人民法院、最高人民检察院关于办理危害计算机信息系统安全刑事案件应用法律若干问题的解释》第一条第二款第（一）项、第十一条第一款 |

---

① 江苏省建湖县人民法院刑事判决书（2014）建刑初字第 0104 号。
② 浙江省嘉兴市中级人民法院刑事裁定书（2019）浙 04 刑终 71 号。

续表

| 案件 | 基本案情 | SDK类型 | 适用法律 |
|---|---|---|---|
|  | 机商达成的运营方案通过服务端（即 BOSS 系统）对推送方式、内容及频率等进行配置，向用户推送商业性电子信息，从而产生广告收入。<br>经查，朗趣公司自 2015 年 10 月 21 日起至案发，收到深圳腾讯科技有限公司（以下简称腾讯公司）打款共计 36122708.36 元，其中 2017 年收到的 14493171.03 元均系广告 SDK 的违法所得；自 2016 年 7 月起至案发，徕乾公司收到腾讯公司打款共计 20211758.27 元，其中包含广告 SDK 的违法所得；自 2017 年 6 月起至案发，瑞徕公司收到腾讯公司打款共计 9673163.13 元，均系广告 SDK 的违法所得；鼎勤公司自 2016 年 1 月 27 日起至案发，以深圳市鼎科创达科技有限公司的名义收到朗趣公司打款共计 4755745.25 元，均系广告 SDK 的违法所得；智汇云商公司自 2015 年 8 月 3 日起至案发，收到朗趣公司打款共计 3916164.28 元，其中 130 余万元系广告 SDK 的违法所得。 | 广告推广类 |  |
| T 公司非法侵犯公民个人信息罪、获取计算机信息系统数据罪 | T 公司为国内最大的信贷风控"独角兽"企业，拥有在智能分析和决策领域全球顶级的核心产品和技术，是该领域世界领先地位的科技创新企业。该公司通过与现金贷公司合作，向贷款公司提供 SDK。随后，贷款公司将 SDK 嵌入其贷款 APP 中，当贷款人使用 APP 提供"征信"信息时，APP 调用 SDK，由 SDK 提供淘宝、京东、运营商、社保、公积金等网络应用的 H5 登录界面，由贷款人自主选择账号密码、手机验证码、二维码等方式登录完毕后，由 T 公司调用相应的爬虫爬取数据，经清洗后存入数据库，同时向贷款公司提供该贷款人被采集数据的查询服务。 | 第三方登录类 | 尚未审判 |

## 二、SDK 国外违法犯罪案例分析

目前国外主要通过数据保护相关立法、反不正当竞争法等对 APP 和 SDK 收集处理数据的行为进行监管，主要依据的仍是基于用户知情同意原则、滥用市场支配地位等条款。现有执法案例中，法国数据监管机构 CNIL 明确 SDK 数据收集应获得用户同意；欧洲法院裁定网站和嵌入的第三方代码运营者构成共同控制者，并认为应针对个案的具体情形，共同决定向数据主体告知的内容和形式。

## （一）法国数据监管机构 CNIL：SDK 数据收集应获得用户同意

2018 年 7 月至 11 月，因 SDK 数据收集未获得用户同意，法国数据监管机构数据保护委员会（CNIL）先后对 FIDZUP 和 TEEMO 公司、SINGLESPOT 公司、VECTAURY 公司进行检查，要求限期整改。

在 VECTAURY 公司案中，VECTAURY 公司将 SDK 技术工具集成到合作伙伴的 APP 代码中。即使 APP 并未运行，同样能够从用户处收集信息。SDK 收集广告标识符和地理位置数据，然后将这些数据与合作伙伴确定的兴趣点交叉，以便有针对性地投放广告。2018 年 11 月，CNIL 对该行为进行调查，发现该公司存在以下问题：

（1）SDK 数据收集行为未获得用户同意。检查显示，下载 APP 时，并未系统通知用户 SDK 将收集位置数据。安装 APP 时，既没有通知用户投放广告的目的，又没有明确数据控制者。用户无法在不激活 SDK 的情况下下载 APP。因此，使用 APP 会自动将数据传输至 VECTAURY 公司。

VECTAURY 公司曾试图建立同意管理提供程序（Consent Management Provider, CMP），以加强信息管理。但 CNIL 发现 CMP 并未有效运行，实效并不能令人满意。CMP 提供给用户的信息不足，仍会在默认情况下激活地理位置数据收集。

（2）从广告实时竞价系统中收集数据未获同意。检查显示将个人信息用于广告内容分析前并未获得用户同意。提供给用户的信息并不能解释其数据将被用于实时竞价系统（real-time auction system），也不能解释这些数据将被用于商业画像。广告竞价系统使得 VECTAURY 公司从 32000 多个 APP 中收集了超过 4200 万个广告标识符和地理位置数据。

为此，CNIL 认为 SDK 和实时竞价系统存在隐私风险，其在用户不知情的情况下收集了用户的行为动向和生活方式信息，用户无法行使 GDPR 规定的权利。因此，VECTAURY 公司需要征得所有用户的有效同意，以及删除不正确收集的数据。

### （二）欧洲法院：网站和嵌入的第三方代码运营者构成共同控制者

Fashion ID 是德国一家网上服装销售商，其网站上嵌入了 Facebook "点赞（Like）"按钮。当访问者访问其网站时，不论该访问者是否拥有 Facebook 社交账号或是否点击"点赞"按钮，该访问者的个人数据均在访问者不知情的情况下传输至 Facebook 公司。

德国消费者保护公共服务协会认为 Fashion ID 向 Facebook 公司传输访问者个人数据的行为没有取得访问者的同意，并违反了个人数据保护法律要求的告知义务，遂对 Fashion ID 提起诉讼。2019 年 7 月，欧洲法院作出判决，认为本案中的数据收集和处理进程可以分为两个阶段：Fashion ID 收集并传输给 Facebook 公司阶段和传输后 Facebook 公司独立处理数据阶段。

就第一个阶段而言，Fashion ID 和 Facebook 共同决定了数据收集和处理的目的、方式，因此可以认定 Fashion ID 就本案中第一阶段的数据收集和传输行为与 Facebook 一同构成共同控制者；就第二个阶段而言，当 Facebook 接收到数据并进行独立处理，法院认为此时不应再将 Fashion ID 视为数据的共同控制者，因为在数据开始收集之时 Fashion ID 并不能决定 Facebook 对这部分数据处理的目的和方式。

法院认为，Fashion ID 在其网站中嵌入 Facebook 点赞按钮的目的是使其商品在 Facebook 上更容易被看到，从而优化其宣传效果。因此，Fashion ID 至少含蓄（间接或默示）地同意收集和传输个人数据，以便从这种商业优势中获益。对该等数据的收集并传输给 Facebook 公司的行为合乎 Fashion ID 和 Facebook 双方经济利益。Fashion ID 将数据收集并传输给 Facebook 供其自行进一步处理为 Fashion ID 获得商业利好。

法院明确表示，像 Fashion ID 这样的网站运营商，作为数据（共同）控制者在处理其网站访问者的个人数据时（如收集并传输给 Facebook），须在收集时向访问者提供特定信息，包括收集者和第三方的身份信息以及处理目的。

## 三、SDK 与 APP 合规的相关法律问题

### （一）APP 与 SDK 法律关系认定

受限于业务场景和合同约定，SDK 对于个人信息的处理和控制程度不同，在认定双方权利义务时也应有所区分。总的来说，APP 与 SDK 的关系主要分为以下四种情形：

（1）SDK 自行向个人信息主体明示其收集、使用个人信息的目的、方式、范围，并征得个人信息主体的授权同意，此时 SDK 独立对其个人信息收集行为承担责任。

（2）APP 在提供产品或服务的过程中以组件、模块等方式内置了收集个人信息的 SDK，且该 SDK 并未单独向个人信息主体征得收集、使用个人信息的授权同意，此时 APP 与该 SDK 为共同个人信息控制者。

（3）内置的 SDK 受 APP 委托，对个人信息进行处理，此时 SDK 为数据处理者。但这一情形的适用取决于 SDK 不持有预处理和处理后的数据（技术层面的不持有和合同层面的明示放弃，并接受 APP 对其行为的约束），APP 概括性地作为数据控制者承担个人信息的相关义务。这要求 APP 在技术和合同层面对 SDK 作出约束，并能够识别和控制 SDK 的行为。

（4）APP 接入第三方 SDK，且不属于共同控制者和委托处理情形的，由于业务场景和合作的紧密程度不同，此时 SDK 角色不定。

### （二）APP 与 SDK 的义务划分及风险承担

不论 SDK 是独立的数据控制者、共同数据控制者还是数据处理者，APP 与 SDK 本质上仍是合同关系，双方权利义务和风险承担仍主要通过合同条款约束。因此，隐私政策和合同条款设置尤为重要。

根据 APP 治理工作组 2019 年 12 月发布的通报，APP 与 SDK 的问题主要集中在既未经用户同意，又未做匿名化处理，通过客户端嵌入的 SDK 向第三方提供个人信息，以及未逐一列出嵌入的第三方 SDK 收集使用个人信息的目的、

类型。

为此，APP通用义务包括但不限于以下内容：（1）在隐私政策中逐一列出SDK（包括嵌入、委托和接入的业务场景）收集使用个人信息的目的、方式、范围等，及双方分别承担的责任和义务；（2）向SDK提供个人信息前（包括嵌入、委托和接入的业务场景），征得用户同意和/或对个人信息进行匿名化处理；（3）对SDK的数据安全保障能力和水平进行持续监督。

从实际考虑，受限于既有的开发水平和市场化程度，SDK的引入有其必然性与合理性，特别是在降低和减少重复开发成本上。从APP方面，对于接入的SDK，应明确数据安全要求和责任，督促监督SDK运营者加强数据安全管理。SDK发生数据安全事件对用户造成损失的，APP应承担部分或全部责任，除非APP能够证明无过错。而对SDK方面，SDK从其他途径获得个人信息，与直接收集个人信息负有同等的保护责任和义务（《数据安全管理办法（征求意见稿）》）。

间接获取个人信息的SDK通用义务包括但不限于以下内容：（1）要求APP说明个人信息来源，并对其个人信息来源的合法性进行确认；（2）了解APP已获得的个人信息处理的授权同意范围，包括使用目的、个人信息主体是否授权同意转让、共享、公开披露、删除等；（3）如开展业务所需进行的个人信息处理活动超出已获得的授权同意范围，应在获取个人信息后的合理期限内或处理个人信息前，征得个人信息主体的明示同意，或通过APP征得个人信息主体的明示同意。

SDK也可充分利用隐私政策对双方的义务和责任进行明确。例如TalkingData隐私政策中个人信息间接获取以及最终用户数据的授权与同意部分，要求使用其服务的应用程序在获得用户授权、合规方面做出承诺。如违反相应承诺将导致终端用户对TalkingData主张任何形式的索赔或权利要求，或导致TalkingData卷入法律或行政程序，由使用其服务的应用程序负责解决，并赔偿因此可能遭受的任何形式的损失。可以认为，该条款对合同双方具有约束力。

视角色不同，SDK与APP的义务区分如下：

**1. SDK作为独立的数据控制者**

当SDK为独立的数据控制者时，承担与APP同等的网络安全保障义务，

### 2. SDK 和 APP 作为共同的个人信息控制者

当 APP 与 SDK 为共同个人信息控制者时，APP 应通过合同等形式与 SDK 共同确定应满足的个人信息安全要求，以及在个人信息安全方面自身和 SDK 应分别承担的责任和义务，并向个人信息主体明确告知。

如未向个人信息主体明确告知 SDK 身份，以及在个人信息安全方面自身和 SDK 应分别承担的责任和义务，APP 应承担因 SDK 引起的个人信息安全责任。

### 3. SDK 作为受 APP 委托，处理个人信息的数据处理者

APP 作出委托行为，不应超出已征得个人信息主体授权同意的范围或例外情形；APP 应对委托行为进行个人信息安全影响评估，确保 SDK 达到数据安全能力要求。

APP 应对 SDK 进行监督，方式包括但不限于通过合同等方式规定 SDK 的责任和义务；对 SDK 进行审计。APP 应准确记录和保存委托处理个人信息的情况。

APP 得知或者发现 SDK 未按照委托要求处理个人信息，或未能有效履行个人信息安全保护责任的，应立即要求 SDK 停止相关行为，且采取或要求 SDK 采取有效补救措施（例如更改口令、回收权限、屏蔽或断开网络连接等）控制或消除个人信息面临的安全风险。必要时 APP 应终止与 SDK 的业务关系，并要求 SDK 及时（可验证的）删除从 APP 获得的个人信息。

SDK 应做到以下内容：(1)严格按照 APP 要求处理个人信息。SDK 因特殊原因未按照 APP 要求处理个人信息的，应及时向 APP 反馈；(2)SDK 确需再次委托时，应事先征得 APP 的授权；(3)协助 APP 响应个人信息主体提出的查询、更正、删除等请求；(4)SDK 在处理个人信息过程中无法提供足够的安全保护水平或发生安全事件的，应及时向 APP 反馈；(5)在委托关系解除时不再保存相关个人信息。

### 4. SDK 属于第三方接入

APP 应做到以下内容：(1)建立 SDK 接入管理机制和工作流程，必要时应建立安全评估等机制设置接入条件；(2)应与 SDK 通过合同等形式明确双方的

安全责任及应实施的个人信息安全措施;(3)应向个人信息主体明确标识产品或服务由 SDK 提供;(4)应妥善留存平台第三方接入有关合同和管理记录,确保可供相关方查阅;(5)应要求 SDK 根据相关要求向个人信息主体征得收集个人信息的授权同意,核验其实现的方式;(6)应要求 SDK 建立响应个人信息主体请求和投诉等的机制,并妥善留存、及时更新,以供个人信息主体查询、使用;(7)应督促 SDK 加强个人信息安全管理,发现 SDK 没有落实安全管理要求和责任的,应及时督促整改,必要时停止接入;(8)涉及 SDK 嵌入或接入的自动化工具(如代码、脚本、接口、算法模型、软件开发工具包、小程序等)的,开展技术检测确保其个人信息收集、使用行为符合约定要求;对 SDK 嵌入或接入的自动化工具收集个人信息的行为进行审计,发现超出约定的行为,及时切断接入。

此外,对于开源的 SDK,由于 APP 在引入时应尽更大程度的代码检查或审查义务,故责任上将可能向 APP 倾斜。

### (三)APP 与 SDK 责任的可能法律后果

当前,我国电信诈骗、套路贷、金融类型犯罪高发,此类案件背后多涉及个人信息的不当收集和滥用。网信、公安、工信等部门一方面通过"净网 2019"等专项行动严厉打击侵犯公民个人信息等突出网络犯罪;另一方面通过"一案双查"机制,加强行政执法,将网络运营者的网络安全保障义务作为执法重点。APP 专项治理方面,工信部、APP 治理工作组等部门和机构持续对存在问题的 APP 进行通报。2019 年 12 月 19 日,工信部向社会通报了 41 家存在侵害用户权益行为 APP 企业的名单,并在 2020 年 1 月对仍未按要求完成整改的 3 款 APP 进行下架处理。

在重视个人信息保护、严厉打击相关网络犯罪的高压态势下,APP 和 SDK 作为上游的数据控制者或数据处理者,若义务履行不到位,极易触及法律红线。除了未来可能以公益性的民事诉讼或个人提起相关民事法律责任主张外,还可能包括更为严厉的行政和刑事责任。

**1. 行政责任**

网络安全领域行政责任主要适用的是《网络安全法》及其配套规定。《网络安全法》将网络运营者定义为网络的所有者、管理者和网络服务提供者。APP和SDK作为《网络安全法》定义下的网络运营者或网络服务提供者，应履行《网络安全法》规定的义务，并承担相应的法律责任。2019年12月发布的《APP违法违规收集使用个人信息行为认定方法》（以下简称《认定办法》）为认定APP违法违规收集使用个人信息行为，落实《网络安全法》等法律法规提供了参考。该认定方法对APP向SDK提供信息的要求进行明确。

首先，"未逐一列出APP收集使用个人信息的目的、方式、范围等，包括委托的第三方或嵌入的第三方代码、插件"构成"未明示收集使用个人信息的目的、方式和范围"，可能触及《网络安全法》第四十一条。

其次，既未经用户同意，又未做匿名化处理，APP客户端直接向第三方提供个人信息，包括通过客户端嵌入的第三方代码、插件等方式向第三方提供个人信息；既未经用户同意，又未做匿名化处理，数据传输至APP后台服务器后，向第三方提供其收集的个人信息；APP接入第三方应用，未经用户同意，向第三方应用提供个人信息，构成"未经同意向他人提供个人信息"，可能触及《网络安全法》第四十二条。

法律责任方面，《网络安全法》第六十四条规定，网络运营者、网络产品或者服务的提供者违反第四十一条至第四十三条规定，侵害个人信息依法得到保护的权利的，由有关主管部门责令改正，可以根据情节单处或者并处警告、没收违法所得、处违法所得一倍以上十倍以下罚款，没有违法所得的，处一百万元以下罚款，对直接负责的主管人员和其他直接责任人员处一万元以上十万元以下罚款；情节严重的，并可以责令暂停相关业务、停业整顿、关闭网站、吊销相关业务许可证或者吊销营业执照。

**2. 刑事责任**

APP和SDK可能触及的罪名包括侵犯公民个人信息罪、非法获取计算机信息系统数据罪、拒不履行信息网络安全管理义务罪等。

（1）侵犯公民个人信息罪

《刑法》第二百五十三条之一规定："违反国家有关规定，向他人出售或者提供公民个人信息，情节严重的，处三年以下有期徒刑或者拘役，并处或者单处罚金;情节特别严重的,处三年以上七年以下有期徒刑,并处罚金。违反国家有关规定,将在履行职责或者提供服务过程中获得的公民个人信息,出售或者提供给他人的,依照前款的规定从重处罚。窃取或者以其他方法非法获取公民个人信息的,依照第一款的规定处罚。单位犯前三款罪的,对单位判处罚金,并对其直接负责的主管人员和其他直接责任人员,依照各该款的规定处罚。"

《认定办法》明确,未经用户同意和/或进行匿名化处理,APP将个人信息提供给SDK,构成"未经被收集者同意,向他人提供个人信息",违反《网络安全法》这一"国家有关规定"。如情形达到严重或非常严重情节,将可能依据《最高人民法院、最高人民检察院关于办理侵犯公民个人信息刑事案件适用法律若干问题的解释》构成侵犯公民个人信息罪。

实践中,SDK将集成的各个APP数据进行打通,形成基于设备ID的标签,用于精准广告投放等用途,此种场景下SDK作为直接的数据控制方,近似等同于APP开发者。如此时SDK涉及侵犯公民个人信息相关违法犯罪活动,APP作为最初的个人信息收集和提供者,由于其具有面向用户的"公示"效应,如义务履行存在未获得用户同意,或提供个人信息时未进行匿名化处理等瑕疵,仍有承担一定法律责任的风险。

(2)计算机类型犯罪

此类罪名主要包括非法侵入计算机信息系统罪,非法获取计算机信息系统数据、非法控制计算机信息系统罪,提供侵入、非法控制计算机信息系统程序、工具罪等。《刑法》第二百八十五条第二款规定:"违反国家规定,侵入前款规定以外的计算机信息系统或者采用其他技术手段,获取该计算机信息系统中存储、处理或者传输的数据,或者对该计算机信息系统实施非法控制,情节严重的,处三年以下有期徒刑或者拘役,并处或者单处罚金;情节特别严重的,处三年以上七年以下有期徒刑,并处罚金。"

第三款规定:"提供专门用于侵入、非法控制计算机信息系统的程序、工具,或者明知他人实施侵入、非法控制计算机信息系统的违法犯罪行为而为其提供程序、工具,情节严重的,依照前款的规定处罚。"

"单位犯前三款罪的,对单位判处罚金,并对其直接负责的主管人员和其他直接责任人员,依照各该款的规定处罚。"

在（2014）建刑初字第 0104 号案件中，被告人李某从官方手机软件商店下载正规手机应用程序对其进行反编译，植入恶意 SDK 后重新打包上传到手机软件市场，在诱使用户安装并首次运行植入恶意代码后，监控用户手机中的程序运行状态，同步获取用户手机内存中记载的正在运行的应用程序包名和顶层窗口名称等数据，并将其与云端向用户手机推送的流行程序列表进行比对后弹出精品软件悬浮框，迫使用户点击弹出广告，从而非法获益。最终，李某以非法获取计算机信息系统数据罪被处罚。

（3）拒不履行信息网络安全管理义务罪

《刑法》第二百八十六条之一的拒不履行信息网络安全管理义务罪规定："网络服务提供者不履行法律、行政法规规定的信息网络安全管理义务，经监管部门责令采取改正措施而拒不改正，有下列情形之一的，处三年以下有期徒刑、拘役或者管制，并处或者单处罚金：（一）致使违法信息大量传播的；（二）致使用户信息泄露，造成严重后果的；（三）致使刑事案件证据灭失，情节严重的；（四）有其他严重情节的。单位犯前款罪的，对单位判处罚金，并对其直接负责的主管人员和其他直接责任人员，依照前款的规定处罚。有前两款行为，同时构成其他犯罪的，依照处罚较重的规定定罪处罚。"

参考《信息安全技术个人信息安全规范》，APP 对委托处理个人信息的 SDK 具有监督责任；对接入的 SDK，要求加强第三方接入管理，建立第三方产品或服务接入管理机制和工作流程。

此外，为依法适用拒不履行信息网络安全管理义务罪，2019 年 10 月，两高发布《关于办理非法利用信息网络、帮助信息网络犯罪活动等刑事案件适用法律若干问题的解释》。该解释指出，"网络服务提供者"包括信息发布、搜索引擎、即时通讯、网络支付、网络预约、网络购物、网络游戏、网络直播、网站建设、安全防护、广告推广、应用商店等信息网络应用服务。据此，APP 和 SDK 均有可能成为"网络服务提供者"，在特定情形下可能导致帮助犯的"正罪化"，构成拒不履行信息网络安全管理义务罪或提供侵入、非法控制计算机信息系统程序、工具罪等。

# *19.* 人的因素：网络安全文化建设之要旨分析

在传统信息安全和风险管理领域，要在特定组织（内部，包括企业或政府机构）层面理解和部署网络安全的人的因素和措施，一般需要将人员适当进行分类和建立顺次（比如经典的提法："自上而下"），并从行为和认知、日常和应急等方面赋予其与职责相关的网络安全意识与技能。通常也称之为全员建设和专员培养，以最终形成覆盖全面、授权明晰、相互制衡的人员管理体系。

人工智能等产业的发展，以及对关键基础设施行业和领域保护力度的强化，使人们对人的因素开始重新认识并进一步深化。2017年中国互联网安全大会（ISC）的主题是"万物皆变，人是安全的尺度"，2018年RSA大会则将"CXO管理层视角（C-Suite View）"和"人的元素（Human Element）"设定为专门领域，并引入社会学、心理学等"外围"分析，以构筑从专业到普适的共同话题。

## 一、人的因素

境外立法将人的因素定义为社会和物理环境中的人的行为，并将人的作用与物理系统，计算机软硬件相结合。在此基础上，并放置于人工智能和关键信息基础设施领域，将对人的因素的研究明确为"在社会和物理环境中对人的行为进行研究，并将人的作用与物理系统、计算机软硬件相结合"（美国《2017电力网络安全研发法案》）。理解和深入对人的因素的多层面认知，是设计和实现"人机界面"、"人机交互"，乃至"人机竞争/共生"的基础，也是实现对网络威胁、脆弱性风险防治的"底层架构"。

概而言之，理解人为因素，即可以理解网络威胁行为，制定应对威胁因素的策略，完善网络和系统安全，优化人机界面和网络安全工具设计，增强员工水平与能力，实现防止和处置网络风险（如网络攻击行为、降低安全漏洞频次等）的直接目的。进一步而言，在当前数据（基于个人信息和非个人信息）驱动下的大数据和人工智能领域，人的因素的关键作用还在于通过作用于人工智能决策透明度之上的"可解释性"，以实现在发挥人工智能潜力的同时缓解其带来的风险，"让 AI 成为一个好人"（MariarosariaTaddeo，Luciano Floridi，《How AI can be a force for good》）。

人的因素是如此关键和基础，但在组织（内部）层面不太可能对外部攻击者直接进行行为和认知的研究，因此对组织的人员进行赋能，一方面强化其网络安全意识、知识、技能与能力，另一方面降低其潜在的脆弱性与威胁（包括无意识的能力缺失或有意识的破坏等），同时进行抽象和映射以趋近于对一般人行为的认识，就尤为重要。

## 二、人员赋能

**1. 组织层面的人员赋能**

我国《网络安全法》对人的因素的考虑可以分为管理层责任和人员安全两方面，同时在组织内部和社会化层面也进行了相应设定。其典型条款为第三十四条："除本法第二十一条的规定外，关键信息基础设施的运营者还应当履行下列安全保护义务：（一）设置专门安全管理机构和安全管理负责人，并对该负责人和关键岗位的人员进行安全背景审查；（二）定期对从业人员进行网络安全教育、技术培训和技能考核。"以及第二十条："国家支持企业和高等学校、职业学校等教育培训机构开展网络安全相关教育与培训，采取多种方式培养网络安全人才，促进网络安全人才交流。"

从上述规定和实践中可知，（1）对于管理层而言，设立专业对口、职责独立的网络安全负责人非常关键,例如在《关键信息基础设施安全保护条例(送审稿)》中规定"运营单位主要负责人对关键信息基础设施安全保护负总责",但通常"一把手"并不具有网络安全的专门职责和技能,无论是职责所在还是免责所需,其都具有设立"网络安全专门管理机构"和网络安全负责人的直接诉求,以实现"自上而下"和权责匹配。(2)对于从业人员,与网络安全职责相关的岗位人员应实现技能、意识和法律的较优配比,才能避免技不如人、"德不配位"的尴尬局面,防止出现"一位腾讯工程师在新加坡参加网络安全会议(黑客夺旗比赛)期间,入侵了其所住酒店的 WiFi,引起新加坡网络安全局(CSA)的注意,后法院对其罚款 5000 美元"的情形;对于非安全岗位人员,则特别需要在网络安全事件应急演练的场景中反复强化,以期具备基本的网络安全技能和网络安全意识,避免成为组织安全率先突破的防线或最为薄弱的短板。

**2. 人员赋能的立法与政策**

同时,《网络安全法》第三条、第二十条的规定也体现了在社会和国家层面对人的因素进行的思考,网信办等部委 2016 年 6 月提出了《关于加强网络安全学科建设和人才培养的意见》,2017 年 8 月,联合发布《一流网络安全学院建设示范项目管理办法》,有关网络安全人才的层次化布局和具体化实施已经逐步展开。为从时间跨度上说明立法和政策的持续性,以下进一步以美国新近立法和政策规定为例。

在 2011 年 9 月美国国土安全部提出网络安全人才队伍框架,NIST 基于 NICE(National Initiative for Cybersecurity Education)计划发布《NICE 国家网络安全人员框架报告》后,美国国会 2014 年正式通过《网络安全人员评估法(Cybersecurity Workforce Assessment Act)》,要求国土安全部开始并持续评估部门网络安全人员(能力),包括以下内容:(1)部门从事网络安全任务的人员准备和能力;(2)部门内网络安全人员的职位信息;(3)网络安全人员职位信息——全职人员信息,包括可能的人口统计信息;独立承包商雇佣人员;其他联邦政府机构(包括 NSA)雇佣人员,以及职位空缺;(4)接受必要培训从事职务的网络安全目录和类域(Cybersecurity Category and Specialty Area)的人员百分比信息,以及在没有接受培训的情形下与该必要培训有关的可能面临的挑战(风险)信息。为了实施上述评估,要求国土安全部提交综合人力发展战略,以提升和增强部门网络安全人员的准备、能力、训练、招募和持续性,并适时维护和更新。主要内容如下:(1)多阶段招募计划,包括专业人员、弱势或社区人员、无业人员、退伍军人;(2)5年期的实施计划;(3)部门10年网络安全人员需求计划;(4)部门内任何网络安全人员招聘和发展的障碍;(5)部门网络安全人员的现有差距和弥补计划,并就上述评估和战略的计划和实施(情况)向国会相关委员会提交年度报告。2017年8月《NICE网络安全人员框架标准(SP 800-181)》(National Initiative for Cybersecurity Education Cybersecurity Workforce Framework)终于正式发布,将网络安全人才(岗位)分解为7大类别,33项领域和52个角色。

此后,随着2017年5月总统行政令《加强联邦网络和关键基础设施网络安全》(Executive Order on Strengthening the Cybersecurity of Federal Networks and Critical Infrastructure: EO 13800)要求商务部和国土安全部做到以下几点:(1)对教育和培训未来网络安全人员的范围和充分性进行评估,包括从小学到高等教育的网络安全相关教育课程、培训计划;(2)提供有关支持公共和私营部门的国家网络安全人员增长和持续性的调查和建议报告。2018年5月,两部门提交了《关于支持国家网络安全人员增长和持续性的报告:为美国更加安全的未来奠定基础》(A Report to the President on Supporting the Growth and Sustainment of the Nation's Cybersecurity Workforce: Building the Foundation for a More Secure American Future)。

从较长的时间跨度看,美国近几届政府政策和国会立法都经历了将人员安全纳入战略体系反复推演、职责设计和人员范围等构造逐渐趋于精细(例如NICE框架参考附表)的过程。整体而言,从国家政策、立法和社会化层面考虑人的因素和网络安全人才,由于网络安全意识、知识、技能与能力具有不同的习得周期,特别是安全意识的形成和自觉,应是系统化的长期工程。

**3. 人员合理流动**

作为网络安全人员(与网络安全职责相关的岗位人员),还应当结合网络信息技术和行业特点,推动相关人员的合理流动。

还是以《关键信息基础设施安全保护条例》为例，其第二十一条规定"运营单位应当制定出台具体措施，吸引、培养、留住网络安全高水平人才并充分发挥其作用"。事实上，如果能以有效激励机制"留住"人才当然无异议，而从提升关键信息基础设施行业和领域的整体安全考虑，合理、适度的人员流动也并不应刻意限制。在美国 2014 年《网络安全增强法》（Cybersecurity Enhancement Act）中，推动公共与私营机构的网络安全合作、网络安全研发、教育和人员开发是应有之义。究其原因，部分是由网络信息技术和行业特点所决定，同时为网络安全信息共享和社会化网络安全服务所必须。《网络安全法》第五章也对此持鼓励态度。

## 三、安全文化共筑

欧洲网络与信息安全局（ENISA）对"网络安全文化"的定义是人们对网络安全所持有的知识、信念、认知、态度、假设、规范和价值观的总和，以及对待网络安全所展现出的行为方式。

首先，从组织层面，网络安全文化建设首先仍应当重申和坚持"以人为本"，安全行为"自上至下"和"由下而上"都不可或缺，需要业务与安全人员的相互制衡，也需要设定和贯彻一致的目标。

其次，由于任何组织都不是绝对的封闭系统，因此安全文化的建设具有溢出效应，这种正向作用有利于实现网络安全信息共享，降低行业或领域的整体网络安全风险，例如一个设计良好的安全漏洞披露机制对用户的正面影响。

再次，在考虑社会公众利益、国家安全等因素时，需要将网络安全文化与其他可能具有优先级别的利益或价值进行综合评价。

最后，应尊重个体差异，尽管网络安全文化为组织的集体形式，但网络信息技术和行业特点决定了在设计和推动网络安全文化时，应对个人的隐私、职责特点等进行考虑和关怀，避免在微观单位上出现薄弱环节。进一步而言，网络安全文化不仅体现在生产和经营过程中，其所体现的人的因素也将最终通过算法、数据等反映在网络安全产品和服务中——例如人工智能。

## 四、对策建议

大数据时代组织网络安全对人的因素的关注越发重视，这些人的因素将通过日益庞杂的数据收集和算法提炼渗入组织运营、产品和服务的"基因"层面，对人的因素的分析研判，不仅能够了解和洞悉引发网络安全事件的外部威胁和内部脆弱性行为人是"什么样的人"，更能够针对其"为人"进行相应的因人而异的反制和消弭。从这一意义上，信息安全所一贯依赖的身份识别和认证将赋予了人为的特性因素，不仅实在地左右着电子商务、取证鉴证的理论与实务，构成了当前网络安全记录和电子数据证据"客观性"的一部分，更将深刻地影响着未来人工智能和大数据产品、服务的设计乃至产出。

因此在组织能力范围之内，通过对人员网络安全意识、知识、技能与能力的持续培养和提升，体现了组织对网络安全的认知水平，构成了对其网络安全评价的重要组成部分。在对特别是关键信息基础设施等重要网络运营者进行普遍或专项检查时，不仅应关注其软硬件安全措施的部署和配置、记录、日志等"硬指标"的检测，也应同时对其人员安全的"软实力"进行评估。

# 20.《网络安全法》的新审视：回看与前瞻

《网络安全法》施行以来的一年[①]，从立法阶段的备受关注、外方质疑与监管互动，到网络运营者主动寻求合规路径，各地"第一案"层出不穷；从部分配套制度快速起草进入征求意见阶段，到持续处于"悬停"状态，再到个案执法评价的处罚力度有限；加之信息网络技术快速发展，对比美国《云法案》对跨境数据执法的冲击，《通用数据保护条例》（简称"GDPR"）全球管辖延伸和重量级处罚，美欧等以"21世纪的法律保护21世纪的技术"立法，各国应接不暇的政策立法走势和冲击，网络安全群体对《网络安全法》的基础定位、执法效能、实施前景如何，不免产生焦虑。以上种种，与当前网络安全市场注重以技术回应"问题导向"、人云亦云"态势感知"的短期效应，缺少对制度、法律等隐形增值、迟延效应的耐心不无关系，确需立法者、监管机构、网络运营者等监管对象以及更广泛意义上网络安全社会服务机构等命运共同体的参与和反思。

## 一、《网络安全法》的立法定位

由于没有看到《网络安全法》实施类似 GDPR 的全球反响或《云法案》的颠覆性"成效"，目前有观点认为应当继续推进网络数据管理立法、个人信息保护等专门立法。针对网络安全特定领域的立法固然十分重要，但《网络安全法》

---

[①] 本文发于《中国信息安全》，2018 年 07 期。

的基础法律定位应不存疑虑。

首先,《网络安全法》立法过程之艰难自不待言,单就其出台时点而言,应当讲是恰逢其时。不仅是多年立法理论和技术储备的综合释放,也与"棱镜事件"、各国立法演进、联合国等机制下网络治理等内外大小环境相互辉映。与美国 2015 年的网络安全法、欧盟 2016 年《网络和信息系统安全指令》与 GDPR 等都是同一时期的典型立法。立法的全球经验借鉴和本土化改造也对新加坡网络安全与关键基础设施立法,越南新近的网络安全法产生影响。因此包括"中国意外成为亚洲数据保护的先行者"的评价既不意外,又在意料之外。

其次,针对网络安全任一领域的单独立法,应考虑是否纳入《网络安全法》的框架,或与之形成呼应,避免重复立法和碎片化。这与美国网络安全以预算为基础的时效性立法不同,由于预算和时效受限,其法案更注重年度效果评估。

再次,基础性立法的配套制度完善应顺势而为,形成大法格局和治理生态。《网络安全法》现已起草的配套制度,应继续周延论证和适时发布;已试行制度应当继续先行先试;《网络安全法》中有规定,但尚未正式完全启动的制度,比如"网络安全监测预警和信息通报制度",应展开充分的理论和技术研判,并在安全漏洞治理等针对性领域找到切入点。

而除了行政层面的配套制度外,以标准落地法条的理念已是共识。例如 RSA 的 2018 年会议中,围绕网络安全法律的议题就包括特朗普政府的《关于加强联邦政府网络和关键基础设施网络安全的行政令》(EO 13800)、NIST SP 800-53 标准第五版更新、纽约州金融服务机构网络规则、国土安全部授权法案(H.R. 2825)、美国外资投资委员会(CFIUS)安全审查制度革新、社会关系管理立法、欧盟 GDPR 以及人工智能,在法律的框架内讨论和推进上述问题毫无争议。

此外,尽管《网络安全法》普遍认为具有公法性质,但其与网络空间法律关系的民事化进程完全兼容,例如个人信息保护、公开信息边界、信息共享的各方权利义务的展开与深度实践,都急需民法理论和程序的补位乃至常态化规范,而与之配套的解释、规定的出台也必是应有之意。

## 二、《网络安全法》与网络产业发展

《网络安全法》尽管标题在中即冠以"安全"二字,但安全与发展从来都是不可偏颇的两面。《网络安全法》施行一年的现状如果用乏善可陈形容的话,也同样是网络安全产业,乃至整个信息产业现状的写照。正如合同法同时关注合同的安全与交易,以促成合同生效为一般意旨,《网络安全法》的安全用意在于促进网络安全产业、整体信息产业发展和"经济社会信息化"转型。

因此在产业和社会整体视角下,《网络安全法》暴露的实效问题,同样是产业低端重复、创新乏力的体现。例如各地执法第一案的处罚力度极其有限,这必然与当事人的运营实际和承受能力相关,进一步而言也与其在给定预算下对《网络安全法》合规的投入相关。如果《网络安全法》关注的是国内整体产业的现状与规范,必开不出 GDPR "2000万欧元或上一财年全球营业总额4%"的罚单。

但网络产业的发展终将无可阻挡,按照兰德"安全2040"项目的展望,网络安全产业和法律也将在2040年迎来"奇点"。既然信息技术与网络产业在向前发展,那么用于规范其发展和安全的《网络安全法》也必然会发展,这符合科学的发展观。进一步而言,如果对网络产业的发展和技术革新能够有所预知和预测,《网络安全法》也应跳出当下,对未来的立法规划进行预判和预演。同样以"安全2040"为例,其至少从三个维度上设定了初始场景:一是人工智能,无疑这是任何中长期规划都无法回避的问题,因为这一问题直抵人心;二是竞速(Speed),可以从两个层面理解,其一是假定信息技术持续发展和经济模式的持续增长,是会进一步提速,还是会停滞,以及如何应对的问题,其二是在与信息、生物技术加速整合的竞赛中,纯粹的人类本身(生活方式)能否幸存;三是3D打印,如果人工智能可以改写一切生产方式,3D打印可以打印一切的方式则可以一统生产力形式。三个场景的任一或组合,会对未来的安全态势造成何种影响,法律与政策如何应对,都体现出技术与法律的紧密关系和相互作用。

## 三、《网络安全法》的时间跨度

判断《网络安全法》的实效,也取决于审视的时间跨度。短期看,《网络安全法》目前可能没有宏大叙事,但依然不乏精彩。从境外机构对数据本地化相关的讨论为例,经过三轮交锋,目前数据本地化的适用范围、实现路径已现雏形,当然《云法案》的"突然"出现,完全绕行了"业务需要"出境的场景,但作为《云法案》议案基础的微软与司法部就存储于爱尔兰服务器的数据能否和如何收集的刑事案件在2014年已经公开,该案件影响深远,其在包括国会、美最高法院如何演化,本应纳入立法与配套制度范围及早研判,但显然当时各方并未重视,以至在《云法案》出台后措手不及。但欧盟GDPR仍与我国设想的理想状态类似,针对性立法尚在论证,如放在中长期的时间跨度看,数据执法的立法和协调必将得以解决。

仍以"安全2040"项目为例的时间设定看,20年的跨度可以充分假定和设想未知的危险,可以推演和尝试不同的实现安全的原则和路径,可以渐进方式逐步塑造,或重塑政策与法律。"瞻前顾后"迎接未来的中国云法案,这恐怕应是《网络安全法》未来必须面对的挑战。

## 四、《网络安全法》与"中间"机构的"中间产品"

继续从《网络安全法》的实效出发,由于缺少《网络安全法》第十七条、第三十八条和第三十九条规定的社会化网络安全服务机构的介入和发挥作用,施行效果事前无法形成兼顾各方利益的充分博弈,事后执法又过于简单直接无法形成有效缓冲。

社会化网络安全服务机构的作用可以直接和间接成果多方面展示。如前述《网络安全法》框架重要组成的推荐性标准的贯彻力薄弱,实际上就涉及认证认可机构的市场化、社会化不足的根本问题,导致监管机构与执法对象之间容易直接形成否定评价,并简单归责于法律责任。GDPR敏感地注意到了这一问题,并引入专条阐述，在数据控制者、处理者和监管机构之间放置认证机构，将合规要求的评价机制由社会化认证机构实现，由认证机构通过认证、认可、检测、评估和报告的方式对数据控制者、处理者的行为进行定量和重复验证。实际上也是对欧盟成熟的认证市场的加持。

## 五、《网络安全法》与合规的全态符合

《网络安全法》的施行与实效，不仅是企业就既有的法律要求予以符合的过程，也是贯穿法律、组织、管理到技术的全态符合的过程，同时由于法律施行后即具有其独立性和成长性（即具有法律生命），也需要回应和适应企业的法律、组织、管理到技术等经营活动。因此《网络安全法》的合规不单是技术或法律行业的命题，也是具有普遍性的相关行业活动。同样以RSA的2018年会议为例，从法律政策出发可以展开形成不同层次的20多个问题，通过逐层分解的方式形成了互动和交叉评价，并"打通"了行业壁垒：

| | 直接议题 | 二度关联 | 间接关联 |
|---|---|---|---|
| 法律政策 | CXO管理层视角（C-Suite View） | 行业专家 | 领域前景 |
| | 治理、风险与合规 | 分析、情报和响应 | 黑客和威胁；移动与物联网安全；应用安全 |
| | 人的元素（Human Element） | 职业发展 | 机器学习 |
| | 法律 | 安全策略 | 技术基础设施与运营 |
| | 政府和政策 | 安全跨界混搭（Security Mashup） | 云安全和虚拟化；DevOps；赞助 |
| | 隐私 | 身份识别 | 加密；保护数据和应用密码 |

## 六、《网络安全法》的网络安全服务机构的社会化

网络安全服务机构如何丰富和提升《网络安全法》的效用，除了硬性产品、服务外，会议、报告等软性形式（或将其视为网络安全信息共享的一种形式）

同样意义非凡。RSA、兰德，包括不同价值观的 ITIF 等多为其国家网络安全政策、立法持续贡献了思想成果。网络安全服务机构应通过会议、报告等社会化形式主动引领《网络安全法》的讨论。

还是以 RSA 为例，1995 年以来历届会议都会提出一个会议主题。以 2013 年为明显分界，早期会议主题多与密码历史、传统与演进中的重要人物、事件有关，从最早期的埃及、玛雅、印度、中国到中世纪的欧洲、第二次世界大战，中间贯穿不同时期密码领域的卓越人物；至 2013 年"画风大变"，开始进入知识安全（Security in knowledge）、分享、学习、保护、变化挑战当今的安全理念，从连接到保护、机遇的力量直至 2018 年的行动起来（Now Matters）。从报告、演讲话题看，2009 年至今的话题已经累计约 15000 个，积累了丰富的思想素材。通过对其关键字、词频分析，可以进一步得出事件、立法、思想等之间的微妙关系。例如，从最简单的关键字持续性观察，数据、信息、组织基本位于关键字的前三位，而威胁、风险、攻击（尽管位于十大关键字最后一位）也保持了基本稳定的位置，可以得出其是关注组织层面（组织也是社会化的微观单元）数据、信息安全的专业会议；随着关键字"密钥"（key）在 2013 年之后逐渐退出和"网络"（cyber）的逐步突出，网络安全的侧重性发生了深刻调整；再如美国国家标准与技术研究院（NIST）的《提升关键基础设施网络安全的框架》（目前已经更新到 1.1 版本）在 2014 年 2 月出台后，其 2016 年的出现频率开始明显增多。无疑这些结论对于立法和监管风向、着力点判断具有价值。

进一步而言，《网络安全法》的讨论应注重话题的多样性，多样性并不表示与网络安全绝对无关。恰恰相反，越是看似漫无边际的发挥，越能够建立某种不可预见的关联，这一特性又正与，比如大数据分析应用的风险不确定性有关。网络（安全）行业同样需要社会学、物理学、哲学层面的思维导入与启迪。这不仅使得讨论更加有趣，同时更拓展了参与者的视野和讨论的厚度。

《网络安全法》立法具有问题导向的引领性，问题导向至少可以在两个层面上展开。一是基于问题发现，如已知网络安全风险、事件的响应、处置；二是基于问题假定，对潜在、未知的网络安全风险的感知、预判和前瞻。

抛出问题同样不应回避对问题的不同解答，应鼓励思想表达的分歧和不同价值的碰撞，通过反复推演提升对每一个议题认知的深入。在设置了基线思维的前提下，应当允许对相关议题表达和争论不同观点，而不是千篇一律的"完全认同演讲嘉宾的观点"。例如 RSA 会议对密码托管政策的"反复纠缠"，为 21 世纪美国的密码出口管制政策提供了丰富的素材；隐私已死的正反方争议，对确定提升隐私保护方向和部署隐私设计的 GDPR 也受到启发。

## 结论

在 RSA 的 2018 年会议上，以微软为代表的企业界关注的是"网络战争的代价"问题，因为在网络战下跨国公司不可避免被裹挟其中，而美国国土安全部（包括克尔斯特恩·尼尔森（Kirstjen Nidsew）及其前任）都在反复强调美国面对的重大不可知威胁。再往前看，白宫网络安全协调官（特朗普政府已取消，并入国家安全委员会）和 NSA 也在之前会议上多次寻求"对抗网络威胁"的行业支持。显然，好的现身说法可以起到缓解与私营机构、隐私团队的对立，获取好感和加持的演练效果。立法者和监管机构的亮相和"拉出来练练"，也是对其网络安全认知、能力的展示与考核。《网络安全法》施行的长效，当然意味着不能期待"早期收获"，更不能提前收割。相反，意味着立法者的危机临迫和适度超然、监管机构与网络运营者的良性互动与深耕不辍，也包括网络安全服务机构在内的最广泛主体的充分参与，应当鼓励和赞赏政府、企业、各类用户利益团体表达其对网络安全的不确定性和危机感的认识。《网络安全法》施行的第一年可能确实没有重罚、严惩的典型案例，但其实施对于提升、规范和统合监管机构能力、网络运营者合规运营应已起到润物无声的作用，应继续保持经受实践与时间考验的正向心态。

# 21. 疫情防控中的个人信息保护
## ——以运营商途径信息查询服务为例

## 引言

也许我们纠结于每一个看似无谓的细节，那么2020年就能重新开启下一个十年。

在新型冠状病毒感染肺炎疫情联防联控过程中，向运营商发送特定代码，并由运营商返回个人活动途径或到访轨迹（粗略归属到地级市，各地有差异，且已在调整），已经成为各地返程或复工的参考依据。本文以此为切入点初步分析了在此过程中的运营商、各地疫情联防联控等机构的个人信息保护情况，以验证对《网络安全法》、《中华人民共和国传染病防治法》（以下简称《传染病防治法》）、《中华人民共和国突发事件应对法》（以下简称《突发事件应对法》）、《突发公共卫生事件应急条例》规定的符合与否和程度。毋庸置疑的是，个人信息保护的评价属于疫情联防联控中不可缺失的重要内容，最终也事关疫情联防联控的成效。

## 一、查询过程的运营商符合性评价

通过编辑 CXMYD（即"查询漫游地"的拼音首字母缩写）向各运营商的指定基础服务号码发送短信，主要的三家运营商将通过各种形式返回短信，其基本风险防范（或称之为合规）思路如下：（1）告知个人用户。由于用户发送了查询短信即视为已经取得用户的授权，查询了用户相应日期内的途径信息并返回至用户。其中：移动要求增加输入对应证件号码后四位，再次发送短信后返回 15 日和 30 日到访地信息，但隐藏手机号码的中间四位；联通在输入对应证件号码后四位后，返回 30 日到访地信息，同时不显示手机号码；电信以增加"二次授权"的形式确认授权短信，在个人发送"y"后将返回 15 日途径信息，但未隐藏手机号码的任何位数。（2）通过格式条款声明。该查询或为公益服务，或漫游信息仅供参考，不作为最终漫游地的判定依据，以免除运营商责任。

在假定运营商已经按照工信部规定和《网络安全法》实施了手机实名制的前提下，从本次疫情联防联控的实际情况并结合《网络安全法》等规定的个人信息收集最小化原则（对于是否应遵循最小化等《网络安全法》规定的个人信息保护原则，见后文分析）来看，对上述查询过程的符合性的直观评价如下：显示 14 日漫游信息应已经能满足要求，因此移动和联通的 30 日到访地信息并无必要，而由于这些信息将向第三方（用人单位、楼宇物业、村居委、联防联控机构等）提供，电信应当在返回最终的途径信息中适当隐藏手机号码的部分段位。

进一步而言，则是对运营商的授权过程和短信是否为格式条款从而导致其效力的不确定问题。单从形式上看，三家主要的运营商都通过增加身份证后四位的方式"补强"对手机持有人实名制的验证，电信单独的"二次授权"符合网络服务中的授权形式要求，联通的"默认本手机持有者授权查询"具有免责声明的强烈意味，但从实质上而言，此类形式上的验证是否一经完成，即视为"用户授权运营商查询存储于运营商服务端的个人特定时间段的途径地，并将查询结果返回至用户"的全过程完结，可能仍然存疑。

这里的问题在于，到底是谁在"授权"谁查询？是用户授权运营商查询，还是运营商授权用户查询？在对这些途径信息的民法权属无法澄清之前，至少显而易见的是，上述用户与运营商的简单互动，用户无法从运营商处获知这些信息的产生（和信息的完整内容）、存储、是否向第三方提供、是否删除等信息，用户只是从收到的短信中看到经过运营商处理过的部分信息，这些信息没有实现在手机端理想化的"阅后即焚"（原因是多方面的，包括手机端技术能力不支持，且为疫情防控之目的用户还需要截屏向第三方提供，等等），也缺失运营商对服务端信息后续处理的反馈。从这一理解出发，也会增加运营商在短信中附加的免责内容归为无效格式条款的风险。

## 二、查询服务对个人信息影响的评价

### （一）查询模式是否导致个人信息泄露

输入特定编辑的字段查询手机相关服务，由于上述查询过程中的验证环节存在，且本文假定运营商采取了行业必要水准的安全保护机制，一般而言不会产生数据泄露问题。当然有几种情形会产生第三方查询和获得信息的情况，比如手机和身份证信息同时为第三方获得或控制，运营商基于特定指令查询或在某些执法、司法程序中向第三方提供，等等。但本质上这些字段或信令是手机用户与运营商特定交互的方式，已经属于标准化和公开信息，并不构成隐秘指令或"后门"，而从刑事等执法、协助执法目的的信息收集或监听，也无需局限于此种基础方式。因此查询本身一般不会导致数据泄露问题。

### （二）运营商持有这些信息是否合法

在手机使用过程中，无论是本地或漫游状态均会在不同的基站等服务端产生验证、会话等记录，这些记录基本上都是实时产生并自动存储在运营商服务端，不管是早先的相关立法还是《网络安全法》，以及运营商的规范中均对留存方式和期限作出规定和规程，同时也体现在运营商与个人用户的相关协议中。因此无论是法律强制性的数据留存或是协议性的数据保留，都导致运营商持有这些信息，但对于这些信息的权属问题仍有待讨论。这里的问题主要在于，目前对这些信息持有的方式和期限不够透明，导致用户会产生原来运营商可以长期保存到访地或途径地的感慨。

对于运营商是否直接向疫情联防联控机构提供的问题，有观点认为企业在疫情中处理个人信息及相应的数据保护义务分为三种情况：一是直接发现和疫情相关的信息应当主动向主管部门报告，不受个人信息保护规则的限制（如最小化原则）。二是按照主管部门要求，或受其委托对用户数据开展分析、利用、研究，辅助疫情防控工作的，应当按照要求或委托的内容进行数据处理，不能超过主管部门的相关职责权限，同时不受常态下个人信息保护规则的限制。三是自主对用户数据进行分析、利用，用于开发疫情防控相关产品和服务的，应当履行常态下的个人信息保护义务。本文认为其适用于用户途径信息的前提在于如何定义"疫情相关信息"，由于运营商本身并不具有甄别疫情信息的专业能力，因此从朴素和善意的理解考虑，在当前按照《国家突发公共事件总体应急预案》《国家突发公共卫生事件应急预案》等启动重大突发公共卫生事件Ⅰ级响应的情形和《关于做好个人信息保护利用大数据支撑联防联控工作的通知》（以下简称《通知》）的要求下，可以认为疫情相关信息的范围与本文所讨论的途径信息不完全"重合"，由此运营商持有的"不特定的"个人用户途径信息在提供前应该做相应的数据脱敏处理工作，且在提供前考虑数据不会因聚集或聚合而重新产生个人信息的风险性后果，否则如未来产生用户隐私权争议，将无法援引重大突发公共安全事件为由免责。

### （三）个人用户向第三方提供的注意事项

个人用户在收到运营商返回的短信后，一般会以截屏（也可能拍照或复制，本文不讨论完整性或可篡改性）的形式向用人单位、楼宇物业、村居委等属地机构提供，作为途径轨迹看是否符合医学意义上14天潜伏期或隔离期的要求，进而会逐级提交或提供给当地联防联控机构（如各地设立的各级防控指挥部）作为返程或复工的依据之一。由于提供和报送等转移情况，这些信息存在向非必要的第三方提供，或非疫情防控目的的用途使用的可能。

就本文讨论的截屏信息而言，从个人用户角度，包括在发送之前应注明使用用途，隐藏不必要的其他信息（比如身份证后四位信息，由此也实际上降低了运营商或第三方脱敏难度），等等；而第三方应对《网络安全法》存有敬畏，在收集、存储和提供时征询统筹协调部门的意见，防控指挥部等联防联控机构则应当将网信部门等纳入联席机制发挥协同效应。

## 三、对《通知》的进一步讨论

2020年2月，网信办发布的《通知》中将个人信息界定为"收集对象原则上限于确诊者、疑似者、密切接触者等重点人群，一般不针对特定地区的所有人群"。因此严格来讲，本文所讨论的用户信息，大于或者说超出了《通知》规定的个人信息的范围。但实践中的"悖论"在于，如果不通过查询模式验证行动轨迹，则无法识别何为重点人群，无法统计返乡、返工人员和针对返程、复工部署防控措施，因此需要从履行《传染病防治法》、《突发公共卫生事件应急条例》等职责义务的规定中寻求法律依据。《国家突发公共卫生事件应急预案》第4.2.1条的政府应急反应措施和第4.2.7条规定"非事件发生地区的应急反应措施。未发生突发公共卫生事件的地区应根据其他地区发生事件的性质、特点、发生区域和发展趋势，分析本地区受波及的可能性和程度，重点做好以下工作：……（4）开展重点人群、重点场所和重点环节的监测和预防控制工作，防患于未然"，从这点来看，这里同样需要解决如何识别"重点"，以及如何"授权"获取信息的基本问题，否则将会默认事实上扩大化《通知》个人信息的收集范围。

本文基于任何可适用的"重点"的认知笼统认为，《通知》第3点明确的"为疫情防控、疾病防治收集的个人信息，不得用于其他用途。任何单位和个人未经被收集者同意，不得公开姓名、年龄、身份证号码、电话号码、家庭住址等个人信息，因联防联控工作需要，且经过脱敏处理的除外"和第4点规定的"收集或掌握个人信息的机构要对个人信息的安全保护负责，采取严格的管理和技术防护措施，防止被窃取、被泄露"，适用于本文所讨论的用户个人信息查询。由此得出的迫切担忧便是在截屏模式下，某些运营商的短信交互模式不完全符合个人信息保护要求，显示完整电话号码的信息（和截屏图片）无法简单脱敏，以及一级响应应急预案的"急迫性"和防控指挥部的"临时性"，这些问题导致在当前的疫情防控中实现《通知》规定的安全保护责任具有相当难度。或者换句话说，需要提前考虑如何解决后续的"存量"用户个人信息处置问题。

## 四、结论

由于当前实务中的工作主要指向疫情防控，掌握或使用个人信息的机构无法完全做到合乎《个人信息安全规范》标准的安全保护，疫情持续的不确定性也难以对个人信息留存的方式、期限和处置作出提前规定，个人用户也可能会坦然放弃对个人信息的某些合理期待，本文赞同"一级响应要有一级状态"的观点，对个人信息的准确、严格把握和使用正是一级响应的必要内容，是《突发事件应对法》《突发公共卫生事件应急条例》《网络安全法》的应有之意。因此，不应当矫枉过正地"过度"收集和使用用户个人信息，或简单地以疫情防控作为工作粗糙和无视的理由，更不能因防控而导致个人信息法律保护的倒退。回到本文开头，个人信息保护的评价属于疫情联防联控不可缺失的重要内容，这些个人信息保护将与大数据所支撑的政府信息公开、社会疫情信息服务一起，汇集成以网络、信息的"现代科技"抗衡"传统威胁"（如果疫情最终溯源和定性如此的话）的疫情防控工作的一部分，接受国家和社会公众的双重检验。

## 22. 疫情防控中的网络安全事件应急启示
## ——从突发事件的普遍性出发

在新型冠状病毒感染肺炎疫情作为重大突发公共卫生事件并启动一级响应和联防联控中，网信办专门发文《关于做好个人信息保护利用大数据支撑联防联控工作的通知》，强调借助大数据等各类网络信息技术为疫情防控应急响应提供必要的技术支撑。通过网络信息技术为突发公共卫生事件应急求解，反之也借由本次重大突发公共卫生事件的响应来反思网络安全事件应急问题，这反映出包括网络安全事件在内的各类突发公共安全事件在应急和响应机制上的共性问题，也是（虽其发生非所愿）检验《网络安全法》建立的应急机制的难得机会。本文通过就本次疫情重大突发公共卫生事件中的若干节点事件和应急行为比照推演，以期为完善网络安全事件应急机制建设提供参考。

《突发事件应对法》所规定的突发事件主要是"指突然发生，造成或者可能造成严重社会危害，需要采取应急处置措施予以应对的自然灾害、事故灾难、公共卫生事件和社会安全事件"，《国家突发公共事件总体应急预案》规定突发公共事件"是指突然发生，造成或者可能造成重大人员伤亡、财产损失、生态环境破坏和严重社会危害，危及公共安全的紧急事件"，《网络安全法》虽未直接定义"网络安全事件"，但从第十条、第五十三条可以推导出网络安全事件指"对网络（运行和信息）安全、稳定运行（连续性）""网络数据的完整性、保密性和可用性"等造成危害的安全事件。《国家网络安全事件应急预案》规定，"网络安全事件是指由于人为原因、软硬件缺陷或故障、自然灾害等，对网络和信息系统或者其中的数据造成危害，对社会造成负面影响的事件，可分为有害程序事件、网络攻击事件、信息破坏事件、信息内容安全事件、设备设施故障、灾害性事件和其他事件"。网络安全事件与其他突发公共事件的共性和关联性体现在以下几点:(1)都属于当代"风险社会"下的"不确定性";(2)其成因都可能是自然灾害、事故灾难或人为制造;(3)都需要通过评估事件发生后的危害程度、影响范围等因素对事件进行分级分类;(4)按照《网络安全法》第五十七条,网络安全事件在符合"突发事件"的构成要件后,还将转化或"扩展"为突发事件,即从网络和信息系统领域蔓延到社会和公共其他领域,从而同时适用《突发事件应对法》,这一过程实际上意味着事件的进一步升级。

## 一、触发重大突发事件的起因和溯源问题

按照目前的初步定性,本次疫情的起因为自然演化过程产生的"传统威胁"(暂无证据指向人为的基因重组,等等,但因食用野生动物等人为因素的介入,形成公共卫生事件,尚有待最终定论)。这一起因的回溯是所有问题中的根本问题,对应到网络安全事件,即是网络安全风险管理能否涵盖所有风险?

答案显然是不能,但本次疫情对网络安全事件应急有如下启发:(1)从之前的类似事件中获取教训经验,不能"两次踏入同一条河流";(2)突发事件的突发性强调着"可能性",社会危害强调着"危害性",两者共同构成了目前主流的安全事件定量评价指标。尽管未知因素会产生危害上的不确定性,但在危害后果的严重性上,从审慎和专业角度,及时、准确适用相应规格的处置机制非常必要。从这两点已知的公开报道看,本次疫情形成的教训应当为网络安全事件应急机制所吸取。

## 二、事件网络直报系统为何未起到应有作用

按照公开报道,2013年"我国已建成全球最大的传染病疫情网络直报系

统",全国100%的县级以上疾病预防控制机构、98%的县级以上医疗机构、94%的基层医疗卫生机构实现了法定传染病实时网络直报,但为何在本次疫情中失灵?

对照网络安全事件的应急机制,这里的触动可以有如下方面:(1)该系统为单向"逐级报告"机制,在国家疾控中心接报后如何协调行业主管与各级政府之间的职责,可能缺少明确的分工或联席机制;(2)这些隶属关系和单向渠道,体现为缺少独立性和监督机制下的"报告了事"和"坐等出事"。对于更为发散的网络安全事件而言,不经过反复锤炼的"信息通报"制度可能风险更大。

目前在网络安全事件的风险管理中,也能看到类似的问题,例如早先工信部《网络安全漏洞管理规定(征求意见稿)》过于强调向监管机构、官方平台的漏洞报告"报送"义务,对监管方的职责则缺少明确规定,后续网信办《网络安全威胁信息发布管理办法(征求意见稿)》对两者间的关系也未梳理,导致安全漏洞等信息发现者无所适从,网络安全信息共享机制受限。

## 三、重大突发公共卫生事件一级响应的应有之意

应急响应首先是基于预案的处置和补救机制,是一种事后措施,意味着对国家安全、社会公共安全等危害后果已经发生,但通过得当措施,可以避免扩大化的损害后果,减少社会和经济损失,本次疫情无疑主要体现了对事件的善后处置。与本次疫情初步定性的"传统威胁"不同,网络安全事件人为因素比例更高,这就更需要区分传统风险本身固有的"实在性"和网络安全风险基于人为制造的"潜在性",在两者之间合理分配监管资源,并特别针对潜在威胁构建风险控制机制,也就是《网络安全法》第五章所体现的"检测预警与应急处置"制度。因此综合的应对安全风险,不仅需要一般意义上的事后"响应"措施,更需要体现事前研判的"预警"机制。

基于《网络安全法》和《突发事件应对法》等建立的《国家网络安全事件应急预案》,各行业应急预案如《公共互联网网络安全突发事件应急预案》,各

省市建立的应急预案,以及网络运营者的应急预案层次体系,综合本文上述分析反思本次疫情事件,至少有两点启发:(1)应从事前事中到事后论证应急预案的周延性,并应在本次疫情事件后,规范更新各个层级的应急预案;(2)应急预案重在演练,不能束之高阁。2018年美国的 Cyber Storm VI 演习融入了模拟的社交平台,用社交平台上真真假假的包含软件漏洞报告在内的信息"轰炸"演习参与方,体现了脆弱性综合治理的与时共进。

## 四、叠加的安全事件如何应对和应急支持体系风险

从网络安全法角度,除了利用疫情伪造、误导的信息内容实施社交攻击之外,进一步而言,混合了公共卫生与网络安全因素的应急态势还要求必须考虑人员"被迫"网络化聚集可能产生的放大效应,以及发生对网络提供基础支撑的电力能源等关键基础设施的攻击或威胁情况时,会造成的重大损害后果。这些结果一旦发生所带来的可能不仅是网络空间的瓦解,更是社会基本功能的丧失。而事实上在疫情中,也确实发生了诸多对医疗基础设施、政府机构的网络化攻击,但对电力等基础设施的攻击媒体报道似不多见,更需提高警惕和应对能力。

目前我国的《关键信息基础设施安全保护条例(征求意见稿)》几经周折,仍在重新起草阶段,而《信息安全技术关键信息基础设施网络安全保护基本要求》已经进入报批稿阶段。按照征求意见稿第十四条"能源、电信、交通等行业应当为关键信息基础设施网络安全事件应急处置与网络功能恢复提供电力供应、网络通信、交通运输等方面的重点保障和支持",应综合考虑这次疫情因素,对条例和基本要求进行进一步的推演和周延论证,包括极端情况下,如在疫情基础上叠加发生网络攻击等网络安全事件,导致电力、网络无法运转时的应对和备选方案。这个问题实际上也是持续认识和深入改进的过程,例如2020年2月美国通过总统行政令《通过负责任的使用定位、导航与授时服务以增强国家弹性》的形式,对涉及为多个关键基础设施(包括电网、通信基础设施和移动

设备、运输方式、农业、天气预报和应急响应）提供底层服务的 GPS 进行专门保护。

此外，还可以从重要活动的更为宏观视角考虑网络与实体的相互作用。本次疫情中的一些保护或管理的客体不属于传统意义上的关键（信息）基础设施，例如涉及近半数（非《国家突发公共卫生事件应急预案》规定的重点对象，也非疫区）人口日常的疫情防控（活动），这些活动大部分都是通过或部分借助了网络手段实施，受到疫情防控的影响，这些活动具有明显的指向。由于基数过大使得日常活动对国家安全、社会公共利益和个人权益的意义都非常重大，但活动本身不属于关键（信息）基础设施。因此需要在信息内容管理或关键信息基础设施保护等固有的法律路线之外，从重要活动整体和宏观上进行定义和考虑相应的多重保护和安全规范。这方面国内外也有相应的政策讨论，例如 OECD 将其关键基础设施保护的建议升级为对关键活动的数据安全保护建议，提出了《OECD 对关键活动的数字安全建议》( Recommendation on Digital Security of Critical Activities )。

基于安全事件的普遍性，这次疫情事件的很多经验和教训可启发和推动网络安全事件应急制度的完善。在网络安全风险日益突显的不确定性和社会危害性上，反用一句林肯的名言：有效的网络安全应急机制也许不能在所有的时点处置所有的风险，但可以在所有的时点处置已知风险，前提是我们拒绝两次踏入同一条河流，也可以在一些时点处置所有的已知和未知风险，前提是将书面的、标准的应急预案投入演练，进行实操推演。

# 第二部分
## 密码法相关

# 1. 取消部分审批许可后的商密管理合规与《网络安全法》的若干问题[①]

## 一、取消审批许可概述

2017年9月29日,国务院发布(国发〔2017〕46号)《关于取消一批行政许可事项的决定》(以下简称《决定》),取消了商用密码产品生产单位审批、商用密码产品销售单位许可、外商投资企业使用境外密码产品审批、境外组织和个人在华使用密码产品或者含有密码技术的设备审批4项涉及商用密码事项,被认为是对《商用密码管理条例》上位法的《密码法(草案)》第十一条、第十六条的提前调整。其中涉及外资企业、境外实体两类"涉外"主体在境内三种行为:(1)生产审批(含研发);(2)销售许可;(3)使用密码(产品和技术)审批。事实上,除上述三种行为外,还包括各类主体的一种涉外行为,即出口许可。

---

① 发表于《信息安全研究》,2018年Vol.4(3)。

## 二、监管模式调整与合规要求

### （一）从侧重主体监管向行为监管迁移

按照《决定》和 2017 年 10 月 12 日（国密局字〔2017〕336 号）《国家密码管理局关于做好商用密码产品生产单位审批等 4 项行政许可取消后相关管理政策衔接工作的通知》（下称"《通知》"）的内容，对相关问题提出以下几点要求：（1）"生产、销售商用密码产品的单位无需再经国家密码管理局批准"；（2）"外商投资企业使用境外生产的密码产品、境外组织和个人使用密码产品或者含有密码技术的设备，无需再经国家密码管理局批准"。

基于以上理解，在《决定》和《通知》实施后，商用密码对主体要求准用《商用密码产品品种和型号审批服务指南》规定的三项条件：（1）具有独立的法人资格；（2）具有与开发、生产商用密码产品相适应的技术力量和场所；（3）具有确保商用密码产品质量的设备、生产工艺和质量保证体系。即体现"从管企业改为重点管产品，加强密码产品的标准规范和检测认证体系建设，强化商用密码产品许可审批，未经许可不准进入市场销售，严把密码产品市场准入关口"的指导思想，这也与《中华人民共和国出口管制法（草案）》[以下简称《出口管制法（草案）》]体现的许可加清单监管模式趋于接近。

### （二）从注重事前控制转向全程监管

在取消审批、许可等前置条件和程序后，如何实施事中、事后的全程监管，主要体现在几个方面：

第一是明确实质审查规定。按照《商用密码产品品种和型号审批服务指南》，申请品种和型号的商用密码产品由具有相应开发、生产能力的单位生产；商用密码产品通过国家密码管理局安全性审查；商用密码产品应采用经国家密码管理局认可的算法，并应符合相关密码标准规范；符合国家相关法律法规和政策要求。其中的核心规定即在于"安全性"的实质审查，和（国标）标准化的算法要素。

第二是质量检测程序。按照《商用密码管理条例》，商用密码产品必须经国家密码管理机构指定的产品质量检测机构检测合格。据此，检测构成合法合规生产、销售的前提条件。这一规定将会按照《网络安全法》第二十二条、第二十三条、《网络关键设备和网络安全专用产品目录（第一批）》（第一批目录并未直接涉及密码技术或产品范围的技术属性）、网络安全等级保护（可参见2007年《信息安全等级保护管理办法》第三十七条、第三十八条，起草中的网络安全等级保护条例、《信息安全技术网络安全等级保护实施指南（征求意见稿）》）进一步细化和衔接。例如按照《网络安全法》第二十三条规定："网络关键设备和网络安全专用产品应当按照相关国家标准的强制性要求，由具备资格的机构安全认证合格或者安全检测符合要求后，方可销售或者提供。国家网信部门会同国务院有关部门制定、公布网络关键设备和网络安全专用产品目录，并推动安全认证和安全检测结果互认，避免重复认证、检测。"据此商用密码产品（如作为网络关键设备或安全专用产品的）经认证的，是否即可视为符合质量程序，在适用不同法律规定时就会出现分歧。因为检测和认证所适用的法律路径、过程要求和发起、报送机构均有不同。

第三是强化市场监管和建立黑名单制度。按照《决定》要求，国家密码局应做到以下内容:（1）强化市场监管措施，加大商用密码产品"双随机、一公开"抽查力度;（2）建立信用体系，实行"黑名单"制度，加强社会监督，对违法违规行为加大处罚力度，充分发挥行业组织作用。例如按照新近一期国家密码管理局《关于开展2017年度商用密码随机抽查工作的通知》，明确为加强商用密码事中事后监管，促进商用密码健康发展，其2017年商用密码随机抽查范围包括商用密码产品、进口密码产品和含有密码技术的设备的单位。抽查事项包括商用密码产品的合法合规性以及进口密码产品和含有密码技术的设备合法合规性。

第四是实施销售登记备案制度。《通知》要求，取得《商用密码产品型号证书》的单位应当于每年1月31日前向所在地的省、自治区、直辖市密码管理部门如实报送上一年度商用密码产品销售登记备案数据。除此之外，还包括投诉举报、违法违规查处等常规的法律责任内容。

因此，整体而言，尽管取消了主体形式的审查，但实质审查程序和过程监管仍然存在,并会随着《网络安全法》的施行增强执法弹性。

### (三)统一《商用密码产品型号证书》的取得

按照《决定》和《通知》的要求,生产、销售商用密码产品的单位无需再经国家密码管理局批准,但生产、销售的商用密码产品仍应当依法办理《商用密码产品型号证书》。与此呼应的是,2017年11月3日在第55次ISO/IEC联合技术委员会信息安全分技术委员会(SC27)德国柏林会议上,含有我国SM2与SM9数字签名算法的ISO/IEC14888-3/AMD1《带附录的数字签名第3部分:基于离散对数的机制–补篇1》获得一致通过,成为ISO/IEC国际标准,进入标准发布阶段。可以预见,随着我国在密码技术和网络空间安全领域的国际合作和交流的进一步深入,基于标准的密码产品研发、生产和销售的境内外主体差异将进一步缩小,统一《商用密码产品型号证书》的取得有利于商用密码和网络安全产品、服务市场的弹性监管和创新繁荣。同时,从美国出口监管法和《出口监管规则》(EAR)的密码监管政策立法看,2000年以来有的放矢的"适度放松"正是沿着标准化的路径演化,密码标准化无疑有利于进出口监管,今后也将持续成为各国的惯常措施。作为除外规定,EAR License Exceptions(Part 740)"(b)登记、分类和自评估"中"(2)非标准密码(non-standard cryptography)",则对非标准密码进行严格限制,要求登记、分类和自评估。

### (四)进口密码产品的审批/许可

按照《决定》和《通知》,(1)加强对进口密码产品的审批,健全相关制度,未经许可不得进口;(2)如需使用境外密码产品和含有密码技术的设备,必须是已取得国家密码局进口许可的密码产品和含有密码技术的设备;(3)外商投资企业、境外组织和个人使用的密码产品或者含有密码技术的设备需要从境外进口的,仍应当依法办理《密码产品和含有密码技术的设备进口许可证》。

目前来看,对密码进口的监管(批准条件)主要涉及主体、最终用途和负面清单几个方面,按照《密码产品和含有密码技术的设备进口许可服务指南》:(1)进口申请人是外商投资企业、境外组织或个人;(2)进口的产品供外商投资企业、境外组织或个人自用,不得转让;(3)进口的产品不会危害或者可能危害国家安全、社会公共利益。对如何进行自用的最终用途和不会危害国家安全、社会公共利益的"技术审查",《密码产品和含有密码技术的设备进口许可证》主要是从商品名称、版本型号、商品编号、数量和计量单位进行统计,实际中则进一步涉及加密方法、类型、技术描述、性能指标、密钥长度、协议、产品部署、最终用户和产品最终用途(区分基础信息网络、重要信息系统)等的审查。

以下问题值得注意:(1)上述规定未将境内实体通过网络下载等在线传输方式界定为进口;(2)如符合《商用密码管理条例》"任何单位或者个人不得销售境外的密码产品"要求的条件境内销售的(例如,含有密码技术或加密组件的智能手机等终端设备),应考虑销售协议、销售记录和信息的保留与报告,以符合抽查的要求;(3)同时对"自用"而言,由于密码产品和技术的应用主要在于加密传输(和认证),则必然与《网络安全法》所规定的数据本地化、数据跨境传输产生关联(见下文)。

## (五)出口许可

《商用密码管理条例》第十三条规定:"进口密码产品以及含有密码技术的设备或者出口商用密码产品,必须报经国家密码管理机构批准。"《商用密码产品出口许可服务指南》进一步规定,出口许可的批准条件为:(1)出口的产品不会危害或者可能危害国家安全、社会公共利益;(2)出口的产品通过国家密码管理局的审批;(3)产品出口到境外最终用户的过程中,如有多个中间方参与,申请人应当提供每个环节的合同或者协议。

值得注意的是以下问题:(1)密码出口对主体未作明确限制,内资实体与外资、境外实体的出口在实质上可能有所不同,例如前者可能涉及国家国际责任的问题,后者对进口密码用于跨境数据传输的是否认定为出口的问题;(2)同时,对于非标准密码,可能涉及严格的审批和技术审查程序,而随着密码标准化的推进,未来则可能有规范可行的快捷方式可循,在这种情况下,取得最终用户承诺亦显得更为重要,尽管承诺的协议方式归为"软法",但在涉及国家安全、公众利益等实质审查中,各国均视其为有效的监管和追责方式。

## 三、密码监管的数据本地化与跨境传输问题

对于外资和境外实体而言，密码产品和技术的用途除用于"含有加密功能的信息技术产品"、服务销售外，还可能涉及《网络安全法》所称的个人信息、重要数据按照《个人信息和重要数据出境安全评估办法（征求意见稿）》（以下简称《办法》）所称的数据存储和数据向境外提供的情形（此需求一般理解为前述的"自用"，但应涉及不同主体之间的数据交换，故对"自用"的范围理解可能会产生分歧和风险），因此将按照《办法》进行安全评估。按照通常理解：（1）密码产品和技术本身可能作为重要数据而进行评估；（2）密码技术的应用加剧了数据出境评估的难度（成本）。

结合《商用密码管理条例》和《办法》第八条的规定，涉及密码的出境评估应需要重点考虑以下问题：（1）数据接收方的安全保护措施、能力和水平，以及所在国家和地区的网络安全环境等，特别是其密码分析能力、执法机关的协助要求（法律——例如有无要求运营商强制解密的规定，美国1994《通信协助执法法》(Communication Assistance for Law Enforcement Act)的规定即有别于我国《国家安全法》《网络安全法》）等；（2）数据出境及出境数据汇聚可能对国家安全、社会公共利益、个人合法利益带来的风险——此与前述《商用密码管理条例》的技术审查条款直接对应。此外，《办法》第十二条规定网络运营者应根据业务发展和网络运营情况，每年对数据出境至少进行一次安全评估，及时将评估情况报行业主管或监管部门的规定也将适用于前述密码进口和出口的情形。而对于行业主管或监管部门组织的安全评估，如何对加密数据进行重要数据的判定和评估，也将极具挑战。

## 四、结语

综上，在密码技术标准化和监管精细化的国际背景下，随着《决定》具体落实和《网络安全法》配套制度的制定与推进，将在密码监管领域对外资和境

外实体不可避免地产生冲击。商用密码技术属于国家秘密,和"商用密码用于保护不属于国家秘密的信息"的特性冲突,以及密码产品和技术应用的普遍化加剧了这一趋势,企业对密码合规的需求应综合《网络安全法》(配套制度、标准)、《密码法(草案)》、《出口管制法(草案)》等早日提上议程。

# 2.《网络安全法》中的密码法律问题

《网络安全法》中体现出与密码安全密不可分的关联性，同时密码法的制定和实施亦有其独特性。尝试对两者进行区别联系，对《网络安全法》的落实和密码法的制定和协调具有重要意义。同时密码立法也需要再出发，提前对可预见未来的网络空间和密码科技的演化态势作出反应。本文最早于2016年12月于《网络安全法》立法研讨会上提出，后据等级保护和密码立法进程略作调整。现在（《密码法》颁布后）看起来仍不过时。

网络安全法中的涉及密码条款和问题主要包括十点：

### 1. 网络数据安全三性

《网络安全法》第十条明确维护网络数据的完整性、保密性和可用性，是立法所要保护的重要价值。同时第七十七条规定"存储、处理涉及国家秘密信息的网络的运行安全保护，除应当遵守本法外，还应当遵守保密法律、行政法规的规定。"由此我们可以得知：（1）《网络安全法》所要保护的"三性"与信息安全时代明确的"三性"比较，并没有根本性的变化；（2）通过密码实现保密和认证的功能作用也没有变化；（3）密码法与《保守国家秘密法》（保密法）的作用也不会相互替代。

### 2. 网络运营者安全保护义务

《网络安全法》第二十一条规定，国家实行网络安全等级保护制度。网络运营者应当按照网络安全等级保护制度的要求，履行采取数据分类、重要数据备份和加密等措施的安全保护义务。基于此，一般网络运营者与密码相关的义务包括以下内容:(1)根据所涉业务性质、重要程度等因素,按照网络安全等级保护条例等规定实施等级保护的相关机制,包括密码相关要求。其中最为重要的便是"第三级以上网络应当采用密码保护,并使用国家密码管理部门认可的密码技术、产品和服务";(2)网络运营者应使用加密措施保障网络和数据安全。加密成为一项强制性的基本义务。这里我们认为,尽管加密是重要的技术措施,但不加区别的加密不仅会导致大量的成本投入,也不符合重点保护、执法协助的立法意旨。

作为参考,美国2015年《联邦网络安全增强法》("Federal Cybersecurity Enhancement Act of 2015")提出的条款值得研究。(1)提出加密或其他等同措施机制(encrypt or otherwise render indecipherable),避免使用现有加密技术、产品或服务的局限性;(2)不限制但也不鼓励普遍加密,而是突出对敏感和重要(任务)数据(sensitive and mission critical data)的重点保护,这里就非常接近于关键信息基础设施的保护意味,但其更关注"任务"而非"设施"。

### 3.关键信息基础设施运营者的保密协议与义务

《网络安全法》第三十五条规定,"关键信息基础设施的运营者采购网络产品和服务,可能影响国家安全的,应当通过国家网信部门会同国务院有关部门组织的国家安全审查。"第三十六条规定,"关键信息基础设施的运营者采购网络产品和服务,应当按照规定与提供者签订安全保密协议,明确安全和保密义务与责任。"由于该规定过于宽泛,其中可能涉及的问题需要在密码法中给予回应。(1)如何在安全保密协议中体现和规范加密义务?由于保密和密码并非等同问题和解决机制,因此在协议层面实际上无法完全涵盖加密义务和责任安排;(2)如何区分进口和国产密码技术、产品技术,适用何种程度的国民待遇原则?(3)如何在保密协议、进口和国家安全审查等不同层面实施符合现代密码技术和产品特性的技术审查?(4)在以上基础上,如何实现从研发、生产、销售、技术细节、部署的全过程供应链安全?[①]

---

[①] 2019年10月通过并于2020年1月施行的《密码法》已经对所涉问题作出了规定。

### 4. 个人信息保护

《网络安全法》第四十条规定，"网络运营者应当对其收集的用户信息严格保密，并建立健全用户信息保护制度。"在技术层面对用户信息进行保密的最重要做法便是加密。目前主流的做法：对用户信息中的账户、密码进行hash（对应国产商用密码SM3算法），主流网站网址的https（通过SSL或TLS提供加密数据、身份验证及完整性保护），等等。这里的主要问题：(1) 个人信息保护的加密是作为对外部用户的保护措施，其与《网络安全法》第二十一条规定的加密措施不完全一致，严格而言，对用户个人信息保护属于网络运营者安全保护义务的一部分，且是应当优先予以考虑和部署技术措施的部分；(2) 如何将行业的主流作法、最佳实践进行标准化（或是不作标准化的其他商业路径）以落实法条规定，需要在商业优势和技术中立之间进行权衡。例如搜索引擎和应用商店是否可以标注"不安全的网页"或"不推荐的APP"等方式要求内容的https化。

### 5. 从加密到可信

《网络安全法》第十六条规定，"……支持网络安全技术的研究开发和应用，推广安全可信的网络产品和服务，……支持企业、研究机构和高等学校等参与国家网络安全技术创新项目。"第二十四条规定，"国家实施网络可信身份战略，支持研究开发安全、方便的电子身份认证技术，推动不同电子身份认证之间的互认。""网络安全战略"和"网络可信身份战略"是《网络安全法》提出的两个战略，其中围绕"网络安全战略"已经出台了国家网络空间安全战略、网络空间国际合作战略，"网络可信身份战略"同样需要具象化的内容。密码的加密保护和安全认证尽管"天然"地符合可信的某些特性，但在某些情况下，适用加密是源于"不可信"，加密与可信具有一定程度上的"互斥"。因此这就回到了之前的问题上，普遍加密或强制加密是否有利于促进"可信"？这也成为"网络可信身份战略"设计需要考虑的重要问题。

### 6. 加密的违法内容

《网络安全法》第四十七条规定，"网络运营者应当加强对其用户发布的信息的管理，发现法律、行政法规禁止发布或者传输的信息的，应当立即停止传输该信息，采取消除等处置措施，防止信息扩散，保存有关记录，并向有关主管部门报告。"第五十条规定，"国家网信部门和有关部门依法履行网络信息安全监督管理职责，发现法律、行政法规禁止发布或者传输的信息的，应当要求网络运营者停止传输，采取消除等处置措施，保存有关记录；对来源于中华人民共和国境外的上述信息，应当通知有关机构采取技术措施和其他必要措施阻断传播。"

这里涉及的密码法律问题主要包括以下内容：（1）随着信息发布与传输加密的普遍化应用，特别是主流厂商推崇的端到端加密（运营商不持有明文或解密信息）的无解问题；（2）如何通过立法回应网络欺诈的高级形式，例如在《网络安全法》制定过程中尚未突出的加密勒索对个人信息保护（包括企业信息和政务信息）的危害问题。这些问题从相反角度考虑，便又有新的问题：（1）是否应当从主体出发限制某些主体的强加密能力，或者从用途（或范围）出发限制某些密码技术或产品的强加密能力；（2）是否应赋予某些主体解密能力（区别于下一问题）。在这方面，还是以美国为例，由于 1994 年《通信协助执法法》（Communication Assistance for Law Enforcement Act）规定执法机构不应要求服务商特别设计，也无权禁止服务商采取特别设计。因此执法机构一方面寻求外部供应商的解密能力支援（例如 FBI 要求苹果公司解密 iPhone 5 的案件），另一方面则不断强化自身解密的能力。

### 7. 协助解密

《网络安全法》第二十八条规定，"网络运营者应当为公安机关、国家安全机关依法维护国家安全和侦查犯罪的活动提供技术支持和协助。"同时在第三十条又规定，"网信部门和有关部门在履行网络安全保护职责中获取的信息，只能用于维护网络安全的需要，不得用于其他用途。"这里首先是通过对之前草案版本的"国家网信部门和有关部门在关键信息基础设施保护中获取的信息，只能用于维护网络安全的需要，不得用于其他用途"作出调整，形式上限制了信息用途，但实际上扩张了网信部门和有关部门获取信息的范围——从关键信息基础设施保护过程，扩大到全覆盖的网络安全职责过程。这个调整客观上"部分"解决了"协助解密"问题。在各国执法协助的实践中，执法协助——在密码上体现为协助解密的问题始终含混不清。美国《电子通信隐私法》的历次修订体现了立法者和司法机构对这个问题的某些不同意见，而基于《外国情报监听法》的 FISA 历年透明度报告（仅公开《电子通信隐私法》下的加密通信数据）对无法解密信息的总结也仍然语焉不详。但一般理解认为，在非端到端加密的情形下，如果服务商之间的通信未加密的，可理解为应提供或协助解密。

### 8. 密码标准

《网络安全法》第十五条规定，"国家建立和完善网络安全标准体系。国务院标准化行政主管部门和国务院其他有关部门根据各自的职责，组织制定并适时修订有关网络安全管理以及网络产品、服务和运行安全的国家标准、行业标准。"涉及密码立法相关的标准问题主要包括以下内容：(1)商用密码的行业标准如何上升为国家标准；(2)商用密码是否应当从推荐性标准中就特殊网络安全需求进行强制性标准的推进。这就涉及与《中华人民共和国标准化法》（以下简称《标准化法》）的深入协调；(3)如何转化国际标准，和如何将国标国际化。目前涉及密码的标准制定、研究涉及 IEEE、IETF、ISO、ITU、ETSI、3GPP、TIA、GSMA 等诸多跨国机构、组织，并对应不同、技术特征和应用场景，国产商用密码进行国际化，需要基础技术、网络架构与各类不同应用的契合，非一时之功。

### 9. 密码漏洞

《网络安全法》第二十二条规定，"网络产品、服务应当符合相关国家标准的强制性要求。网络产品、服务的提供者不得设置恶意程序；发现其网络产品、服务存在安全缺陷、漏洞等风险时，应当立即采取补救措施，按照规定及时告知用户并向有关主管部门报告。"第二十六条规定，"开展网络安全认证、检测、风险评估等活动，向社会发布系统漏洞、计算机病毒、网络攻击、网络侵入等网络安全信息，应当遵守国家有关规定。"密码相关的网络安全漏洞有其特点，一是由于密码通常是对涉及国家秘密、重要商业秘密等信息的加密保护，与其相关的漏洞一直是各国政府机构收集的重要方向，特别是零日漏洞，密码漏洞价值非凡；二是由于密码的复杂性，各国具有主动预留密码"后门"的意愿，例如 2013 年，Dual_EC_DRBG 加密标准中发现了一个 NSA 设置的漏洞，但目前对已知密码漏洞的了解还非常有限。因此，与密码网络安全漏洞相关的发掘、披露应特别予以关注。在《网络安全法》下，应当注重发挥网络安全服务机构（漏洞平台）在密码漏洞管理过程中的正面作用。

### 10. 密码保障体系

整体上，《网络安全法》所追求的网络空间安全保障体系与商用密码（和部分保密法下）的密码保障体系的价值目标一致，所适用的监管思路（尽管监管机构并不相同）、技术路径均具有相通之处，在网络安全事件响应、更高层面的网络安全信息共享、网络安全监测预警和信息通报等方面均有重合，如何在《网络安全法》的法律体系下整合密码保障体系，避免重复机制和监管落空，仍需要持续建设与改进。

# 3. 立法前置评估的考量——以《密码法》为例

## 一、问题的提出

《中华人民共和国立法法》(以下简称《立法法》)第三十九条规定,"拟提请常务委员会会议审议通过的法律案,在法律委员会提出审议结果报告前,常务委员会工作机构可以对法律草案中主要制度规范的可行性、法律出台时机、法律实施的社会效果和可能出现的问题等进行评估。评估情况由法律委员会在审议结果报告中予以说明。"由此可知,立法前主要包括四个方面的评估:(1)主要制度规范的可行性,包括成本;(2)法律法规出台的时机;(3)法律法规实施的社会效果;(4)法律法规实施过程中可能出现的问题。

就规定自身的辨析而言,首先需要明确,立法前评估不同于立法后评估。《立法法》第六十三条规定,"全国人民代表大会有关的专门委员会、常务委员会工作机构可以组织对有关法律或者法律中有关规定进行立法后评估。评估情况应当向常务委员会报告。"可见两者在实施主体、评估指向、目的价值等方面均有不同。特别是立法后的评估,全国人民代表大会有关的专门委员会可以自行组织而非必须经常务委员会工作机构启动,其评估的范围不受立法前置评估的范围限制。从国际上看,立法后评估是美国立法的典型特点,因其往往会与预算、经费挂钩;特别是涉及对于网络安全人才等可量化检验、验证的法律效果,通常会进行立法后评估,以实现及时纠偏与革新。

## 二、密码法前置评估的范围与发现

提交审议的《密码法（草案）》共五章四十四条，明确规定密码分为核心密码、普通密码和商用密码，实行分类管理。草案规定了核心密码、普通密码和商用密码的发展促进和保障措施以及主要管理制度。在评估的"战略"层面，所涉及的范围如下：（1）对密码管理部门依法实行严格统一管理且作为国家密码的核心密码、普通密码的机制、成本、效果、能力、风险的评估；（2）对用于保护国家秘密信息的核心密码、普通密码的安全保障能力（第13条）的成本、效果、风险的评估；（3）对将进一步普遍使用的商用密码的成本、效果、风险的评估。

草案规定的商用密码的主要制度旨在贯彻落实职能转变和"放管服"改革要求，规范和促进商用密码产业发展，因此需要对其展开的各项制度进一步细化评估。主要包括以下内容：（1）商用密码市场体系建设的法治保障；（2）商用密码标准化制度；（3）商用密码检测认证制度；（4）关键信息基础设施使用商用密码的安全性评估；（5）国家安全审查对商用密码的适用性；（6）商用密码进口许可和出口管制制度。

## 三、基于评估内容的分析

### 1. 可行性评估

对于密码法的可行性评估，主要包括对以下内容的评价、度量：

（1）要不要设立一部统一的密码法

对于是设立一部统一的密码法，还是在分类管理的基础上，分别修订《保守国家秘密法》和《商用密码管理条例》等现有法律法规、规定，实际上仍然处于见仁见智的阶段。《密码法》的起草和出台给出了一种路径的选择，并分别从必要性、重要性等角度给出了依据，特别是基于以下考虑：一是国际密码政策与密码两用性的发展态势，二是密码应用的普遍化和失序化问题，三是密码在可预见未来的技术趋势,四是国内密码特别是商用密码市场发展的现状。如此种种都需要进行系统化的梳理、规范,以"现代"的密码法律管理"现代"的密码技术与产业。统一密码法的"与其修补不如重来"的思路,使得这种讨论暂时告一段落,并将以前层次化的立法整合提升到了一个新的位阶。

(2)与既有法律法规规范标准的关系

显而易见的是,设立一部新法可能需要协调更多的与既有法律法规、规定的关系,在法律层面上,《密码法》的可行性评估需要考虑与《网络安全法》《保守国家秘密法》、《国家安全法》、《电子商务法》等基础性法律的重大关系。在法规、标准等层面上牵涉的内容则更多更为繁杂。例如最典型的便是基于信息安全等级保护(等保1.0)进行的密码应用安全性评估,在网络安全等级保护(等保2.0)下是否需要重新评估的问题。尽管《密码法》第二十七条规定,"商用密码应用安全性评估应当与关键信息基础设施安全检测评估、网络安全等级测评制度相衔接,避免重复评估、测评。"但这里的避免重复评估显然不包括等保1.0与等保2.0的重复性——因为属于不同时代的评估。

(3)境外立法情况

当代立法无一例外地会比较、参考国外立法的情况,《网络安全法》、《密码法》的立法莫不如是。从各国和区域性组织对密码的关注看,《密码法》所涉及的"维护国家安全和社会公共利益,保护公民、法人和其他组织的合法权益"的目的与平衡问题仍是根本问题。例如在2018年美国众议院提出的《2018年加密法案》,仍在要求加强宪法所规定的公民通信隐私权,保护公民的合法权益。这一问题则早在1997年经合组织发布《密码政策指南的建议》(Recommendation Concerning Guidelines for Cryptography Policy)中提出。建议认为需要在"促进密码使用的同时不会危害公共安全、执法和国家安全"。而围绕密码两用性,《关于常规武器和两用物品及技术出口控制的瓦森纳协议》(Wassenaar Arrangement)则在密码出口监管的力度问题上反复纠缠。因此,密码立法的可行性也需要从各国立法和政策文件的变革中寻找符合发展阶段和内外情势的准确定位。

**2. 时机评估**

《密码法》发布和施行的时机,则体现出主动立法和被动协调之间的戏剧性。在立法出台的时机上,《电子商务法》的经历是一个典型的"反例",其立法过程可谓艰辛。

(1)与《商用密码管理条例》

除了涉及与《商用密码管理条例》修订的时机协调,在这一问题上,《密码法》的颁布还使得《商用密码管理条例》的修改时间可以再次延长。除此之外,还涉及非常重要的《保守国家秘密法》的修订问题。

(2)与《保守国家秘密法》

《保守国家秘密法》法自1998年发布以来,经过2010年修订迄今已近十年,在《网络安全法》实施后,网络空间的保密问题将同时成为三大法律的聚焦,《密码法》的发布一方面提速了对《保守国家秘密法》的修订,另一方面则使得如何修订成为难题。

(3)与新技术新应用

随着量子计算机推动的量子加密技术的新发展,以及对抗量子解密对传统加密技术的冲击,美澳等均在密码标准中对"抗量子加密"(Quantum Resistant)或"后量子安全"(Post-Quantum)作出了调整规定,例如2015年底美国国家安全系统委员会(CNSSAM)发布了有关批准在美国国家安全系统中使用的Suite B算法更改的建议,NIST至今持续征集抗量子加密的算法。这些可能的颠覆性的密码技术发展在《密码法》出台后自然成为"下一代"密码法需要规制的对象;另外《密码法》的出台有助于规制区块链等新兴领域对密码应用的深度和广度充分延展所形成的监管真空。

(4)与国际新形势

在《密码法(草案)》征求意见和审议过程中,适逢发生重大、紧急且持续的事件——中美贸易磋商。正式发布的《密码法》体现了博弈的结果,并集中体现在第二十一条等条款中:"各级人民政府及其有关部门应当遵循非歧视原则,依法平等对待包括外商投资企业在内的商用密码科研、生产、销售、服务、进出口等单位(以下统称商用密码从业单位)。国家鼓励在外商投资过程中基于自愿原则和商业规则开展商用密码技术合作。行政机关及其工作人员不得利用行政手段强制转让商用密码技术。"

**3.社会效果评估**

《密码法》发布和施行可能产生的社会效果，从外延的扩展性上可能需要考虑以下内容：

（1）对核密、普密相关密码产业的影响

特别是包括几个方面，一是虽然密码在网络空间中的应用使得通过不安全的网络传输涉密信息成为可能（对应《保守国家秘密法》第二十四条），但并非所有的涉密信息均需要"信息化"和"上网"，这就要求密码工作机构对网络空间下的密码和涉密信息进行全面梳理和评价；二是需要评估核密、普密相关密码产业在整体密码，乃至网络安全市场和产业中的地位和变化（包括股权层面）；三是在严格规范相关内外部管理制度后，对人员的流动性（包括从外部流入核密、普密相关产业，和向商密等外部流出）的影响。

（2）对商用密码产业的影响

商用密码产业的影响主要包括两个方面：（1）尽管《密码法》对核密、普密和商用密码进行分类管理，但在密码科学和技术层面两者无法割裂，同时密码本身的"军民二用性"也会使得两类密码产业产生互动，包括从技术、应用直至人才层面。社会效果评价需要对密码技术在不同密码类别中的融合、转化保持关注。（2）在非歧视原则、禁止强制技术转让和"放管服"的持续政策"红利"和"解绑"的宽松趋势下，《密码法》是否能够真正加持和实现包括各类商用密码从业单位在内的产业长久繁荣，并最终更深刻地带动和提升网络空间的整体安全性。

（3）对密码应用单位的影响

《密码法》对商用密码的应用实际上分为三类主体，一是电子政务使用商用密码加密、认证的相关主体，二是使用商用密码进行保护的关键信息基础设施运营者，三是其他网络运营者和使用商用密码的一般用户。以第二类运营者为例，其涉及最为重要的义务包括可能的国家安全审查、基于"网络关键设备和网络安全专用产品目录"的供应链安全保障和商用密码应用安全性评估。这些义务无疑给运营者增加了合规成本和义务，并存在和《网络安全法》等规定的测评、评估的重合——尽管《密码法》规定了应当衔接这些制度，避免重复，但其指向并不明确，且存在"不可逆"的问题，例如由于施行在先的《网络安全法》第三十八条规定了年度网络安全检测评估报告制度，导致《密码法》并未（也无法）明确"商用密码应用安全性评估"是否属于年度检测评估报告的一部分。

再以第三类主体为例，《网络安全法》第二十一条实际上规定了强制性的加密技术措施的安全保护义务，但对加密的适用范围、使用密码技术的范围（包括进口）无法明确，《密码法》的施行是否能够在实践中进一步澄清，也需要进行必要的评价。

（4）对外商/外资的影响

《密码法》中外商的概念更为科学规范，区分了外商投资企业和外国投资者（外商），进而构成了完整意义上的外商。因此《密码法》对外商/外资影响实际上便是对外商所关注的商用密码事项的正确解读和准确适用。对外商的影响评估可能包括以下内容：

一是按照《密码法》第二十一条，"依法平等对待包括外商投资企业在内的商用密码科研、生产、销售、服务、进出口等单位，"这里的商用密码研发、生产、销售、进出口并未包括外国投资者本身（当然鼓励外商商用密码技术合作是更为宽泛的概念，但如何避免误读也需要澄清），且对是否允许外商参与商用密码国家标准制定并未明确。立法前置评估应在充分收集境内外对草案意见、建议的基础上对是否允许和相关后果进行评价。例如在 2017 年进行外商（NXP）算法许可尝试的基础上，进一步考虑开放市场需求和反应。

二是第二十一条进一步规定，"行政机关及其工作人员不得利用行政手段强制转让商用密码技术。"由于密码技术涉及产品、服务、软件、源码等不同层面，因此应进一步评价不同的"强制转让"可能对市场和外商产生的影响及其差异。例如产品销售、软件许可、源码披露等不同的"转让"形式在合资研发、进出口销售、检测认证等不同环节都会产生非常不同的影响后果。

三是《商用密码管理条例》第十三条"进口密码产品以及含有密码技术的设备或者出口商用密码产品，必须报经国家密码管理机构批准。任何单位或者个人不得销售境外的密码产品"的规定依然有效，并需审批取得进口许可证等。如何与《密码法》第二十一条的规定协调，也需要进行相应评估。

（5）与数据出境评估的关系

加密对《网络安全法》制度下的数据本地化和出境评估构成了新议题。一个典型的例子便是新近加密对 VPN 的"改进"，这一方面体现出外商等主体对政策立法的不确定性解读，另一方面则对监管能力提出了挑战。

本质上，《密码法》的前置评估是不同立法之间的冲突、竞合的去重与协调。立法会导致技术、产业、运营等的宏观和微观层面发生变化，导致产业兴衰、技术变化，例如强的数据本地化立法会导致数据向安全港转移，强制解密的执法协助会导致"管道"效应，等等，因此应充分考虑条款、主体等各要素在市场和监管下的相互作用。

### 4. 问题评估

《密码法》施行后涉及的问题肯定非常之多，其中最为重要或说是核心的两个问题如下：

（1）抗量子加密的问题

尽管 2013 年以后，后量子安全已经提及并得到美国商务部 NIST、NSA，澳大利亚国防信号局（ASD）等机构的重视并在算法、密钥上进行改进，但新近以谷歌为代表的量子计算机的突破性发展将这一问题真正推到了前台。量子加密和抗量子加密属于不同发展阶段，后者先于前者是这一问题的典型特征：抗量子加密的有效性仍未接受实践的检验，而量子加密的公开程度则没有进行相应的认真评估。

（2）国产密码的安全性问题和生态建设问题

这个问题的本质在于通过《密码法》的施行以实现其立法目的，即发展密码事业和保障网络与信息安全。其中最为核心的则是如何在发展中解决国产密码的脆弱性（包括但不限于安全漏洞）问题。如果核密、普密适用了不同于商用密码的算法、协议和管理机制，这显然属于保密法进行保密规范的内容，而如果涉及分类管理的密码在算法、协议或管理机制上有一定程度的混用，则这里会有一个脆弱性发现、披露和修复（改进）生命周期机制，以通过增强商用密码的安全性，进而实现对包括核密、普密在内的密码"全栈"安全性的增进，从而最终实现推动国产密码应用和国际化。而如何建立脆弱性的发现、披露和修复（改进）机制，单靠密码保密的封闭性（包括检测认证）显然都不够充分。这方面的著名已知案例便是 2013 年纽约时报和路透社等报道的安全技术公司 RSA 在收取国家安全局（NSA）支付的费用后，在其软件 Bsafe 中嵌入 NSA 开发并植入"后门"的伪随机数生成算法（Dual_EC_DRBG，双椭圆曲线确定性随机比特生成器），通过 NIST 认证和建议为安全加密标准写入 NIST SP800-90A 标准（后迫于公众压力于 2014 年 4 月移除）。

商用密码安全性的推进需要扩展到外部性和标准化机制，由此可知，《密码法》对标准问题重视的来由系关安全与发展的全局，并实际上构成了脆弱性（安全漏洞）管理制度的重要组成部分，因此对密码安全的前置评估必须构建解决国产密码脆弱性问题的方案，形成包括开源在内的密码生态。

## 四、结论

本文正式成文是在《密码法》正式施行之后，因此在法律施行后讨论前置评估问题多少显得有些滑稽，但实际本文早先是在《密码法》颁布前最后一次北京达园研讨会上提出的，因此彼时仍具参考意义。正如《道德经》所言"大器曼成"，《密码法》经过数年酝酿、推演的适时出台，应该经过了较为充分的前置评估，期间留存、产生的问题，也将在施行后通过持续的立法后评估不断得以修正和改善。

# 4.《密码法》的商用密码检测认证制度体系

## 密码法规定的商用密码检测认证条款

《密码法》涉及商用密码检测认证的条款主要为第二十五条和第二十六条。第二十五条规定:"国家推进商用密码检测认证体系建设,制定商用密码检测认证技术规范、规则,鼓励商用密码从业单位自愿接受商用密码检测认证,提升市场竞争力。商用密码检测、认证机构应当依法取得相关资质,并依照法律、行政法规的规定和商用密码检测认证技术规范、规则开展商用密码检测认证。商用密码检测、认证机构应当对其在商用密码检测认证中所知悉的国家秘密和商业秘密承担保密义务。"

第二十六条规定:"涉及国家安全、国计民生、社会公共利益的商用密码产品,应当依法列入网络关键设备和网络安全专用产品目录,由具备资格的机构检测认证合格后,方可销售或者提供。商用密码产品检测认证适用《中华人民共和国网络安全法》的有关规定,避免重复检测认证。商用密码服务使用网络关键设备和网络安全专用产品的,应当经商用密码认证机构对该商用密码服务认证合格。"

此外,在《网络安全等级保护条例(征求意见稿)》等草案中也有类似规定:"密码产品应当经过密码管理部门批准,采用密码技术的软件系统、硬件设备等产品,应当通过密码检测。"

## 一、检测认证体系建设

在"放管服"进一步市场化和 2016 年修订的《中华人民共和国认证认可条例》（以下简称《认证认可条例》）规定下，中国正在深化构建统一的检测认证法律监管体系。**密码应用工作相关中央文件任务分工中指出，国家市场监管总局、国家密码管理局按照职责分工负责建立商用密码测评认证和分类分级检测体系。**

商用密码检测认证属于体系建设的重要组成部分，将 1999 年《商用密码管理条例》第九条的"商用密码产品，必须经国家密码管理机构指定的产品质量检测机构检测合格"，《商用密码产品生产管理规定》第十五条的"商用密码产品必须经国家指定的机构检测、认证合格，并加施强制性认证标志后方可出厂。暂未列入强制性认证目录的商用密码产品，必须经国家密码管理局指定的产品质量检测机构检测合格"等规定的对**检测认证机构和商用密码产品的"双重行政许可"**调整为以自愿性检测认证为一般原则，特定产品、服务强制性为例外的**市场化机制**。

《密码法》规定的商用密码检测认证可以归纳为**三项基本制度**：一是基于资质要求的市场准入，设立和培育相应技术能力的商用密码检测、认证机构和市场；二是基于自愿性的一般原则，鼓励商用密码从业单位自愿接受商用密码检测认证，提升市场竞争力；三是对于特定的商用密码产品、服务实行强制性检测认证。

就整体的商用密码监管制度上，检测认证属于商用密码"事前"监管的风险预防机制，这些制度与《密码法》第三十一条规定的事中事后监管制度等形成了商用密码法律监管的体系。第三十一条规定："密码管理部门和有关部门建立日常监管和随机抽查相结合的商用密码事中事后监管制度，建立统一的商用密码监督管理信息平台，推进事中事后监管与社会信用体系相衔接，强化商用密码从业单位自律和社会监督。"

据统计截至 2018 年年底，全国共有认证机构 481 家，检验检测机构近 4 万家，获得认可的认证机构有 171 家，获得认可的检验检测机构有 10439 家。对于检测和认证的区分性的基本问题，一般认为两者产生机制、服务对象、过程内容和交付形式上均有所区别，实践中对检测认证的监管侧重也多有不同。例如在2018年《市场监管总局关于加强认证检测市场监管工作的通知》中，针对检验检测机构资质，重点关注以下违法行为：一是未依法取得资质认定、擅自向社会出具具有证明作用的数据、结果；二是超出资质认定证书规定的检验检测能力范围开展检验检测活动；三是未经检验检测或者以篡改数据、结果等方式，向社会出具具有证明作用的数据、结果等违法违规行为。对于认证机构资质，违法行为主要包括以下内容：一是认证机构买证卖证；二是认证记录与实际不符，对关键过程审核不到位；三是审核员、检查员缩减或放弃现场审核；四是列入目录的产品未经认证，擅自出厂、销售、进口；五是认证证书撤销或暂停期间，不符合认证要求的产品继续出厂、销售、进口；六是伪造、冒用、买卖证书等。简单理解，认证机制的交付形式为各类"证书"，属于持续性服务，且周期和过程内容较检测而言更为复杂。正是由于认证较检测更为"规范"和"服务"的特性，《密码法》第二十六条第二款规定了商用密码服务的认证限定性："商用密码服务使用网络关键设备和网络安全专用产品的，应当经商用密码认证机构对该商用密码服务认证合格。"

### （一）检测认证技术规范与规则

检测认证的技术规范与规则，是指检测认证机构据以进行检测、认证服务的操作指引文件。比如2009年国家密码管理局商用密码检测中心发布的《安全路由器产品密码检测准则》、《安全操作系统产品密码检测准则》、《安全数据库产品密码检测准则》、《安全隔离与信息交换产品密码检测准则》、《防火墙产品密码检测准则》、《智能卡COS产品密码检测准则》以及《安全路由器产品密码检测指南》、《安全操作系统产品密码检测指南》、《安全数据库产品密码检测指南》、《安全隔离与信息交换产品密码检测指南》、《防火墙产品密码检测指南》、《智能卡COS产品密码检测指南》等。

2015年到2019年，相关检测标准进行了相应升级。特别是2016年12月，国家密码管理局发布了《金融数据密码机检测规范》等8项密码行业标准。该批标准主要涉及密码产品检测规范和密码设备管理规范。密码产品检测标准有4项，分别规定了金融数据密码机、安全电子签章产品、智能密码钥匙、密码键盘四类产品的检测内容、检测要求和检测方法，适用于产品密码检测，也可用于产品的研制和使用。密码设备管理标准有4项，分别是《设备管理技术规范》《对称密钥管理技术规范》、《VPN设备监察管理规范》和《远程监控与合规性检验接口数据规范》。至2019年，将GM/T 0054-2018《信息系统密码应用基本要求》等共计67项标准纳入检测依据（主要用于商用密码应用安全性评估），以《密码模块安全技术要求》《密码模块安全检测要求》等为基础等级标准的检测依据基本建立。

随着《密码法》的通过和实施，包括前述《信息系统密码应用基本要求》在内的相关标准将按照《密码法》和《国家密码管理局、市场监管总局关于调整商用密码产品管理方式的公告》（第39号）等规定进行规范更新，由市场监管总局会同国家密码管理局制定和重新发布国推商用密码认证的产品目录、认证规则和有关实施要求，以符合《认证认可条例》第二十九条规定的"国家对必须经过认证的产品，统一产品目录，统一技术规范的强制性要求、标准和合格评定程序，统一标志，统一收费标准。统一的产品目录由国务院认证认可监督管理部门会同国务院有关部门制定、调整，由国务院认证认可监督管理部门发布，并会同有关方面共同实施。"

## （二）检测认证机构的资质与市场准入

根据2018年底国家发展改革委、商务部关于印发《市场准入负面清单（2018年版）》规定，第三十八项禁止或许可的事项是：未获得许可，不得从事商用密码产品的生产、质检测评、进出口和密码应用安全性评估。该项目禁止或许可准入措施即包括了商用密码产品质量检测机构审批和信息安全等级保护商用密码测评机构审批。

### 1. 检测资质

按照《商用密码产品质量检测机构审批服务指南》，具备以下资格的机构，即可获认指定检测机构：（1）具有从事商用密码产品质量检测相适应的技术力量和检测技术人员（从事信息安全的专业人员，熟悉质量标准和掌握商用密码技术基础知识）；（2）具有承担商用密码产品质量检测所必需的专用检测设施、设备；（3）具有从事商用密码质量检测相适应的环境和场所；（4）具有完善的安全管理规章制度等实质性条件，并通过检测能力评审的。

**2.认证资质**

按照《认证认可条例》，取得认证机构资质，应当符合下列条件：（1）取得法人资格；（2）有固定的场所和必要的设施；（3）有符合认证认可要求的管理制度；（4）注册资本不得少于人民币300万元；（5）有10名以上相应领域的专职认证人员。从事产品认证活动的认证机构，还应当具备与从事相关产品认证活动相适应的检测、检查等技术能力。这些规定设定了认证机构的基础准入条件，包括商用密码检测认证机构在内不应低于此基线要求。

同时针对商用密码行业自身可以设定更为严格的资质要求，例如2018年通过的《网络安全等级保护测评机构管理办法》规定，对于"依据国家网络安全等级保护制度规定，按照有关管理规范和技术标准，对已定级备案的非涉及国家秘密的网络（含信息系统、数据资源等）的安全保护状况进行检测评估活动"的测评机构，应具备更加严格的条件。①

**3.检测认证的资质取得或认可**

按照2020年2月20日市场监管总局《关于开展商用密码检测认证工作的实施意见（征求意见稿）》，商用密码认证机构应当符合有关行政法规、规章规定的基本条件，具备从事商用密码认证活动的专业能力，并经市场监管总局征求国家密码管理局意见后批准取得资质。按照《认证认可条例》，应当由认可机构对认证机构、检查机构、实验室以及从事评审、审核等认证活动人员的能力和执业资格，予以承认与否的合格性评定。但实践中并非所有的认证机构都取得认可。

一般而言，商用密码检测认证机构应经国家认证认可监督管理委员会的申

---

① 国家网络安全等级保护工作协调小组办公室组织于2018年12月开展了2018年度全国网络安全等级保护测评机构监督检查和测评能力验证工作，目的即旨在加强网络安全等级保护测评机构管理，规范测评行为，提高测评机构的技术能力和服务水平。

请和批准程序，并按照规定取得认可，列入国家认证认可监督管理委员会公布的依法取得认证机构资质的企业名录，方可从事相应的认证活动。各检测认证机构具体的安全认证或安全检测范围应依据国家认证认可监督管理委员会批准的认证机构业务范围或检验检测机构资质认定范围。

此外，对"电子政务电子认证服务的机构"的电子政务电子认证服务质量等特定评估，属于《密码法》第二十九条的单独规定，另行使用与电子政务电子认证相关的规定，包括《电子政务电子认证服务质量评估要求》对"从事电子政务电子认证服务的机构"的基础要求和特别要求。同时第二十五条和第二十六条的检测认证也与第二十七条的"自行或者委托商用密码检测机构"规定的机构不完全一致。

**4. 源代码保密**

《密码法》第三十一条第二款规定："密码管理部门和有关部门及其工作人员不得要求商用密码从业单位和商用密码检测、认证机构向其披露源代码等密码相关专有信息，并对其在履行职责中知悉的商业秘密和个人隐私严格保密，不得泄露或者非法向他人提供。"这一方面是各国密码博弈的结果，另一方面也符合第二十一条"统一、开放、竞争、有序的商用密码市场体系"的商用密码市场化、契约化的立法精神。

**（三）纳入检测认证的商用密码从业单位**

对于那些商用密码主体需要纳入检测认证的，《密码法》规定商用密码从业单位均可以基于既有的商用密码检测认证技术规范、规则，申请和接受商用密码检测认证。这些主体包括商用密码科研、生产、销售、服务、进出口等单位，通过检测认证的单位，其通过或取得的相应证书，从形式和实质上均有助于提升单位的市场竞争力。但根据《中华人民共和国产品质量法》（以下简称《产品质量法》）、《中华人民共和国标准化法》（以下简称《标准化法》）等，通过检测或认证并不免除或减轻其《网络安全法》等下的义务或责任。

**（四）纳入检测认证的商用密码产品与服务**

商用密码检测认证的对象为商用密码产品和服务。

**1. 一般类商用密码产品和服务**

按照《商用密码产品主要类别及应遵循安全等级标准对照表》，商用密码产品包括相关芯片、系统等共计21类。在"密码政策问答（七）"中，国家密码管理局首次正式明确：密码产品，是指采用密码技术并以加密保护、安全认证的产品，即承载密码技术、实现密码功能的实体。典型的密码产品包括密码机，如链路密码机、网络密码机、服务器密码机、传真密码机、电话密码机等；密码芯片和模块，如第二代居民身份证、智能电卡、社会保障卡、金融芯片卡中使用的密码芯片、可信计算密码模块等。密码服务，是指基于密码专业技术、技能和设施，为他人提供集成、运营、监理等密码支持和保障的活动，即基于密码技术和产品，实现密码功能，提供密码保障的行为。典型的密码服务包括密码保障系统集成（如数字证书认证系统集成），是指为他人集成建设实现密码功能的系统，保护他人网络与信息系统的安全；密码保障系统运营（如增值税发票防伪税控系统运营），是指为保证他人实现密码功能系统的正常运行提供安全管理和维护。早期的商用密码服务是围绕密码产品而开展，如密码产品的前期咨询、售后服务等，现在的商用密码服务已不完全依附于硬件产品，而体现出轻量级、软件化等面向不同场景的特点。

通常商用密码从业单位通过提交商用密码产品检测、认证申请（包括源代码）的方式，由商用密码检测认证机构对商用密码产品的安全功能与相应技术指标的符合性进行评价。在《密码法》实施后，由于商用密码服务的重要性和复杂性日益彰显，对商用密码服务的检测认证将成为关注热点。

**2. 关键和专用商用密码**

作为一般原则的例外，《网络安全法》第二十三条规定了对列入网络关键设备和网络安全专用产品目录的设备、产品应当按照相关国家标准的强制性要求，由**具备资格的机构**安全认证合格或者安全检测。因此某些涉及国家安全、国计民生、社会公共利益的商用密码产品将纳入目录管理实施强制性检测认证。这里的"具备资格的（检测或认证）机构"，即《承担网络关键设备和网络安全专用产品安全认证和安全检测任务机构名录（第一批）》为网络安全领域资质最为严格的一类机构，其需要国家认证认可监督管理委员会、工信部、公安部、网信办共同认定。

在最为极端的一种情况下，如果商用密码服务（按照"密码政策问答（七）"，指为他人提供密码支持和保障。按照字面理解，该商用密码服务为面向企业等组织的服务，而非面向个人消费者的服务，因此例如对把某些公有云是否认定为商用密码服务仍存有争议。详述见下文）使用了网络关键设备和网络安全专用产品，则需要由商用密码认证机构对该商用密码服务（提供者，而非对接受商用密码服务的商用密码使用单位）进行认证。

## 二、检测认证制度的原则

**1. 基于自愿的商用密码检测认证**

除非法律法规另有规定，商用密码从业单位系基于自愿原则接受商用密码检测认证，检测认证不再适用行政许可进行"商用密码产品品种和型号审批"。商用密码的市场前景和应用情况，将完全基于从业单位的商用密码产品或服务的安全功能与技术指标，接受市场竞争和商用密码用户的检验。

**2. 按照关键和重要程度分层**

由于商用密码在非国家秘密领域的普遍应用，包括关键信息基础设施、电子政务系统、不同等级的网络安全等级保护主体、其他公民、法人和组织均可以使用。这些复杂场景需要根据重要性程度使用商用密码产品和服务。因此《密码法》第二十五条和第二十六条分别针对这些场景进行了自愿、强制检测认证的规定。特别是列入网络关键设备和网络安全专用产品目录的涉及国家安全、国计民生、社会公共利益的商用密码产品或服务，需要严格的检测认证。

**3. 统合于《网络安全法》**

《密码法》规定的商用密码检测认证并非独立的法律制度，事实上，由于《网络安全法》作为网络空间的基本法律，相关规定完全适用于信息化和网络中的商用密码管理，因此《密码法》作出了避免重复检测认证的指向型条款，这不仅是法律规定的统合，也是监管机构的协同。

## 三、检测认证的制度实践

**1. 从机构的唯一性到按照认证认可条例的市场化体系建设和能力提升**

2001 年我国开始开展商用密码产品质量检测试点工作，2002 年国家密码管理局商用密码检测中心成立，主要职责包括商用密码产品密码检测、信息安全产品认证密码检测、含有密码技术的产品密码检测、信息安全等级保护商用密码测评、商用密码行政执法密码鉴定、国家电子认证根 CA 建设和运行维护、密码技术服务、商用密码检测标准规范制订等。但随着国家密码管理局 2017 年以来陆续开展的检测机构、测评机构的布局和培育，特别在《密码法》施行后，**商用密码检测中心非检测认证唯一机构**。按照现有的《商用密码产品质量检测机构审批服务指南》，具备前述实质性条件，并通过检测能力评审的，即可获认指定检测机构。

**2. 从商用密码产品品种和型号审批到检测认证**

根据《国家密码管理局、市场监管总局关于调整商用密码产品管理方式的公告》（第 39 号）规定：根据《密码法》的规定，取消"商用密码产品品种和型号审批"。自 2020 年 1 月 1 日起，国家密码管理局不再受理商用密码产品品种和型号申请，停止发放《商用密码产品型号证书》。自 2020 年 7 月 1 日起，已发放的《商用密码产品型号证书》自动失效。

作为市场化举措，国家市场监管总局会同国家密码管理局另行制定发布**国推**（GT，指国家推荐性目录和规则）**商用密码认证的产品目录、认证规则和有关实施要求**。自认证规则实施之日起，商用密码从业单位可自愿向具备资质的商用密码认证机构提交认证申请。作为进一步明确的细化规定《关于开展商用密码检测认证工作的实施意见（征求意见稿）》规定：商用密码认证目录由市场监管总局、国家密码管理局共同发布，商用密码认证规则由市场监管总局发布。

同时，市场监管总局、国家密码管理局联合组建商用密码认证技术委员会，协调解决认证实施过程中出现的技术问题，为管理部门提供技术支撑、提出工作建议等。

与此有关的过渡期安排包括以下内容：（1）有效期内的《商用密码产品型号证书》，持证单位可于 2020 年 6 月 30 日前，自愿申请转换国推商用密码产品认证证书，经认证机构审核符合认证要求后，直接换发认证证书，认证证书有效期与原《商用密码产品型号证书》有效期保持一致；（2）对于尚未完成商用密码产品品种和型号审批的，原审批申请单位可于 2020 年 6 月 30 日前，自愿转为认证申请；审批期间已经开展的审查及检测，认证机构不再重复审查、检测。

这里需要进一步澄清的问题是公告和《关于开展商用密码检测认证工作的实施意见（征求意见稿）》使用了"**商用密码认证的产品目录、认证规则和有关实施要求**"或"商用密码认证目录"的提法，对是否保留检测方式未予明确。两者的关系是通过"商用密码认证机构应当委托依法取得商用密码检测相关资质的检测机构开展与认证相关的检测活动，并明确各自权利义务和法律责任"进行了衔接，即将检测活动作为认证的必要环节"植入"，同时又保持检测的独立性。

### 3. 从核心功能的机械化评价到商用密码产品、服务的灵活性认定

随着对商业秘密技术、应用认识的深入，《商用密码产品主要类别及应遵循安全等级标准对照表》的主要商用密码产品已经从之前的芯片、硬件设备向系统、网络延伸，商用密码服务的复杂性凸显也成为《密码法》实施后的重要关切。

2000 年"关于商用密码管理的有关问题"中所称的"以加解密的核心功能"作为认定和评价密码软硬件的事实标准本身的强制性和限定性未被明确，同时仅对"核心功能"进行评价也已经无法满足和适用当前的商用密码市场监管需求，作为进一步澄清，"密码政策问答（七）"中，商用密码产品涵盖了三大类别：（1）典型的密码产品，包括密码机，如链路密码机、网络密码机、服务器密码机、传真密码机、电话密码机等；（2）密码芯片和模块，如第二代居民身份证、智能电卡、社会保障卡、金融芯片卡中使用的密码芯片、可信计算密码模块等；

(3)密码系统,如数字证书认证系统、电子文件密码应用系统、电子签章系统等。将非商用密码产品(如操作系统)等以"密码模块""系统"形式或方式使用密码纳入了监管,但对端到端,或面向个人消费者等形式的商用密码服务等进行适用性澄清(或排除)和完善。《密码法》实施后的商用密码产品和服务的检测认证范围将在自愿性和灵活性方面体现特点,包括类别维护与更新、安全标准的准用与迭代,等等。

**4. 从一揽子检测认证到目录管理制度建立**

在自愿性检测认证为一般原则,特定产品、服务强制性为例外的检测认证监管制度下,将采用类似负面清单的形式对涉及国家安全、国计民生、社会公共利益的商用密码产品依法列入网络关键设备和网络安全专用产品目录。一方面减少行政许可和从业单位和商用密码使用者等市场主体的检测认证压力,另一方面则将监管重心放到系关国家安全、国计民生、社会公共利益的重要和关键产品、服务上,显然有利于提升监管能力和检测认证机构的技术能力。

2017年6月,国家网信办、工信部、公安部和国家认证认可监督管理委员会发布了《网络关键设备和网络安全专用产品目录(第一批)》,标志着对网络关键设备和网络安全专用产品的清单管理正式启动。2018年3月,根据《网络安全法》和该目录,国家认监委、工信部、公安部、国家网信办发布了《承担网络关键设备和网络安全专用产品安全认证和安全检测任务机构名录(第一批)》的公告,标志着第一批16家具备资格的检测认证机构的正式确立。第一批机构包括中国网络安全审查技术与认证中心(CCRC,原中国信息安全认证中心)(认证方式);中国信息通信研究院、国家计算机网络与信息安全管理中心、工业和信息化部第五研究所、公安部第三研究所公安部计算机信息系统安全产品质量监督检验中心、公安部第一研究所公安部安全与警用电子产品质量检测中心,等等(检测方式)。

**5. 违反检测评估的法律责任**

《密码法》第三十五条规定,"商用密码检测、认证机构违反本法第二十五条第二款、第三款规定开展商用密码检测认证的,由市场监督管理部门会同密码管理部门责令改正或者停止违法行为,给予警告,没收违法所得;违法所得三十万元以上的,可以并处违法所得一倍以上三倍以下罚款;没有违法所得或者违法所得不足三十万元的,可以并处十万元以上三十万元以下罚款;情节严重的,依法吊销相关资质。"

第三十六条规定,"违反本法第二十六条规定,销售或者提供未经检测认证或者检测认证不合格的商用密码产品,或者提供未经认证或者认证不合格的商用密码服务的,由市场监督管理部门会同密码管理部门责令改正或者停止违法行为,给予警告,没收违法产品和违法所得;违法所得十万元以上的,可以并处违法所得一倍以上三倍以下罚款;没有违法所得或者违法所得不足十万元的,可以并处三万元以上十万元以下罚款。"

以上属于违反检测评估的,对检测、认证机构,以及商用密码产品、服务提供者的行政责任。这里的遗留问题在于,商用密码产品、服务提供者能否基于第三十五条规定向检测、认证机构主张因其检测、认证导致的责任或损失。一般认为,在目前法律中前述主张不会得到法院支持。

## 四、国内外检测认证制度引介

市场化的检测、认证是国际上主要的网络安全评价立法方式,例如我们熟知的欧盟 GDPR 推动的认证机制,等等。在密码领域,美国 NIST 建立的密码检测的加密模块验证程序(CMVP)和加密算法验证程序(CAVP)最具代表性。1995 年 7 月 NIST 与加拿大网络安全中心(CCCS)共同建立了加密模块验证程序(CMVP),验证加密模块是否符合联邦信息处理标准 FIPS 140-1,后于 2001 年 5 月 25 日发布替代性标准 FIPS 140-2。此外很多国家也将检测认证整合在密码进出口监管中,例如澳大利亚国防和战略物资清单(DSGL 清单)对密码产品检测与服务要求给出了相应的技术标准。因此在监管实践中,商用密码产品和服务的"事前"监管涉及进出口许可及其例外,境内自愿或强制性检测认证等内容,应从《密码法》的整体性出发考虑检测认证的制度定位。

# 5. 《密码法》的商用密码应用安全性评估制度概述

《密码法》第二十七条规定了"密评"制度和密码国家安全审查制度。"法律、行政法规和国家有关规定要求使用商用密码进行保护的关键信息基础设施，其运营者应当使用商用密码进行保护，自行或者委托商用密码检测机构开展商用密码应用安全性评估。商用密码应用安全性评估应当与关键信息基础设施安全检测评估、网络安全等级测评制度相衔接，避免重复评估、测评。关键信息基础设施的运营者采购涉及商用密码的网络产品和服务，可能影响国家安全的，应当按照《中华人民共和国网络安全法》的规定，通过国家网信部门会同国家密码管理部门等有关部门组织的国家安全审查。"

本文解读密评条款，并试图澄清相关规定和合规实操，回应企业是否需要适用密评，如何实施密评等基本问题。

## 一、密评制度及相关概念

从《密码法》的上述规定和上下文看，密评制度不同于商用密码检测、认证（有关检测认证可参见相关内容）。同时，又与国家安全审查存在密切联系。但严格来讲，由于启动国家安全审查是极为严格和慎重的程序，因此密评本身不当然触发国家安全审查。

按照2017年《商用密码应用安全性评估管理办法（试行）》和某省级密码

局网站的"商用密码应用安全性评估工作介绍",商用密码应用安全性评估(本文简称"密评")是指对采用商用密码技术、产品和服务集成建设的网络和信息系统密码应用的合规性、正确性、有效性进行评估。上述定义和第二十七条共同回答了密评的几个关键问题:

**1. 密评的适用对象和评估范围**

密评对象为"使用商用密码进行保护的关键信息基础设施"的运营者,这些主体也构成了实践中的合规主体。具体评估范围为"采用商用密码技术、产品和服务集成建设的网络和信息系统"。实践中,随着商用密码在关键信息基础设施领域的普遍使用,国产密码技术、产品和服务的推动和商用密码进口制度的规范完善,通过商用密码保护关键信息基础设施的保密性、完整性和可用性已经成为当然选择。按照《金融和重要领域密码应用与创新发展工作规划(2018-2022年)》,目前下列单位认定为密评对象,其采用了商用密码的网络和系统需要进行密码测评。(1)信息网络:电信运营商、广播电视、互联网服务提供商、数据中心;(2)信息系统:金融、科学、教育、卫生、文化、社保、环保、交通;(3)服务系统:政府门户网站、企业的互联网+服务平台、各类票务销售系统;(4)工控系统:石油化工、城市水务、电力系统、燃气管网、交通运输、民用航空。

除了上述规定外,对密评进行规定的法律法规和规范性文件主要包括《网络安全等级保护条例(征求意见稿)》、《关键信息基础设施保护条例(征求意见稿)》等。特别是《关键信息基础设施保护条例(征求意见稿)》规定的"关键信息基础设施中的密码使用和管理,应当遵守相关法律法规的规定",与密评进行了衔接。

目前《商用密码应用安全性评估管理办法(试行)》规定的评估范围使用了"重要领域"的概念,而《信息安全等级保护商用密码管理办法》规定的"信息安全等级保护第三级及以上",都超出了《网络安全法》界定的关键信息基础设施范围和《密码法》规定的密评范围,合法性值得商榷。2007年《信息安全等级保护商用密码管理办法》规定:"国家密码管理局和省、自治区、直辖市密码管理机构对第三级及以上信息系统使用商用密码的情况进行检查"。国家密码管理局2009年印发的《〈信息安全等级保护商用密码管理办法〉实施意见》中规定:

"第三级及以上信息系统的商用密码应用系统，应当通过国家密码管理部门指定测评机构的密码测评后方可投入运行"。这些制度通常被解读为信息安全等级保护第三级及以上信息系统的商用密码应用和测评要求，因为其规定了"商用密码应用"的前身"商用密码应用系统"（指"采用商用密码产品或者含有密码技术的产品集成建设的，实现相关信息的机密性、完整性、真实性、抗抵赖性等功能的应用系统"）。但是按照《密码法》对密评的"原生"规定，显然信息安全等级保护第三级及以上与关键信息基础设施不能等同，而《网络安全法》也已经使用网络安全等级保护升级了信息安全等级保护。

因此，2017年国家密码管理局在七省五行业开展密码应用安全性评估试点中，使用的准确表述是"关键信息基础设施（试点期间主要针对等级保护三级及以上信息系统）要进行密码应用安全性评估"。对于未来密评的适用对象或范围是否会扩大，取决于正式发布的《商用密码应用安全性评估管理办法》是否会将国家安全法及网络安全等级保护等纳入上位法。

**2. 如何理解"自行或者委托商用密码检测机构开展商用密码应用安全性评估"**

按照上述规定定义和政策文件精神，按照商用密码应用安全性评估管理的要求，网络和信息系统规划阶段，责任单位应当依据商用密码应用安全性有关标准，制定商用密码应用建设方案，组织专家或委托测评机构进行评估；网络和信息系统建设完成后，责任单位应当委托测评机构进行商用密码应用安全性评估；网络和信息系统投入运行后，责任单位应当委托测评机构定期开展商用密码应用安全性评估。因此实践中，自行开展商用密码应用安全性评估的情形，可能只限于在网络、系统的规划阶段。按照《网络安全法》第三十三条规定的"三同步"原则——"建设关键信息基础设施应当确保其具有支持业务稳定、持续运行的性能，并保证安全技术措施同步规划、同步建设、同步使用"，实践中自行评估的可能性进一步受限。《金融和重要领域密码应用与创新发展工作规划（2018—2022）》中也提出"完善密码应用安全性评估审查机制。建立商用密码测评认证和分类分级检测体系"，因此自行评估也并非推荐或首选的商用密码应用安全性评估方式，否则如果放任自行评估，则从技术能力和独立公正等方面看更具优势的第三方评估可能无法开展，评估质量也难以保障，这显然有违密评制度的初衷。

### 3. 商用密码检测机构如何确定

从字面理解，第二十七条的商用密码检测机构与第二十五条、第二十六条的商用密码检测机构应当为同一概念。但并非所有基于第二十六条的商用密码检测机构都可以通过和取得"商用密码应用安全性评估"资质。从目前公开信息可知，截至2019年6月，国内取得密评资质的商用密码检测机构有商用密码检测中心、中国科学院数据与通信保护研究教育中心、公安部第三研究所等，大概合计为27家（"密评机构"）。

国家密码管理局《信息安全等级保护商用密码测评机构审批服务指南》规定了，申请信息安全等级保护商用密码测评机构的条件，申请人应当具备以下条件（目前仍为暂时有效）:（1）独立法人资格的企事业单位;（2）产权关系明晰，资产总值不低于1000万元;（3）具备信息安全系统测评相关经验，具有密码相关工作经验的专业技术人员，人数不少于30人;（4）具备必要的系统测评环境、设备和设施;（5）具有完备的系统测评质量管理、安全保密管理和人员管理等规章制度;（6）申请单位的法人性质、产权构成以及组织结构能够保证其公正、独立地实施系统测评活动，不从事密码产品生产、销售等业务;（7）国家密码管理局要求的其他条件。

### 4. 为何适用检测而非认证

对检测或认证的适用性上，从第二十五条的讲评中其实可以看出，对于商用密码产品，包括《网络关键设备和网络安全专用产品目录》中的产品，可以选择使用检测或者认证;对于商用密码服务，第二十六条规定为"应当经商用密码认证机构对该商用密码服务认证合格"，显然是针对持续服务的可认证性，即服务的连续性与认证方式的持续性相匹配，同时通过认证的证书形式具有对外的公示效应。商用密码服务的提供者有内在和外部需求取得和维护证书，证明其持续服务能力。对于密评，关键信息基础设施运营者一方面并非一定需要对外公示其保护能力，其具有安全保障能力最为重要;另一方面检测可能仅对特定时段或特定网络、系统有效，而这些网络、系统要么无法取得规范名目下的证书，要么密评需要不同层级的机构进行定期或不定期的评估，这需要检测方式的灵活性与之匹配。

## 二、密评的实施依据

围绕《密码法》和前述可适用法律法规制定的密评制度，目前初步建立的配套文件主要包括以下内容：

| 序号 | 依据文件 | 效力级别 | 时效性 |
| --- | --- | --- | --- |
| 1 | 商用密码应用安全性评估管理办法（试行） | 部门规范性文件 | 有效 |
| 2 | 商用密码应用安全性测评机构管理办法（试行） | 部门规范性文件 | 有效 |
| 3 | 信息安全等级保护商用密码管理办法 | 部门规范性文件 | 有效 |
| 4 | 《信息安全等级保护商用密码管理办法》实施意见 | 部门规范性文件 | 有效 |
| 5 | 信息安全等级保护商用密码技术实施要求 | 标准 | 有效 |
| 6 | 《信息安全等级保护商用密码技术要求》使用指南 | 指南 | 有效 |
| 7 | 信息系统密码应用基本要求（GM/T 0054-2018） | 标准 | 有效 |
| 8 | 信息系统密码测评要求（试行） | 标准 | 有效 |
| 9 | 商用密码应用安全性测评机构能力要求 | 标准 | 有效 |
| 10 | 商用密码应用安全性测评机构能力评审实施细则（试行） | 标准 | 有效 |
| 11 | 商用密码应用安全性评估测评过程指南（试行） | 指南 | 有效 |
| 12 | 商用密码应用安全性评估测评作业指导书（试行） | 指南 | 有效 |
| 13 | 商用密码应用安全性评估测评工具使用需求说明（试行） | 指南 | 有效 |
| 14 | 网络安全等级保护基本要求（0054） | 标准 | 有效 |
| 15 | 密码模块安全要求 | 标准 | 有效 |

但是需要说明的是，上述部分配套文件是以信息安全等级保护制度为基础架设的密评要求。在《网络安全法》和《密码法》施行后，信息安全等级保护制度调整为网络安全等级保护制度，因此应在网络和信息系统的升级框架下调整商用密码的应用要求，并实现与关键信息基础设施保护制度下具体行业、领域整体要求的匹配。因此上述配套文件都将面临更新并需重新发布。

## 三、密评过程

密评的整体过程体现了《网络安全法》对关键信息基础设施"三同步"的要求。

### 1. 制定密评方案

网络和信息系统规划阶段，责任单位应当依据商用密码应用安全性有关标准，制定商用密码应用建设方案，组织专家或委托测评机构进行评估（"规划评估"）。评估结果作为项目规划立项的重要依据和申报使用财政性资金项目的必备材料。

### 2. 委托评估机构进行启动评估

（1）规划评估后，网络和信息系统建设完成后，责任单位也应当委托测评机构进行商用密码应用安全性评估，评估结果作为项目建设验收的必备材料（"建设评估"）；

（2）网络和信息系统投入运行后，责任单位应当委托测评机构定期开展商用密码应用安全性评估（每年至少评估一次）（"运行评估"）；

（3）网络和信息系统就发生密码相关重大安全事件、重大调整或特殊紧急情况，责任单位应当及时组织测评机构开展商用密码应用安全性评估（"应急评估"）。

### 3. 备案

（1）测评机构备案。测评机构完成商用密码应用安全性评估工作后，应在30个工作日内将评估结果报国家密码管理局备案。

（2）关键信息基础设施运营者备案。责任单位完成规划、建设、运行和应急评估后，应在30个工作日内将评估结果报主管部门及所在地区（部门）密码管理部门和属地公安部门备案。

## 四、密评程序与内容的基本要求（以 GM/T 0054-2018 为基本依据）

《密码法》第二十七条规定的"商用密码应用安全性评估应当与关键信息基础设施安全检测评估、网络安全等级测评制度相衔接，避免重复评估、测评"统合了各类评估、测评流程。上述密评过程应进一步与《网络安全法》第三十八条的关键信息基础设施安全年度网络安全风险评估（《关键信息基础设施安全保护条例（征求意见稿）》第十八条规定：运营单位应当自行或者委托网络安全服务机构对关键信息基础设施每年至少进行一次网络安全检测和风险评估，对发现的安全问题及时整改，并按照保护工作部门要求报送情况）、网络安全等级保护测评等做衔接。《商用密码应用安全性评估管理办法（试行）》对此的建议是相关评估、测评可同步进行。

一个标准的密评程序（评估形式）包括以下内容：(1) 委托检测机构，确定评估依据；(2) 相应评估准备，包括拟密评网络和系统的信息收集与分析，文档和自动化工具；(3) 编制方案（书面评估），包括确定评估对象和评估指标，明确评估内容，形成评估方案；(4) 现场评估，具体实施网络和系统的评估，完成评估过程并形成评估数据；(5) 评估报告，判定评估与指标，分析和评价并形成评估结论，完成和备案评估报告。

对于密评的实质性内容（评估内容），目前仍在适用的《信息系统密码应用基本要求》（GM/T 0054-2018）主要涉及对物理和环境、网络和通信、设备和计算、应用和数据、密钥管理及安全管理六个方面的密码技术应用要求进行评估。而在新版的《信息系统密码应用基本要求》（征求意见稿）中，基本要求针对区分技术和管理维度分别进行了完善：从信息系统的物理和环境安全、网络和通信安全、设备和计算安全、应用和数据安全四个层面提出了第一级到第四级的密码应用技术要求，并从管理制度、人员管理、建设运行和应急处置四个方面提出了第一级到第四级的密码应用安全管理要求。不过两者在商用密码的功能要求（维度）上保持了一致，即密码所要实现或维护的机密性、完整性、真实性和不可否认性。

鉴于上述标准均为公开信息，本文不再赘述。新版不同级别密码应用基本要求列表参考如下（与 GM/T 0054-2018 相比，已经有调整，以正式发布版本为准）。合规主体应基于具体的技术要求指标进行匹配。

| 指标体系 | | | 第一级 | 第二级 | 第三级 | 第四级 |
|---|---|---|---|---|---|---|
| 技术要求 | 物理和环境安全 | 身份鉴别 | 可 | 宜 | 宜 | 应 |
| | | 电子门禁记录数据存储完整性 | 可 | 可 | 宜 | 应 |
| | | 视频监控记录数据存储完整性 | -- | -- | 宜 | 应 |
| | | 密码服务 | 应 | 应 | 应 | 应 |
| | | 密码产品 | 一级及以上 | 一级及以上 | 二级及以上 | 三级及以上 |
| | 网络和通信安全 | 身份鉴别 | 可 | 宜 | 应 | 应 |
| | | 通信报文完整性 | 可 | 可 | 宜 | 应 |
| | | 敏感字段或通信报文的机密性 | 可 | 宜 | 应 | 应 |
| | | 网络边界访问控制信息的完整性 | 可 | 可 | 宜 | 应 |
| | | 安全接入认证 | -- | -- | 可 | 宜 |
| | | 密码服务 | 应 | 应 | 应 | 应 |
| | | 密码产品 | 一级及以上 | 一级及以上 | 二级及以上 | 三级及以上 |
| | 设备和计算安全 | 身份鉴别 | 可 | 宜 | 应 | 应 |
| | | 安全的信息传输通道 | -- | -- | 应 | 应 |
| | | 系统资源访问控制信息完整性 | 可 | 可 | 宜 | 应 |
| | | 重要信息资源安全标记完整性 | -- | -- | 宜 | 应 |
| | | 日志记录完整性 | 可 | 可 | 宜 | 应 |
| | | 可信计算环境 | -- | -- | 可 | 可 |
| | | 重要可执行程序完整性 | -- | -- | 宜 | 应 |
| | | 密码服务 | 应 | 应 | 应 | 应 |
| | | 密码产品 | 一级及以上 | 一级及以上 | 二级及以上 | 三级及以上 |
| | 应用和数据安全 | 身份鉴别 | 可 | 宜 | 应 | 应 |
| | | 访问控制信息完整性 | 可 | 可 | 应 | 应 |
| | | 重要信息资源安全标记完整性 | -- | -- | 应 | 应 |
| | | 重要数据传输机密性 | 可 | 宜 | 应 | 应 |
| | | 重要数据存储机密性 | 可 | 宜 | 应 | 应 |

续表

| 指标体系 | | | 第一级 | 第二级 | 第三级 | 第四级 |
|---|---|---|---|---|---|---|
| 技术要求 | 应用和数据安全 | 重要数据传输完整性 | 可 | 宜 | 宜 | 应 |
| | | 重要数据存储完整性 | 可 | 宜 | 宜 | 应 |
| | | 不可否认性 | -- | -- | 宜 | 应 |
| | | 密码服务 | 应 | 应 | 应 | 应 |
| | | 密码产品 | 一级及以上 | 一级及以上 | 二级及以上 | 三级及以上 |
| 管理要求 | 管理制度 | 具备密码应用安全管理制度 | 应 | 应 | 应 | 应 |
| | | 建立操作规程 | -- | 应 | 应 | 应 |
| | | 密钥管理制度及策略 | 应 | 应 | 应 | 应 |
| | | 定期修订安全管理制度 | -- | -- | 应 | 应 |
| | | 明确管理制度发布流程 | -- | -- | 应 | 应 |
| | | 制度执行过程记录留存 | -- | -- | 应 | 应 |
| | 人员管理 | 了解并遵守密码相关法律法规和密码管理制度 | 应 | 应 | 应 | 应 |
| | | 建立密码应用岗位责任制度 | -- | -- | 应 | 应 |
| | | 建立上岗人员培训制度 | -- | 应 | 应 | 应 |
| | | 定期对安全岗位人员进行考核 | -- | 应 | 应 | 应 |
| | | 建立关键岗位人员保密制度和调离制度 | 应 | 应 | 应 | 应 |
| | 建设运行 | 制定密码应用方案 | 应 | 应 | 应 | 应 |
| | | 制定实施方案 | 应 | 应 | 应 | 应 |
| | | 投入运行前进行密码应用安全性评估 | 可 | 宜 | 应 | 应 |
| | | 定期开展密码应用安全性评估 | -- | -- | 应 | 应 |
| | 应急处置 | 应急预案 | -- | 应 | 应 | 应 |
| | | 事件处置 | -- | -- | 应 | 应 |
| | | 向有关主管部门上报处置情况 | -- | -- | 应 | 应 |

注："--"表示该项不做要求。

"应"表示信息系统管理者应遵循相关要求。

"宜"表示由审查通过的信息系统密码应用方案决定遵循或不遵循相应的要求来实现安全保护。如不遵循，应说明原因，以及替代性安全措施。

"可"表示信息系统管理者可按照业务实际情况，自主选择遵循或不遵循相应的要求来实现安全保护。

## 五、违反密评的法律后果

违反第二十七条规定的，按照《密码法》第三十七条承担行政责任："关键信息基础设施的运营者违反本法第二十七条第一款规定，未按照要求使用商用密码，或者未按照要求开展商用密码应用安全性评估的，由密码管理部门责令改正，给予警告；拒不改正或者导致危害网络安全等后果的，处十万元以上一百万元以下罚款，对直接负责的主管人员处一万元以上十万元以下罚款。"后果达到刑法定罪标准的，则可能涉及拒不履行信息网络安全管理义务等罪名而追究刑事责任。当然，如果未实施密评或评估结果系由检测机构等其他原因导致的，以及密评与关键信息基础设施安全检测评估、网络安全等级测评之间的联系，则还可能涉及对密评结果与其他检测、认证、评测之间的一致性认定，以及与检测机构之间的责任划分等问题。

# 6.《密码法》的商用密码进出口监管体系

## 一、密码法规定的进出口监管制度

《密码法》中直接规定的进出口监管条款包括:

1.第二十二条,"……应当遵循非歧视原则,依法平等对待包括外商投资企业在内的商用密码科研、生产、销售、服务、进出口等单位(以下统称商用密码从业单位)。"

商用密码的科研、生产、销售、服务和进出口,不得损害国家安全、社会公共利益或者他人合法权益。

2.第二十八条集中规定了密码进出口的监管制度:"国务院商务主管部门、国家密码管理部门依法对涉及国家安全、社会公共利益且具有加密保护功能的商用密码实施进口许可,对涉及国家安全、社会公共利益或者中国承担国际义务的商用密码实施出口管制。商用密码进口许可清单和出口管制清单由国务院商务主管部门会同国家密码管理部门和海关总署制定并公布。大众消费类产品所采用的商用密码不实行进口许可和出口管制制度。"

3.第三十八条规定了违反进出口监管的法律责任:"违反本法第二十八条实施进口许可、出口管制的规定,进出口商用密码的,由国务院商务主管部门或者海关依法予以处罚。"

## 二、监管制度所体现的原则与规则

从《密码法》的相关条款中可以看出,对进出口监管体现出以下原则和规则:

1. 分类监管原则。进出口监管主要适用于商用密码。对核心密码和普通密码的进出口,至少不适用这些原则和规则。

2. 全面监管原则。我国对商用密码的进出口都实施了监管,并区分了生产、销售和进出口行为,即在进出口后方可产生销售、使用等活动。这一原则不同于某些国家,例如公开信息显示美国、法国较少对密码进口实施监管。

3. 清单管理规则。商用密码进出口适用负面清单管理规则,清单由国务院商务主管部门、国家密码管理部门和海关总署共同维护。

4. 协调机制规则。国务院商务主管部门、国家密码管理部门和海关总署为主要监管机构,国务院商务主管部门或者海关为行政执法机构,有权对违反进出口行为实施行政处罚等。

5. 除外适用规则。为了降低清单管理的"工作量",进一步设定了除外情形,限于"大众消费类产品所采用的商用密码"。

## 三、当前商用密码进出口的监管实践

在国家密码管理局的《密码法》答疑中,针对进出口监管的为什么密码法要对涉及国家安全、社会公共利益等的商用密码实行进口许可和出口管制制度的问题的答复,为我们从整体上理解法律规定和监管实践提供了方向。国家密码管理局负责人表示密码法设立商用密码进口许可和出口管制制度,主要有三个方面的考虑:(1)该制度是维护国家安全和社会公共利益的需要。商用密码是一把双刃剑,既可以用于合法的信息保护,又可能被用来从事违法犯罪活动,有必要对其实行进口许可和出口管制,维护国家安全和社会公共利益。(2)该制度符合世贸组织规则,也是国际通行做法。商用密码是国际公认的两用物项,对其实行进口许可和出口管制,符合世贸组织"安全例外"原则和我国对外贸易法的规定，也是国际通行做法。（3）该制度实施范围有限。进口许可制度仅适用于涉及国家安全、社会公共利益且具有加密保护功能的商用密码，出口管制制度仅适用于涉及国家安全、社会公共利益或者中国承担国际义务的商用密码，对大众消费类产品所采用的商用密码不实行进口许可和出口管制，并通过制定清单明确界定管理范围，不会对贸易造成影响。

### 1. 进口许可

进口许可是指国家对有数量限制和其他限制的进口到中华人民共和国境内的物项实行的管理制度，凡属于进口许可证管理的货物，除国家另有规定外，各类进出口企业应在进口前按规定向指定的发证机构申领进口许可证，海关凭进口许可证接受申报和验放。

《密码法》对商用密码进口许可范围有严格限定，即涉及国家安全、社会公共利益且具有加密保护功能的商用密码产品、技术和服务。如果密码仅用于安全认证，不受进口许可范围限制，但实际上加密保护通常会作为安全认证的基础或支撑功能，故实践中仅基于安全认证要求排除许可的情形有限。

我国将商用密码进口许可证分为两类，分别是"一批一证"和"非一批一证"。"一批一证"指进口许可证在有效期内一次报关使用；"非一批一证"指进口许可证在有效期内可多次报关使用，但最多不超过十二次，由海关在许可证背面"海关验放签注栏"内逐批签注核减进口数量。选择"非一批一证"须附加提交每批次货物计划到关时间和数量。

2017年，国务院发布《关于取消一批行政许可事项的决定》（国发〔2017〕46号），进一步取消了"外商投资企业使用境外密码产品审批"和"境外组织/个人在华使用密码产品或者含有密码技术的设备审批"，在这一"放管服"思路的引领下，对于以境内外不同主体为监管对象和重点的传统模式发生了重大变化，取消审批后，国家密码管理局通过以下措施加强事中事后监管：（1）加强对进口密码产品的审批，健全相关制度，未经许可不得进口，严把进口关。（2）强化市场监管措施，加大"双随机、一公开"抽查力度，准确掌握进口密码产品的最终用户和最终用途。（3）建立信用体系，实行"黑名单"制度，加强社会监督，对违法违规行为加大处罚力度，充分发挥行业组织作用。具体而言，按照现行有效的《密码产品和含有密码技术的设备进口许可服务指南》，商用密码进口需在技术、主体和用途方面分别符合以下规定：（1）进口的产品不会危害或者可能危害国家安全、社会公共利益；（2）进口申请人是外商投资企业、境外组织或个人；（3）进口的产品供外商投资企业、境外组织或个人自用，不得转让。在《密码法》正式施行后随着基于商用密码用途和生命周期管理的不断变革，上述（2）和（3）可能将逐步调整和不再适用。

如何适用（1）进行技术审查，《密码产品和含有密码技术的设备进口许可服务指南》附件 4 "密码进口许可证申请表"规定应进行密码相关技术描述（含密码算法、密码协议及密钥管理）和性能指标描述，具体包括以下内容：（1）产品使用的密码协议名称（如：IPSec、SSL 等），密码算法名称、密码算法类型（对称算法、非对称算法、散列算法等），密钥长度、密钥恢复机制，以及密码应用接口是否开放等。产品所遵循的密码有关标准名称应作明确说明；（2）产品加解密速率、签名/验证速率、密钥生成速率等主要性能指标；（3）进口申请人应披露进口商、发货商、收货商、最终用户单位等。

2009 年，国家密码管理局和海关总署联合发布《密码产品和含有密码技术的设备进口管理目录》（第一批）公告（国密局公告第 18 号），对列入目录的商用密码产品和含有密码技术的设备进口进行清单制度的许可管理。进口单位知道或者应当知道其所进口的商品含有密码技术，但暂未列入目录的，也应当申领密码进口许可证。2013 年 12 月，密码产品和含有密码技术的设备进口管理目录进行了首次调整。

**2. 出口管制**

出口管制是指国家对从中华人民共和国境内向境外转移管制物项，以及中华人民共和国公民、法人及其他组织向外国公民、法人及其他组织提供管制物项的行为，采取禁止或限制性措施。《密码法》规定的出口管制与未来出口管制法的精神实质相同。参考此前《中华人民共和国出口管制法（草案征求意见稿）》（以下简称《出口管制法（草案征求意见稿）》）第十三条规定的出口管制清单的制定和调整，"两用物项出口管制主管部门会同有关部门制定、调整两用物项出口管制清单，并报国务院批准后对外公布"。第十六条规定的出口管制清单的制定和调整原则,即"管制清单的制定和调整应符合出口管制政策,并考虑国家安全、技术发展、国际市场供应、国际义务、对贸易和产业竞争力的影响等因素"。

根据《商用密码产品出口许可服务指南》,商用密码出口管制需在技术、主体和用途方面分别符合以下规定:(1)出口的产品不会危害或者可能危害国家安全、社会公共利益;(2)出口的产品通过国家密码管理局的审批;(3)产品出口到境外最终用户的过程中,如有多个中间方参与,申请人应当提供每个环节的合同或者协议。在《密码法》正式施行后随着基于商用密码用途和生命周期管理的不断变革,上述(2)和(3)可能将逐步调整和不再适用。

对于上述(1)"出口的产品不会危害或者可能危害国家安全、社会公共利益"的涉及国家安全、社会公共利益或者中国承担国际义务的商用密码的出口管制,重要措施是通过合同、协议的"穿透"核实最终用户,以实现对承担的国际义务的严格恪守。

商务部和科技部联合制定的《中国禁止出口限制出口技术目录(限制出口部分)》(2008年第12号令)规定:

电信和其他信息传输服务业领域,我国对通信传输技术中的以下内容限制出口:(1)电视、电话保密技术(密码设计技术);(2)我国自行研制并用于军事领域的信息传输、加、解密技术;(3)通信保密技术(专为我国研制、设计、生产的各类通信保密机和通信加密技术)。

计算机服务业领域,我国对信息处理技术中的信息存取加、解密技术限制出口。

### 3. 清单管理

(1)许可证审查与颁发

按照《中华人民共和国对外贸易法》(以下简称《对外贸易法》)第十八条规定,"国务院对外贸易主管部门会同国务院其他有关部门,依照本法第十六条和第十七条的规定,制定、调整并公布限制或者禁止进出口的货物、技术目录。国务院对外贸易主管部门或者由其会同国务院其他有关部门,经国务院批准,可以在本法第十六条和第十七条规定的范围内,临时决定限制或者禁止前款规定目录以外的特定货物、技术的进口或者出口。"因此,商用密码进口许可的实施部门是国务院商务主管部门、国家密码管理部门，经国务院商务主管部门、国家密码管理部门审查符合法定条件的，由国务院商务主管部门颁发商用密码进口许可证。商用密码出口管制的实施部门是国务院商务主管部门、国家密码管理部门，经国务院商务主管部门、国家密码管理部门审查符合法定条件的，由国务院商务主管部门颁发商用密码出口许可证。

（2）清单维护

参照《出口管制法（草案征求意见稿）》第十三条规定"两用物项出口管制主管部门会同有关部门制定、调整两用物项出口管制清单，并报国务院批准后对外公布"。商用密码进口许可清单和出口管制清单由国务院商务主管部门会同国家密码管理部门和海关总署制定并公布。

（3）实施处罚

国务院商务主管部门或者海关为行政执法机构，有权对违反进出口行为实施行政处罚。

### 4. 申领流程

进口许可证：

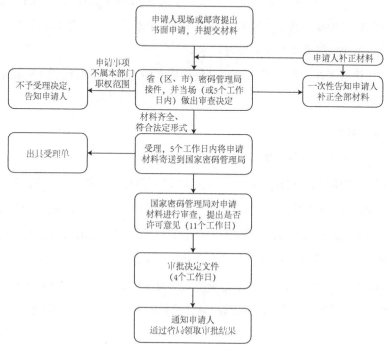

出口许可证：

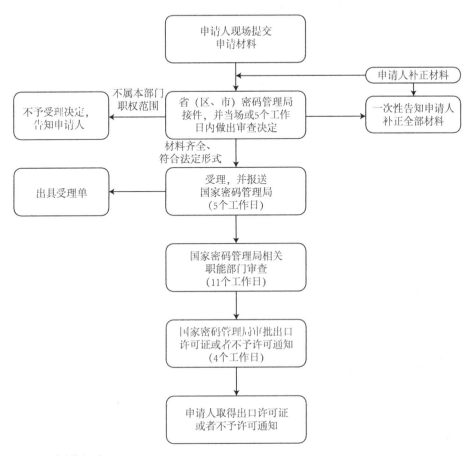

### 5. 例外规定

按照《密码法》和国密局公告第18号规定，不实行进口许可和出口管制制度的情形如下：(1) 大众消费类产品所采用的商用密码；(2) 加工贸易项下为复出口而进口目录所列商品的；(3) 由海关监管，暂时进口后复出口的；(4) 从境外进入保税区、出口加工区及其他海关特殊监管区域和保税监管场所及在海关特殊监管区域、保税监管场所之间进出目录所列商品的。

### 6. 与进出口相关的标准问题

《密码法》第二十三条规定，"国家推动参与商用密码国际标准化活动，参与制定商用密码国际标准，推进商用密码中国标准与国外标准之间的转化运用。

国家鼓励企业、社会团体和教育、科研机构等参与商用密码国际标准化活动。"实际上体现的是商用密码进出口的"高级"形式。对商用密码标准化的推动意味着对"标准化"商用密码放松进出口监管,事实上标准意味着相当程度上的透明度和便捷化,同时也意味着对"非标准化"商用密码进出口的监管和必要限制(许可或管制)。对于非标准化的密码技术、产品,各国均作为重要对象进行关照。

### 7. 与进出口相关的外商问题

按照前述《密码法》规定,密码进出口将基于非歧视原则对密码技术、产品和服务的用途和功能进行监管,弱化对监管对象主体的差别化监管。因此一方面对"外商投资企业"和"外国投资者"(统称"外资")主体参与商用密码进出口的限制将逐步弱化,另一方面对商用密码产品和商用密码服务将强化监管,含有密码技术的网络产品、服务将可能被认定为商用密码产品或商用密码服务,从而受到《密码法》的进出口、销售和使用规定的监管(典型的如区块链和云计算)。此外,由于第二十一条并未明确标准相关行为是否属于"商用密码从业"行为,故在商用密码的标准化过程中,外资主体的参与程度和过程可能将滞后于其他商用密码从业行为。

## 四、域外参考

目前境外主要的进出口监管可以分为三类:

一是以美欧等在《瓦森纳协定》下构筑的(进)出口监管体系。以欧盟(EC)428/2009号条例《建立控制两用物项出口、转让、经纪和转运的共同体体系》为例,是目前最主要的密码出口管控基础性立法(2014年更新为Council Regulation(EC)No 388/2012),该条例在第五类"电信和信息安全"第二部分"信息安全"中明确规定受到出口管控而需要获得许可的信息安全系统、设备和组件包括以下内容:

(1)设计或改装的使用除认证和数字签名技术以外的"加密"数字技术实

施密钥管理功能,并具有以下功能的系统、设备和组件:与密钥管理功能相关的认证和数字签名功能;与密码保护直接相关的,防止个人身份识别号码(PIN)或此类数据未经授权访问,包括在文件或文本没有加密的情况下进行访问控制的认证;密码不包括"固定"的数据压缩或编码技术。具体而言,对称算法使用的密钥长度超过56位;非对称算法的安全性基于密钥长度的整数分解超过512位(例如RSA),有限域乘法组中的离散对数计算规模超过512位(例如Diffie-Hellman密钥交换算法),一组离散对数超过112位(例如椭圆曲线上的Diffie-Hellman密钥交换算法);(2)设计或改装的实施密码分析功能的系统、设备和部件;(3)专门设计或改装以减少超出必要的健康、安全或电磁干扰标准的信息承载信号泄漏的系统、设备和部件;(4)设计或改装的使用加密技术对"扩频"系统生成扩频码的系统、设备和组件,也包括为"跳频"系统生成跳频码的系统、设备和组件;(5)为使用超宽带调制技术的系统(超过500 MHz的带宽,或20%或以上的分数带宽)生成连接码、扰码或网络识别码的系统、设备和组件而设计或改装加密技术;(6)非加密信息和通信技术(ICT)安全系统和设备的评估水平超过通用标准(CC)的EAL-6(评估保证级别)或同等标准的系统、设备和部件;(7)设计或改装的使用机械、电气或电子手段检测秘密入侵通信电缆系统的系统、设备和部件;(8)设计或改装的使用"量子加密"技术的系统、设备和部件。

二是包括如俄罗斯等围绕区域构筑的进出口监管壁垒和区别对待模式。例如2015年4月亚欧经济联盟成员国(包括俄罗斯、哈萨克斯坦、白俄罗斯、吉尔吉斯斯坦和亚美尼亚)通过《关于密码产品进出亚欧经济联盟关税区的规定》的决议,规定了密码产品进出亚欧经济联盟成员国的条件。

三是以以色列为代表的复杂监管模式。以色列1998年《管控商品和服务(密码物项)的声明》(修订)之后的密码进出口许可证分为通用许可、特别许可、受限许可以及自由措施(Free Means)等类型,其特点如下:(1)对于通用许可,密码产品的许可证有效期为3年,非产品类则无时间限制;(2)对于授予通用许可或特定密码物项如宣布为自由措施,其将不受许可证限制。但如果加密技术发生改变(如算法、密钥长度等)的,应重新申请通用许可和要求自由措施;

（3）特别许可是有关密码物项特定活动的许可（例如特定密码物项的传输），其有效期为1年。基于预期出口到特定国家特定情形而量身定制；（4）受限许可是对有关密码物项的活动强加限制的许可（例如限制销售到某些国家和部门），其有效期为1年，并要求按季度向国防部报告出口和销售数据。

对于进口监管的条件如下：（1）进口许可证的取得应向国防部提交必要的技术信息、产品样本及必要的附加信息以进行技术审查和取得进口许可证。技术审查目录包括产品名称、产品功能与描述、加密算法、所有算法的密钥长度。对通用许可程序，从之前的进口前置申请变更为进口后14天内的后置申请。（2）外国公司直接境内销售的，应取得销售或发布许可证，并进行技术审查。（3）个人用户的密码进口无需申请许可证。（4）除金融机构、医疗、大学研究机构或安全机构外，应保留并向国防部报告境内销售信息。（5）实施"穿透"审查，包括分销商与进口商销售协议、数据、报告、分销商名单等。

# 7. 何为大众消费类产品采用的商用密码
## ——《密码法》第二十八条第二款分析

《密码法》第二十八条第二款规定,"大众消费类产品所采用的商用密码不实行进口许可和出口管制制度。"据此,在商用密码进出口负面清单管理基础上,进一步设定了除外情形。对"大众消费类"产品的准确理解是适用该条款的基本前提,对此我们综合了密码法立法过程的理论探讨和境内外对类似产品的监管实践,尝试对此进行解读,供技术圈人士参酌指正。

密码法立法中对大众消费类产品采用的商用密码情形进行排除,不仅是清单管理制度中监管必要性问题的兜底,即是否需要对大众消费类产品采用的商用密码进行进出口监管("**监管意愿**",包括主动放弃或被动无力),也是对监管机构是否具有管理和控制(《出口管制法》(草案)的用语是"管制",本文简称"管控",似在程度上较为温和)能力("**监管能力**")的检验。

### 1. 除外情形设定的基本考量

任何的除外情形或排除适用,莫不是从基于本国密码技术和产业基础之上,对包括监管意愿和监管能力在内的多方因素进行评价的结果。从各国对商用密码监管的历史演进看,对具有管控能力的商用密码,立法和政策上均倾向于放松进口(也包括出口)限制;对不具有管控能力(但认为有监管必要性)的商用密码,会实施较为严格的进口限制;而对于不具有管控能力,无法实现有效监管且并无强烈监管意愿的商用密码,则会在执法实践中适当放松进口限制。这是"第一次密码战争"给美国密码监管的经验教训,2000年后在立法和政策中逐步体现出各国的认识和对其的适应。

最为典型当如早期的PGP例子。1991年开始因为PGP将军事领域的加密技术引入民用领域，一时间导致NSA的计算能力无法解密。由于PGP无密码恢复（non-key recovery）并可以通过网络下载，引发了对其是否应当取得军用（munitions）出口许可证，否则应视为非法出口加密软件的争议。这里就存在一个较为短期的不具有管控能力、无法实现有效监管的"监管真空"。监管机构当时的做法是通过引入诉讼将这一问题置于"可控"状态。1998年网联公司称瑞士某公司基于菲利普·齐默尔曼（Philip Zimmerman）在书中的描述（含源码）自行开发邮件加密软件系统。由于该书已经正常出版和出口（基于美国宪法第一修正案的出版自由），瑞士公司开发新版PGP软件无需网联公司的技术支持，使得PGP软件的出口最终成为事实。虽然表面上看是因为无法有效监管的被动无力，但随着2013年以后斯诺登事件披露的Speigel项目涉及监听PGP加密信息——可对使用PGP加密的邮件进行监听和解密分析，以及PGP与其他加密协议关系和脆弱性的进一步发掘，我们可知对PGP的监听和解密已经使得管控出口没有实际必要。不是被动无力，而是不影响监管能力前提下的主动放弃。

**2. 大众消费类产品所采用的商用密码除外情形**

首先应当明确，《密码法》规定的"大众消费"可能不能完全等同于美国《出口管理条例》EAR中CCL规定密码中的大众市场（mass market）物项（这里的区别有点类似于欧盟GDPR与美国加州CCPA的意味）。按照之前CCL规定，通过电子、电话、邮件、柜台等方式公众获取的零售软件、无需供应商提供安装支持的软件、不超过64密钥长度的对称密码产品无需申请出口许可（尽管公开信息显示美国对于进口较少实施监管，但也有非标密码一说；为简化，本文假定我国对进出口均实行适当程度的监管）。大众市场的概念略大于大众消费的概念。

综合美国、欧盟、澳大利亚、以色列等国家、地区的监管实践，以及结合《密码法》第二十八条上下文理解，特别是不再区分境内外的进出口行为主体（但现行指南仍有区别），大众消费类产品所采用的商用密码可能笼统概括为包括以下类别，但由于仍然受限于密码技术、产品的特性（例如安全认证对加密保护的依赖程度、通过密钥长度调控加密强度），以及负面清单的定期不定期更新机制等影响，不能直接和完全套用《密码法》：

（1）从网络下载用于数据安全和电子签名的条件下的个人使用，但可能禁止向其他个人转让、许可——"消费"的本意在于自用；(2)基于《中华人民共和国电子签名法》（以下简称《电子签名法》）《中华人民共和国电子商务法》（以下简称《电子商务法》）的安全认证使用商用密码用于电子签名业务；(3)基于2013年现行有效目录使用的标准蓝牙技术规范（不包括2016年以后蓝牙版本，例如蓝牙5.0版本定位、速率和距离都有较大提升，因此是否排除适用仍有待澄清）；(4) IEEE 802.11（Wi-Fi）族系等认可标准的密码技术或产品；(5)用于知识产权保护的加密技术措施。此外尽管大部分的开源密码不受进口许可和出口管制，但一般我们不放在大众消费类进行讨论。

由上可知，如果参照上述类别，则对大众消费类产品所采用的商用密码不实行进口许可和出口管制制度的除外情形，可能并没有想象中的发挥空间大，但如严格限定除外情形，则会对清单管理的细化规范与动态调整提出了更高的技术和维护要求。当然本文仅是抛砖引玉的一家之言，与《网络安全法》一样，《密码法》的合规之道仍然有章可循，而准确理解法律条文是需要准备的第一步。

# *8.* 下一代密码法的若干构想

## 一、下一代密码立法应考虑的基础概念问题

**1. 何为密码**

《商用密码管理条例》和《密码法》分别定义密码为"对不涉及国家秘密内容的信息进行加密保护或者安全认证所使用的密码技术和密码产品","采用特定变换的方法对信息等进行加密保护、安全认证的技术、产品和服务",我们认为该定义的调整体现了现代密码的技术特征,属于就密码功能和分类进行的定义。

与之类似,美国出口管理条例 EAR 定义密码为"以数据转换的规制、手段和方法隐藏数据的信息内容,防止未监测的修改或非授权使用。密码限于使用一个或多个秘密参数(例如加密变量)和/或相关联的密钥管理来转换信息"。不同之处在于美国的定义进一步体现了密码的构成要素,与功能说相对,我们称之为密码定义的要素说。

由上可知基于加密和认证功能的算法和协议规范,构成了现代密码法律、政策的基础。判断密码是否符合并纳入现代密码法律、政策规范,是通过算法、密钥(等变量/参数)、协议构建了加密物项概念(EI,但施行版本的《密码法》最终删除了物项的提法)并对之实施密码管理。并具体细化为加密货物/硬件、加密软件、加解密技术(其中加密组件包括加密货物和加密软件,但不包括密

码源码)。

由此我们可以简单认为,密码法律、政策是基于变量(确定性寻求)的规制,例如通过密钥长度规范进出口法律、政策,通过标准和专利等规范算法和协议。例如EAR对非标准密码的判断标准,进而限制其使用范围。下一代密码法因此也需要结合技术、战略考虑,以现代密码法为基础考虑规制范畴的概念问题。

**2. 候选的下一代密码**

目前最为时髦的下一代密码法规制范畴概念可能是量子密码,参考EAR的定义,量子密码指通过测量物理系统的量子力学特性,建立密码学共享密钥的系列技术(包括由量子光学、量子场论或量子电动力学明确规范的物理特性)。一种观点认为,在构建量子密码的监管机制中,量子态是算法,当前量子态是密钥。作为过渡阶段,NSA一方面推动量子计算机破解现有密码体系,另一方面专门通告要求部署和向抗量子加密算法迁移。

## 二、下一代密码立法需要解决的这一代密码法的其他问题

**1. 这一代是哪一代?**

一般认为,以1999年的《商用密码管理条例》为基本立法,密码作为"显学"进入法律视野,问题在于,条例本身构成了第一代密码法的典型规范,还是《密码法》的施行作为主要规范,抑或《密码法》的施行意味着进入到了当代(第二代)的密码立法?

这个问题的提出在于代际传承的清晰界定之必要,也是对技术迭代的必要之回应,例如GDPR被视为4G时代欧盟个人信息保护的集大成者。我们认为,由于适用范围和对象并未超出当代密码与行业发展的态势,因此可以笼统地将《密码法》的施行作为这一代的主要立法规范。与GDPR所处的从4G向5G过渡类似,当前《密码法》作为集大成者也处于向下一代基础密码技术过渡的前夜——如果是技术驱动而非资本驱动的话。

**2.《密码法》扩展适用范围的努力**

《密码法》第八条规定"公民、法人和其他组织可以依法使用商用密码保护网络与信息安全"。该条应理解为赋予了公民等民事主体的加密权，加密权与早期的接入权一样，成为网络空间的基础公民权利。在进一步扩展下，该条也赋予了以下权利：(1) 现代密码技术所能够提供的从非端到端加密到端到端加密的基础加密权利；(2) 对各类数据，包括个人信息到企业数据，从早期受限于算力和存储的非内容数据加密到全内容加密的能力。另一方面，则是通过标准化对加密权进行了必要的限制：(1) 对标准密码和非标密码适用不同的监管规则。例如美国出口管理规则将密码的标准化作为放松密码出口政策的必要考量因素，并特别对非标密码进行定义；(2) 如何推动非标密码的标准化，即一国标准并非当然的成为另一国认可之标准，或国际标准，因此在对非标密码进行安全评估之外，还需要保障和促进非标密码的繁荣。

**3. 技术中立性**

《密码法》并未对特定密码技术的使用给予特别关照，这符合技术中立性原则。《网络安全等级保护条例》（征求意见稿）则规定第三级以上网络应当采用密码保护，并使用国家密码管理部门认可的密码技术、产品和服务。对此的理解一般认为应为国产商用密码，由此产生采用国产商用密码的优先性或歧视性问题，对此在实施版本的《密码法》中明确了非歧视原则和国民待遇原则。

技术中立性的进一步问题则是《密码法》，以及《网络安全法》第二十一条规定的要求"采取数据分类、重要数据备份和加密等措施"，是否强制性地要求运营者使用密码。特别是谷歌、阿里等搜索引擎或电商通过算法优化呈现适用SSL加密网页信息，是否违反了技术中立性，也就是说，使用了加密技术和未使用加密技术（如果把密码整体上作为一类网络安全保障技术措施来看）的信息或网络技术是否应当一视同仁。这一问题的根本在于"加密保护的信息是否比未加密的信息更安全"。

**4. 执法协助**

施行版的《密码法》没有明确解密执法协助的问题，因此这一问题仍然需要在《国家安全法》、《反恐怖主义法》或《网络安全法》中寻求答案。前两者是在国家安全场景下的执法规范，后者则普适于一般网络运营者。执法协助在密码立法中主要涉及两个问题，一个是谁应负责，或者协助执法，另一个则是协助执法的内容是什么？早期的执法协助内容会涉及密钥托管，新近的案例则直接指向解密——例如美国联邦调查局要求苹果公司解密 iPhone 5 手机。在当代密码法实践中，执法协助的争议将长期存在。

## 三、下一代密码立法应考虑的其他因素

### 1. 技术、架构的根本性变革

在涉及颠覆性的新技术、新应用的可能性前提下，下一代密码立法应当综合考虑以下问题：(1) 网络基础架构的变化。例如从 4G 向 5G 的迈进导致速度、场景、安全架构的全新变化；(2) 终端（包括边缘计算一边）设备发生根本变化。例如从智能手机全面更新到其他更轻量级、深度植入层的智能设备（例如 VR）；(3) 构成现代密码学意义上的密码变量、参数发生变化。

### 2. 密码立法的立法意旨

密码立法的"终极"安全目的在于实现相关权益主体的合法安全，对于不同权益主体而言均有确保其信息绝对安全的诉求，然而现有的密码立法所规范的密码技术并无法完全实现绝对安全，因此理论上绝对安全的"一次一密"和商业化应用的密码技术、产品和服务之间存在着失落和偏差。实际应用的密码所能够实现的适度安全，需要密码法作为事后机制的介入来"止损"。

### 3. 立法主导、推动与互动

最终，在下一代密码立法启动之前，还需回答谁来主导立法前置研究、谁来推动立法进程、如何评估立法与技术的相互作用，以及从面貌上，呈现出的是统一的体系化法律，还是分散在各法律部分中的政策、规则的集合。如何实现法律界与技术界的良性互动？

## 四、结语——立法者的智慧与考验

立法者从来都会受到来自技术行业的专业责难,无论是国内《网络安全法》立法历程,还是美国对是否建立统一的个人信息或隐私规范立法的激烈争论。在 2016 年对美国《遵从法院令状法案》(Compliance with Court Orders Act of 2016)的批判中,业内人士指出参议院的该法案滑稽、危险、无知!但立法的价值在于因为立法者不相信绝对安全,因此提供了利益损害的救济方式。

从国内立法者角度显然应当经受批判的考验,并充分发挥例如美国应对下一代敌人攻击的启示的想象力。而在进行下一代密码立法时寻求良性的、常态化的法律界与技术界的互动则将最终决定下一代密码立法质量。

# 第三部分
# 比较法相关

# 1. 开放数据与网络安全立法和政策的冲突与暗合——以美国政府行政令为视角

## 一、美国政府行政令中有关开放数据政策的规定

2012年以来，奥巴马政府通过行政令的形式发布了与网络安全相关的政策，其中最主要的包括2012年7月6日《分配国家安全和应急通讯功能》和2013年2月13日的《提升关键基础设施网络安全》。上述行政令构成了对2012年5月23日发布的《电子政府：建立一个21世纪的平台以更好的服务美国公众》和在此基础上2013年5月9日的行政令《以开放和机读作为政府信息的默认模式》，基于该行政令建立的开放数据政策（OMB于2013年5月9日的备忘录——第M-13-13号《开放数据政策——管理信息资产》及配套文件）的补充和支撑。

### （一）《分配国家安全和应急通讯功能》行政令的主要内容

《分配国家安全和应急通讯功能》围绕确保国家安全和应急通讯功能的获取和保持，成立了若干新机构：跨部门的国家安全/应急通讯执行委员会和国土安全部下设的执行委员会联合项目办公室等，并就有关功能实现在上述机构和现有政府机构间进行了职责分配和整合。该行政令关注在任何时候和任何情形下政府关键功能的运行，并意识到关键功能分散在所有的部门机构，而非有选择地确定某些部门机构的特别优先性，即并未主动性地"抛弃"某些政府职能，由此也体现出其对整体政府连续性的信心和能力。对于关键功能的获取和保持，

强调在国家安全/应急通讯执行委员会协调下,通过执行委员会联合项目办公室的项目形式,以国防部、国土安全部的职责分工为重点,辅之以商务部的技术标准推行和联邦通讯委员会的通讯资源分配,并以财政预算贯穿始终的协同支持模式。

由于突出了国土安全部可以"适时利用商业、政府和私人通信资源以满足通信优先级需求"确保政府关键功能的持续运行,而非隔离军用、政府和民用通信资源,此类"民转军用"的思路在扩展启示的同时,也深刻引发了商业和私人机构对资源征用、滥用的违宪担忧。但显然,该思路是否具体可用取决于私人机构对政府事务的长期深度介入和开放政府计划之初即有"预谋"的政府与私人机构间的绑定关系,实际上是对开放政府计划的短板补缺和为政府大数据设定了屏蔽保障。2012 年 3 月 29 日,美国白宫科技政策办公室在发布的《大数据研究和发展计划》,并组建了"大数据高级指导小组"。data.gov、apps.gov 已经部署且实际运行了三年以上,但是政府大数据研究和发展计划的成果尚未体现,私人机构和政府大数据已经初步融合、互动,并产生(或替代了政府应用)了具体的应用,这些应用丰富并对通信资源提出了新的要求,有效识别了需要优先满足的通信类型,并且具体落实了实现手段。反之,国家安全和紧急通信功能的冗余,同时为日常化的政府数据开放提供了云端支持。

## (二)《提升关键基础设施网络安全》行政令的主要内容

《提升关键基础设施网络安全》行政令首先强调了网络安全信息共享的重要性及实现路径,通过规定识别关键基础设施及其最大风险,协助关键基础设施所有者和运营商保护其系统免受非授权访问、搜索或破坏。国土安全部与国防部合作建立"增强的网络安全服务项目"和"自愿关键基础设施网络安全项目",以提供分类网络威胁和技术信息,并向所有关键基础设施部门扩展的方式,将政府(包括 data.gov)、适格的关键基础设施公司、为关键基础设施提供安全服务的商业服务供应商纳入下述框架(即降低关键基础设施的网络风险的基线框架)的"提升范围"。实际上,data.gov 等平台毫无疑问也被视为美国政府的关键基础设施,从提升关键基础设施网络安全的角度强化 data.gov、分散在各部门机构的数据和政府大数据的关键资产安全和连续性并不为过。

此外，该行政令要求按照"分类国家安全信息计划"，由国土安全部在"识别关键基础设施最大风险"和确定优先次序的基础上，对关键基础设施所有者和运营商的及其合适雇员进行安全鉴别，通过建立一个"降低关键基础设施的网络风险的基线框架"，最终实现政府大数据风险和私人部门绑定的风险转移及分担目标。

调整发布的开放数据政策和新近上线的 http://project-open-data.github.io/（最佳实践指引）被视为自美国政府 2009 年开放政府计划以及部署的 data.gov、apps.gov 为代表的政府大数据构想的重大升级。正是随着前述与网络安全相关的行政令的深度契入和部署落实，随后在《以开放和机读作为政府信息的默认模式》《总统新管理议程的表述及解读》和《建立一个聪明和更科技化的政府》中，奥巴马建立全功能实时政府的意图和自信才得以全景展现。

从上述行政令出台的顺次和对开放数据政策的解读中我们可以发现，美国政府数据开放和机读，以及开放政策所倡导的以信息为中心的、建立在共享平台下、体现客户需求并考虑安全和隐私的战略原则并非不预设条件。事实上，在上述政策的构想、前期部署和升级过程中，隐私保护和国家安全例外适用的思想贯穿全程并不断强化。网络安全、技术研发和开放数据，三者构成了大数据战略的缺一不可的支点和考量任何战略的事实标准。

## 二、美国开放数据政策的总体特点

在协调各行政令的表面冲突并持续改进的基础上，美国政府发布的《以开放和机读作为政府信息的默认模式》和《开放数据政策——管理信息资产》升级了开放政府计划，将其提升到政策和执政愿景的高度，并将其开放数据政策的原则细化为公开、可用、易读、重用、完整、实时和受控。基于这些原则的美国开放数据政策体现了两大特点：数据开放类型分为主动公开、申请公开和被动公开三种；国家安全和隐私保护依托于法律层面的支持。

## （一）数据开放类型分为主动公开、申请公开和被动公开三种

美国从政府行政行为出发，充分考虑国家安全和隐私保护需求，将数据开放作主动公开、申请公开和被动公开区分。如在 data.gov 站点主要呈现的是政府主动公开的数据和信息，网站第一层架构将数据作 17 类区分，基本囊括了国民经济的主要部门，可以理解为从资源（资产）属性角度作数据分类。将开放数据作结构化和非结构化的技术分类，强调数据作结构化处理以实现机读和数据格式的通用和重用性，对非结构化数据，典型的如法律条文、个案裁判，或类似于社交网站的时间轴数据，尚未完全通过单一站点（或尚需作进一步的结构化转换，甚至无法转换）的形式实现，现实的解决方案是通过在各部门机构的网站挂载等形式发布，而非结构化数据应用，这正是大数据的价值所在。各专门的政府机构的政务网站（含执法）、司法和法院网站形成了对 data.gov 一站式数据发布不可或缺的补充，而这些网站同样作为关键基础设施通过联邦数据中心整合计划不断得以强化。

## （二）国家安全和隐私保护依托于法律层面的支持

国家安全和隐私保护需求不仅需要通过行政令落实，更依托于法律层面的支持。在《以开放和机读作为政府信息的默认模式》、《开放数据政策——管理信息资产》中，美国政府要求政府大数据应与现有的国家安全、隐私保护相关立法相符合，其中主要包括 1950 年《联邦记录法》、1966 年《信息自由法》（该法仍是讨论开放数据的核心法律之一，作为最早的透明和开放政府计划的部分已经固化在开放数据政策之中）、1974 年《隐私法案》、1976 年《阳光下的政府法》、1980 年《文书工作减负法》（含 1995 年修订，及后续的《政府文书工作削减法》）、1985 年《统一商业秘密法》、1986 年《电子通讯隐私法》、1996 年《电子信息自由法令》（含对《信息自由法令》的修订）、1996 年《信息技术管理改革法》（与《联邦采办改革法》合称《1996 年克林格—科恩法案》）、2001 年《信息质量法》（或称《数据质量法案》）、2002 年《电子政府法案》、2002 年《联邦信息安全管理法案》、2002 年《机密信息保护和统计效率法》及相关的指引、规则等，而有关情报的法令更不胜枚举。

## 三、开放数据政策所附列表指南的缺陷

在开放数据政策初期，即开放政府计划和 data.gov 部署时，联邦政府就发布了有关国家/国土安全和隐私/保密检查列表和指南文件，在这份公开的列表指南中，通过跨部门并由各部门机构负责隐私和安全人员组建的隐私和安全工作组，以重新发布或其他方式将列表指南落实到不同的部门机构，并通过跨部门机制识别有关数据组合（mash-ups，类似的概念如 Mosaic effect 见下文所述）可能产生数据（或关联性）的新风险，该类风险在 data.gov 等整合多部门数据的站点上更易实现。

在列表指南的附录 A 中，美国政府设施的物理安全相关信息、信息或通信系统的安全信息、政府（业务）连续性信息、关键基础设施信息以及外包合同信息等 15 类信息被视为不得公开的政府信息。但在具体实施中随着某些个案的暴露和工作组检查的深入，发现了某些意外和威胁事件，暴露了计划和实施的若干脆弱性，这些脆弱性至少包括以下三个方面。

### （一）无法有效识别非公开信息

隐私和安全工作组级别过低、缺乏或过度授权或培训和利益分化冲突，导致无法有效识别非公开信息，例如特别是通过某些办公协作软件（自动）产生的协同信息（2013 年 7 月，在阿彭斯研究所举行的 Q&A 上，美国国家安全局（NSA）局长亚历山大（Alexander）在回答《华盛顿邮报》记者提出的一个问题时就有关棱镜事件指出："本次泄密是一名受信任的系统管理员所为，他所传输的数据，其实来自 NSA 的 SharePoint 服务器。"），而这正是防范数据组合风险特别强调，并在 OMB 第 M-13-13 号《开放数据政策——管理信息资产》中被重点规定的事项。

### （二）可能引入新的信息安全风险并带入数据（集）

各部门机构在具体实施数据的生命周期的任一环节，都可能引入新的信息安全风险，并将其带入数据（集）。美国国土安全部 2010 年的隐私影响评估报

告即指出，由于 NSA 开发的用于监控政府链接外部网络安全性的 "Einstein 3" 或类似系统仍然存在隐私泄露风险而无法完整部署，OMB 现有的 "部门机构使用第三方网站和应用指南" 等又缺乏强制性而推动乏力。美国政府 2013 年 6 月份发布的联邦政府季度文件《网络安全跨机构优先目标》（Cross-Agency Priority Goal on Cybersecurity）显示，执行部门机构的行政机构网络安全能力优先性（包括强授权、可信网络链接、持续监控等能力）比例在 2014 年应达到 95%，由此可反向推断和印证现有政府部门机构的网络安全能力水平。

### （三）外包合同方的股东和控制人信息或只能仰赖于第三方报告

外包合同方和雇员信息存在着重大的安全隐患，无法有效"度量"外包商及对其派遣人员的安全背景调查，外包合同方的股东和控制人信息由于股权架构设计的过于复杂而产生核查缺失问题，或只能仰赖于第三方报告。如针对棱镜事件，NSA 在 2013 年 7 月 16 日提出了所谓的 "two-person system"（两人守则，类似于银行等机构的双人值守，但应考虑增加如一名为外包机构人员时的制约）机制，以及对外包合同方的重新审查/调查。但即使从最小化发布的角度考虑（尽管该角度和开放数据政策的宗旨相背离），还是无法完全避免由此引发的风险，而该等风险则主要针对基础设施、紧急事件通信和安全，并进一步威胁整体政府数据的安全和可用性，因此需要通过专门的行政令及时、优先明确和弥补。

## 四、美国行政令对我国制定大数据战略的启示

从 2009 年的首份透明和开放政府备忘录、开放政府计划、到 2012 年大数据研究和发展计划，再到网络安全战略的迟迟未决，直至本文讨论的若干行政令的密集出现，不难发现，美国大数据战略的思路特别是开放数据、大数据研究和网络安全政策的制定已经在按部就班，并通过行政令初步实现了其与网络安全战略的"和谐"，我们有理由相信在美国厚重的技术和商业应用的支撑下，其将继续引领（同时也对他国构成遏制）大数据政策和行业的发展。

通过梳理美国新近行政令的时间节点和开放数据的相关内容，本文认为其

有关政府数据的整体构想、具体部署都体现出政府大数据战略的一些重要特点，一些方面代表政府大数据战略的制定方向，另一些方面则给予我们重要启示。

### （一）不完备的数据评估和技术研究、机构设置和协调影响大数据战略的公开承认

从美国政府在大数据战略的定位迹象中我们可以发现，不存在从行政令层面公开承认和整体意义上的大数据战略，其主要的顾虑除与网络安全战略有关外，还包括数据评估和技术研究仍在持续进行，机构设置和协调尚未完备。data.gov 和各部门机构扮演了主动信息公开的重要角色，但并不是无条件的完全开放，或不是公开数据政策的全部，甚至任何的政府大数据都可能产生机密、内部、外部等不同版本，甚至如果从网络安全战略的角度考虑，开放数据政策下的政府大数据反倒成为一个子集。当然无论何种视角，都不影响对网络安全实质问题的分析判断。

### （二）战略部署应以法律为基石，并为例外适用和紧急措施提供法律依据

美国体系化的立法为大数据公开和除外设定了充分的实质和程序准备，无论是申请方或政府部门机构都可援引相关条款作为抗辩依据。我国 2008 年 5 月的《政府信息公开条例》、《国务院办公厅关于施行 < 中华人民共和国政府信息公开条例 > 若干问题的意见》以及 2011 年 8 月的《最高人民法院关于审理政府信息公开行政案件若干问题的规定》构成了现有政府信息公开的整体架构，从立法层级和法条设置上都略显单薄，而同时大量法规则在执法和检察机构普遍适用，应当通过透明化和提升层级，进行系统化整理并采用比较法的方法进行本地优化和整合。

### （三）战略制定应基于技术中立性、模块化和风险分析，以商业需求和创新为驱动

从美国行政令的规定可以看出，大数据战略（或是网络安全战略）应基于技术中立性、模块化和风险分析，并以商业需求和创新为驱动。政府可以作政

策导向，但不应主导大数据战略，大数据的实践反复证明，政府在非军事领域的数据应用反应相对私人机构迟钝和低效，而大量财政资金支出非但不具有成本效益优势，相反通过私人机构的创新应用，不仅能减轻资金投入的压力，而且通过政府与私人机构的互动和关键基础设施网络安全的共享、激励和框架安排可以实现牢固的绑定，并在紧急和日常情形下实现互用。

## （四）应适时调整以开放数据、大数据研究和网络安全为核心要素的大数据战略

从大数据战略总体制定来看，不存在一劳永逸、面面俱到的既定战略，应考虑 3~5 年的计划安排，并设置目标里程碑。data.gov 按照国民经济部门和行业特征分为 17 类的分类方式为一站式开放数据的部署提供了样板，而各部门的 opendata 方式充分扩展了数据内容和格式，并弥补了一站式的不足。在改进后的《以开放和机读作为政府信息的默认模式》和开放数据政策中，为政策的落实和复核提出了详细的时间表，体现出其基于企业级的数据管理思路，其关键字包括数据生命周期、通用和机读格式、标准化和开放许可证。新加坡政府在 2013 年 7 月 24 日发布的新一轮"国家网络安全发展蓝图 2018"也为中长期计划安排和目标里程碑的设置思路提供了现实参考。

## （五）我国数据开放或公开政策设计应考虑数据主权问题

因其占据的优势地位，美国的大数据概念无需考虑或顾忌数据主权问题。但在设计我国数据开放或公开政策时，应基于数据主体、数据存储、使用者，并考虑某些类型数据的数据主权问题。个人数据本质上属于公民私权利，其权利主体是个人、授权使用方，无需上升到国家的高度，非个人的主动公开数据和基于申请公开的数据应结合国家安全和公众利益考虑主权意义，涉及两者的混同时则应区别主体或考虑权利让渡，这些都应在政策设计实施中予以充分考虑。

## 2. 以美网络安全立法进程为参照的《网络安全法》架构比较（上）

### 引言

2016年11月通过的《网络安全法》提出了网络空间主权概念，确立了网络运行安全和信息安全的保障框架，系统性地设置了基于网络安全等级保护的网络运营者网络安全义务、增强的关键信息基础设施运营者保护义务、具有约束和自洽性（个人数据和重要数据）的数据本地化要求、完整表述的个人信息使用原则和规则，以期共同构建网络空间参与者的行为规范和监管逻辑。特别是其对安全审查、安全信息共享、数据匿名化处理等的规定，体现了兼顾国家主权安全、社会公共利益和公众合法权益的统筹考虑，尽管部分条款仍有待细化并存有争议，但已为体系化的网络安全立法迈出了坚实的一步。

无独有偶，美国在2014年以来通过了联邦信息安全现代化法、国家网络安全保护法、边境巡逻员薪资改革法、网络安全人员评估法、网络安全增强法，以及2015年网络安全法下的网络安全信息共享法、国家网络安全保护增进法、联邦网络安全增强法、联邦网络安全人员评估法等近十部专门性立法，这些立法反映出美国在网络安全立法领域的研究关注和发展趋势。本文以2016年为节点，按照条款顺序逐一叙述和评价比较两国各自立法考量的一般和特别因素，发现其中异同，以期对我国的立法进程、地位、结构和条款设定等提供比照和参考，并进一步思考网络安全立法的现代化目标和方向问题，乃至提出和制定网络安全立法的中国范式（本文仅比照《网络安全法》与美国 2014 年的五部法案，是为上篇）。

## 一、主管与监管主体比较

《网络安全法》规定，"国家网信部门负责统筹协调网络安全工作和相关监督管理工作。国务院电信主管部门、公安部门和其他有关机关依照本法和有关法律、行政法规的规定，在各自职责范围内负责网络安全保护和监督管理工作。县级以上地方人民政府有关部门的网络安全保护和监督管理职责，按照国家有关规定确定。"其他部门的职责，散见于《网络安全法》的其他条款。

《联邦信息安全现代化法》规定，国土安全部（长）的授权和职责包括协助管理除国家安全系统和特定信息系统（国防部、情报机构运营或外包）之外的政府部门[①]信息安全政策和实践，（1）……；（2）制定和监督政府机构制定的信息安全政策、原则、标准和指引等强制性操作指引的实施情况，以及要求向联邦信息安全事件中心报告安全事件，以及提交年度报告、降低信息系统紧急风险等操作性要求；（3）监督政府机构信息安全政策和实践的实施情况；（4）召集和政府机构高级人员会晤，以帮助有效实施信息安全政策和实践；（5）进行泛政府内的协调；（6）向政府机构提供运营和技术支持与协助，并特别包括运营联邦信息安全事件中心、应政府机构要求部署和提供持续诊断和缓解（降低）网络威胁和弱点的技术支持、编制和分析政府机构信息安全数据、制定和实施特定目标的操作评估，包括威胁与弱点评估等。并同时规定了其他政府部门的职责。

比较而言，如果不考虑《联邦信息安全现代化法》限定在"政府部门信息安全政策和实践"的前提，其条文规定整体上更为细致，但鉴于国家行政体制

---

① 含机构，考虑到政府部门与机构设置的复杂性并尊重原文，本文将部门与机构混用，但整体上，机构从属于部门，并存在任一部门存在多机构、跨部门机构的情形。

上的差异，实际上我国网信部门的统筹、协调职责也可能涵盖了前者的范围，并较少受到条款明文的限制。因此从实质内容上看，两者并没有明显差距。

从条款设置的立法技术上，《联邦信息安全现代化法》规定了其他相关政府部门的相关职责，而《网络安全法》在此方面着墨不多。本文认为，对相关部门、相关职责的梳理，应基于政府部门的软硬件配置量力而行，详尽一致的与网络安全相关的机构及其职责描述的条件可能在我国尚未完全具备，因此在立法上还是需要借助于主管部门的引导和推动循序渐进。

## 二、关键基础设施与重要系统比较

《网络安全法》的一大特色是明确了关键信息基础设施的内涵外延：国家对公共通信和信息服务、能源、交通、水利、金融、公共服务、电子政务等重要行业和领域，以及其他一旦遭到破坏、丧失功能或者数据泄露，可能严重危害国家安全、国计民生、公共利益的关键信息基础设施，在网络安全等级保护制度的基础上，实行重点保护。关键信息基础设施的具体范围和安全保护办法由国务院制定。《联邦信息安全现代化法》与之可比照的概念是国家安全系统。该定义"系统性"地将政府机构、外包商或其他第三方机构的与情报活动、国家安全有关的密码活动、军事命令、武器系统设备、军事或情报任务直接相关的信息系统（包括通讯系统），或总统行政令、国会法案授权保护的任何为国防或外交利益保密的信息系统纳入范畴。

应该承认将两者直接对照比较勉强。但《联邦信息安全现代化法》对国家安全系统的规定是否属于我国关键信息基础设施的应有之义，还是有益补充，仍然非常值得讨论。另一方面，尽管关键信息基础设施是从美国引入的概念，但在我国对其重点关照的大书特书的当下，美国却提出了"国家安全系统"、"网络安全威胁指征"[①]等林林总总的其他概念，应当引起我国立法机关的反思，特

---

[①] Cyder Threat Indicator，是 2016 年 Consolidated Appropriations Act 中重新定义的概念，本文认为该概念更多与安全态势感知有关，如本文下面所述。

别是对我国既有的等级保护制度[①]，如何保持其常用常新，自成体系，应在关键信息基础设施安全保护办法制定过程中深入探讨。

## 三、职责与义务设计比较

《网络安全法》规定，网络运营者应当按照网络安全等级保护制度的要求，履行安全保护义务，保障网络免受干扰、破坏或者未经授权的访问，防止网络数据泄露或者被窃取、篡改：（一）制定内部安全管理制度和操作规程，确定网络安全负责人，落实网络安全保护责任；（二）采取防范计算机病毒和网络攻击、网络侵入等危害网络安全行为的技术措施；（三）采取监测、记录网络运行状态、网络安全事件的技术措施，并按照规定留存相关的网络日志不少于六个月；（四）采取数据分类、重要数据备份和加密等措施；（五）法律、行政法规规定的其他义务。

《联邦信息安全现代化法》对应规定为，政府机构应当建立文档化的"信息安全程序"，并通过在机构范围内的实施为机构的信息系统和相关信息提供信息安全（保障），该程序应当包括：（1）定期的风险和损害评估（包括符合标准和指南的自动化工具）；（2）基于风险评估、符合成本效益分析、确保涵盖机构任何信息系统生命周期的政策和程序，并应符合前述政策和程序、最小化可接受的系统配置等要求；（3）为网络、设施和系统（组）提供适度信息安全的从属计划；（4）安全意识培训；（5）对信息安全政策、程序和实践进行的定期有效性测试和评估，包括识别信息系统管理、运行和技术控制测试、年度独立评估、符合联邦信息系统标准规定的标准和指南的自动化工具等；（6）规划、实施、评估和记录解决信息安全政策、程序和实践缺陷的补救措施的程序（过程）；（7）可含自动化工具的安全事件检测、报告和响应程序，包括在实质性损害发生前降低事件风险（措施）、向联邦信息安全事件中心报告和征询、向可适用的执法或有关机构通知和征询程序等；（8）确保支持机构运行和资产的信息系统的运行连续性计划和程序。

---

[①] 郭启全等，《信息安全等级保护政策培训教程》，电子工业出版社，2016年3月。

两者的差异显而易见,《网络安全法》规定了网络运营者应履行的管理和技术职责,及违反职责的法律责任,三者之间条款并行(但应体现交叉与渗透关系);《联邦信息安全现代化法》则将职责装入了"信息安全程序"的框架。前者个别技术措施粒度更细,但管理制度和规程过粗;后者以管理术语描述的范围宽泛,但实际上美国历次"爱因斯坦计划"的技术措施亦相当细密[1],因此恰可以成为管理措施的细化参考。

## 四、进一步的职责与义务设计

在《网络安全法》的网络安全等级保护机制下,对关键信息基础设施的运营者增加了若干安全保护义务:(一)设置专门安全管理机构和安全管理负责人,并对该负责人和关键岗位的人员进行安全背景审查;(二)定期对从业人员进行网络安全教育、技术培训和技能考核;(三)对重要系统和数据库进行容灾备份;(四)制定网络安全事件应急预案,并定期进行演练;(五)法律、行政法规规定的其他义务。

《联邦信息安全现代化法》通过专门章节特别强调运维国家安全系统机构的信息安全保障职责。对如何定性衡量重大事件,要求行政管理预算局(OMB)给出指引并定期提交报告摘要,并在信息安全政策和实践有效性的年度报告中对政府机构对持续诊断和缓解技术等先进安全工具的采用和实施进行评估,包括采用该等技术或安全工具可能引入的风险和挑战。

上述规定体现了两国对关键或重要设施、系统附加安全保障机制设计的差异,前者的规定事实上也遵循了从传统的人财物到标准化的继续信息资产分类的风险控制措施,后者强调对风险控制措施的有效性检验。应当承认,在法律层面后者的实践经验和体会更多,我国的前述规定在积累实践的基础上,亦将

---

[1] 国家网络空间安全保护系统(The National Cybersecurity Protection System,简称 NCPS 或"爱因斯坦计划"),由美国国土安全部负责设计和运行的旨在协助联邦政府应对信息安全威胁的工具集,系统赋予国土安全部为联邦政府提供网络相关服务的能力,大致包括入侵检测、入侵防御、解析和信息共享。https://www.dhs.gov/einstein,2016 年 11 月 20 日访问。

会开始注重对措施、法律的有效性衡量,并适时改进。

## 五、年度评估制度比较

《网络安全法》规定,关键信息基础设施的运营者应当自行或者委托网络安全服务机构对其网络的安全性和可能存在的风险每年至少进行一次检测评估,并将检测评估情况和改进措施报送相关负责关键信息基础设施安全保护工作的部门。

《联邦信息安全现代化法》规定,各政府部门应对信息安全程序和实践有效性进行年度独立评估。(1)评估应当包括测试信息系统信息安全政策、程序和实践,评估前述政策、程序和实践的有效性,并对涉及国家安全系统的信息安全单独表述。(2)除自行评估外法案要求按照1978年《检察长法案》,由其或外部独立审计机构进行独立审计,涉及国家安全系统的指定评估,并提交年度报告,涉及国家安全系统的提交摘要。此部分类似于萨班斯法案的审计要求。

如果不考虑适用对象(前者是关键信息基础设施,后者限于政府部门),单独看两者规定,可以称得上惊人的相似。只是,前者的外部独立评估是可选项,后者是强制性评估。可以认为,考虑到我国的实际情况和适用对象的承受能力,外部独立评估的推进不可能一步到位,但第三方独立评估的方向已经确定。与此可参考的实例,如萨班斯法案404条款的合规。

## 六、安全事件响应与处理比较

《网络安全法》规定,国家建立网络安全监测预警和信息通报制度。国家网信部门应当统筹协调有关部门加强网络安全信息收集、分析和通报工作,按照规定统一发布网络安全监测预警信息。国家网信部门协调有关部门建立健全网络安全风险评估和应急工作机制,制定网络安全事件应急预案,并定期组织演练。

《联邦信息安全现代化法》的对应规定为,法案要求国土安全部应与其他有关部门、实体合作,制定、更新、维护和实施适当的网络事件响应计划,以解决针对关键基础设施的网络安全风险。并按照总统第 13549 号行政令或后续文件制定安全鉴别/清理程序,并进一步要求国土安全部(长)应确保通过联邦信息安全事件中心运行。(1)向政府机构信息系统人员提供及时的安全事件技术支持,包括检测和处理安全事件;(2)解析威胁信息安全的事件信息;(3)通知信息系统人员当前和潜在的信息安全威胁和弱点;(4)向政府机构提供网络威胁、弱点和实践的情报和其他信息以协助进行风险评估;(5)就信息安全事件与国家标准与技术研究院(NIST)、运维国家安全系统的机构或人员等相互协调。

同样,如果不考虑前者适用对象更宽泛,后者主要限定于政府部门事件响应的背景差异,可以看出两者实质上等同,但后者明确为通过联邦信息安全事件中心,对应在我国,是"国家互联网应急中心"还是其他,或是新设机构赋予《网络安全法》上的统一协调地位和承担相关职责,应在制定配套制度时予以充分考虑。

## 七、信息共享制度比较

《网络安全法》规定,国家网信部门应当统筹协调有关部门对关键信息基础设施的安全保护采取下列措施:……(三)促进有关部门、关键信息基础设施的运营者以及有关研究机构、网络安全服务机构等之间的网络安全信息共享。此项规定在《联邦信息安全现代化法》中的对应是,要求运维国家安全系统的机构与联邦信息安全事件中心共享信息安全事件、威胁和弱点信息。在信息共享协议的建议方面,法案要求国土安全部给出(1)可扩展的开发利用实现形式,并保留(包括合作研发协议在内的)协议的隐私和其他保护条款;以及(2)需要实施协议的其他机构或资源的建议(有关信息共享的更多内容,应综合考虑 2015 年《网络安全信息共享法》)。

本文认为，两者都考虑到了信息共享的范围问题，在思路上都倾向于大数据向政府（或政府授权方）流动（或由政府或授权方获取），在（政府）处理后选择性地（范围、内容）共享的单向流动机制。比较而言，《联邦信息安全现代化法》更多地从信息共享的程序（特别是共享的一般形式——共享协议）进行规定，我国应充分考虑信息共享制度设计的复杂性[1]，并放在配套制度中细化。

## 八、威胁指征与态势感知

《网络安全法》规定的"国家网信部门应当统筹协调有关部门对关键信息基础设施的安全保护采取下列措施：（一）对关键信息基础设施的安全风险进行抽查检测，提出改进措施，必要时可以委托网络安全服务机构对网络存在的安全风险进行检测评估；（二）定期组织关键信息基础设施的运营者进行网络安全应急演练，提高应对网络安全事件的水平和协同配合能力；（三）促进有关部门、关键信息基础设施的运营者以及有关研究机构、网络安全服务机构等之间的网络安全信息共享；（四）对网络安全事件的应急处置与网络功能的恢复等，提供技术支持和协助。"在《联邦信息安全现代化法》中也能找到对应："……国家网络安全和通讯整合中心的功能具体为（1）作为一个多方位、跨部门的与网络安全隐患、事件、分析、警报相关信息共享的（联邦民用）界面；（2）提供共享状态感知（意识）能力，确保跨联邦政府和非联邦实体的实时、联合行动，以应对网络安全风险和事件；（3）协调跨联邦政府的网络安全风险和事件的信息共享；（4）促进跨部门协调以应对网络安全风险和事件，包括网络安全风险和事件可能涉及或产生的跨部门影响；（5）进行整合和分析，包括跨部门的一

---

[1] 以《政府信息公开条例》《国务院关于印发政务信息资源共享管理暂行办法的通知》的推进为例来看，目前我国的数据开放实践方兴未艾，而作为政府，获取共享信息后的数据开放，属于信息共享的后续阶段，相应的数据风险并未充分暴露和经受考验；作为比较的可参见美国在行政令体系下构建的数据开放政策、行动计划与"提升关键基础设施网络安全的框架"（NIST框架）的调和。

体化的网络安全风险和事件分析、并与联邦和非联邦实体共享分析结果；（6）根据要求向联邦或非联邦实体的网络安全风险或事件提供及时技术援助、风险管理支持，以及事件响应能力，可能包括原因、缓解和补救（措施）；（7）向联邦和非联邦实体提供安全和权宜措施的信息和建议，特别是包括促进信息安全、加强信息系统应对网络安全风险和事件的信息和建议。"

由此可见，我国"全天候全方位感知网络安全态势"的提法体现在美国法案中即是"国家网络安全和通讯整合中心"。网络安全观只有落地实施，才能真正感知并应对威胁。事实上，后者的规定正是 2010 年总统行政令第 13549 号（分级国家安全信息计划）、2013 年第 13636 号行政令（提升关键技术设施网络安全，及 NIST 框架）等在内的一系列政府政策和行政命令的立法化和总结。在具体人员构成上，《联邦信息安全现代化法》要求有联邦机构、执法机构、情报机构人员，以及州和地方政府机构人员、信息共享和分析组织人员、关键信息系统所有者或运营者人员、中心具体实施人员、跨部门协调人员等参加，并特别规定了国土安全部（长）在发生安全事件时有临时授权访问中心的权利。比较而言，《网络安全法》在权限设置、人员动员等方面仍有待细化。

## 九、安全事件告知与报告义务比较

《网络安全法》规定，网络运营者应当采取技术措施和其他必要措施，确保其收集的个人信息安全，防止信息泄露、毁损、丢失。在发生或者可能发生个人信息泄露、毁损、丢失的情况时，应当立即采取补救措施，按照规定及时告知用户并向有关主管部门报告。

对应在《联邦信息安全现代化法》上，要求预算管理局（OMB）主任定期更新"数据泄露通知政策与指南"，并要求受（数据泄露）影响机构在发现未经授权的获取或访问后（1）尽快并不迟于 30 天内通知（通报或报告）国会有关委员会，含如下内容：泄露信息及摘要、受影响人员数量（包括受影响人员的评估）、需要迟延通知受影响人员的必要性描述，以及是否与何时通知的信息；

（2）通知受影响人员。例外情况包括总检察长、情报机构负责人或国土安全部（长）可就涉及迟延国家安全或执法中的事件问题通知受影响人员。情报机构负责人的通知仅限于向国会特定委员会通知等。此外 OMB 还需就实施情况进行年度评估报告。

## 十、人力资源与人员能力

《网络安全法》规定，国家坚持网络安全与信息化发展并重，遵循积极利用、科学发展、依法管理、确保安全的方针，推进网络基础设施建设和互联互通，鼓励网络技术创新和应用，支持培养网络安全人才，建立健全网络安全保障体系，提高网络安全保护能力。

《边境巡逻员薪资改革法》对应的规定主要为，授权国土安全部（长）（1）可以为额外服务设立相应职位，该职位应为开展网络安全职责必要和相关，包括高级职位或高级执行服务职位；（2）有权比照国防部类似职位调整上述职位的基本薪资，可以按照相关规定对上述职位采用优先薪资系统；（3）可以在基本薪资之外提供额外补偿，包括福利、奖励以及津贴等；（4）向国会有关委员会提交执行前述授权的计划；（5）该授权不影响集体合同下的规定；（6）在人力资源管理局（OPM）主任协助下制定具体执行规则。《网络安全人员评估法》进一步要求实施人员能力评估：国土安全部开始并持续评估部门网络安全人员（能力），包括（1）部门从事网络安全任务的人员准备和能力；（2）部门内网络安全人员的职位信息；（3）网络安全人员职位信息——全职人员信息，包括可能的人口统计信息；独立承包商雇佣人员；其他联邦政府机构（包括 NSA）雇佣人员，以及职位空缺；（4）接受必要培训从事职务的网络安全目录和类域（NCWF 框架）的人员百分比信息，以及在没有接受培训的情形下与该必要培训有关的可能面临的挑战（风险）信息。并进一步要求国土安全部提交综合人力发展战略，以提升和增强部门网络安全人员的准备、能力、训练、招募和持续性，并适时维护和更新。

此外《网络安全法》规定,国家支持企业和高等学校、职业学校等教育培训机构开展网络安全相关教育与培训,采取多种方式培养网络安全人才,促进网络安全人才交流。《网络安全人员评估法》则要求国土安全部提交建立网络安全奖学金计划报告,以期通过可行性、成本效益分析,并提供学费支付计划吸引本科生和博士生加入部门。

我国的人才战略多体现在政策性文件和部门规范性文件中,应借鉴和考虑在配套制度文件中对网络安全人才(包括人才储备和激励机制)进行系统化的规定。

## 十一、标准化

《网络安全法》对标准化的规定主要体现在以下内容:(1)国家建立和完善网络安全标准体系。国务院标准化行政主管部门和国务院其他有关部门根据各自的职责,组织制定并适时修订有关网络安全管理以及网络产品、服务和运行安全的国家标准、行业标准。(2)国家支持企业、研究机构、高等学校、网络相关行业组织参与网络安全国家标准、行业标准的制定。(3)国家积极开展网络空间治理、网络技术研发和标准制定、打击网络违法犯罪等方面的国际交流与合作,推动构建和平、安全、开放、合作的网络空间,建立多边、民主、透明的网络治理体系。(4)建设、运营网络或者通过网络提供服务,应当依照法律、行政法规的规定和国家标准的强制性要求,采取技术措施和其他必要措施,保障网络安全、稳定运行,有效应对网络安全事件,防范网络违法犯罪活动,维护网络数据的完整性、保密性和可用性。(5)网络关键设备和网络安全专用产品应当按照相关国家标准的强制性要求,由具备资格的机构安全认证合格或者安全检测符合要求后,方可销售或者提供。国家网信部门会同国务院有关部门制定、公布网络关键设备和网络安全专用产品目录,并推动安全认证和安全检测结果互认,避免重复认证、检测。

《网络安全增强法》规定了 NIST 主任的相关职责,包括(1)与利害相关方、关键基础设施所有者或运营者、部门协调机构、信息共享和分析中心紧密持续合作;(2)与国家安全职责的具体政府机构、联邦和地方政府、国际组织等负责人协商;(3)识别(建立)具有优先性、灵活性和可重复性的,并基于绩效和符合成本效益的路径,包括信息安全方法和控制措施,以便关键基础设施所有者和运营者可以自愿采用该等方法识别、评估和管理网络风险;(4)识别和降低网络安全措施或控制对商业秘密、个人隐私和公民权利影响的方法;(5)整合自愿、共识的(安全)标准和行业最佳实践;(6)最大可能参与自愿性国际标准(的制定和实施);(7)避免与规则要求、强制性标准或其他程序的重复或冲突;(8)其他必要职责。法案并规定了审计署对NIST的审计职责。

应该认为,对标准化的主要方面两者都已有所考虑,《网络安全增强法》作为专门规制NIST职责的法案,关注具体的职责设计;而《网络安全法》则考虑到了标准制定机构和实施机构的主要义务,各自侧重有所不同。另外,《网络安全增强法》规定的内部安全研究内容则为《网络安全法》所缺失,包括(1)制定研究计划,开发统一、标准化、可修订的身份、权限和访问控制管理框架,以便于不同类别资产保护策略的实施和应对多样化的计算环境;(2)开展与提升信息系统和网络安全相关的研究;(3)开展与提升信息系统和网络测试、实施、使用和保障相关的研究;(4)开展与提升工业控制系统安全相关研究;(5)开展与提升信息技术供应链的安全性和完整性相关的研究;(6)开展其他任何适当的附加研究(对研发部分的比较详见下文)。

## 十二、研发与战略化

《网络安全法》的研发与战略主要条款规定:(1)国家制定并不断完善网络安全战略,明确保障网络安全的基本要求和主要目标,提出重点领域的网络安全政策、工作任务和措施。(2)国家实施网络可信身份战略,支持研究开发安全、方便的电子身份认证技术,推动不同电子身份认证之间的互认。(3)国务院和省、自治区、直辖市人民政府应当统筹规划,加大投入,扶持重点网络安全技术产业和项目,支持网络安全技术的研究开发和应用,推广安全可信的网络产品和服务,保护网络技术知识产权,支持企业、研究机构和高等学校等参与国家网络安全技术创新项目。(4)国家鼓励开发网络数据安全保护和利用技术,促进公共数据资源开放,推动技术创新和经济社会发展。国家支持创新网络安全管理方式,运用网络新技术,提升网络安全保护水平。

《网络安全增强法》要求政府有关部门、机构应当通过国家科学技术委员会和网络与信息技术研发项目制定并每四年更新联邦网络安全研发战略计划,该计划基于网络安全风险评估,为联邦网络安全和信息保障的信息技术和网络系统的研发提供指引。该指引贯彻于各有关政府部门既有的程序和计划中。具体内容:(1)具体和优先的短期、中长期研究目标;(2)具体的短期目标研发领域(私营机构参与);(3)描述有关政府机构、部门如何关注于创新的可转化应用的潜在技术,以提升数字关键基础设施的安全、持续、弹性和可信,并保护消费者隐私;(4)描述如何快速将研发成果转化为安全技术和应用,以及时保护公众和国家利益,包括最佳实践或其他的推广;(5)描述如何建立和维护国家研究基础设施(national research infrastructure),以创建、测试和评估下一代安全网络和信息技术系统;(6)描述学术研究机构人员如何便捷访问上述设施和相关数据。

本文认为,网络安全研发的持续性和战略意义应当引起《网络安全法》的高度重视,并促成实质性的持续投入,两者都将高校、科研机构作为创新研发的主体,体现了两者对研发主体的一致认同。在这方面,《网络安全法》应在配套制度中增加与《中华人民共和国科学技术进步法》、《中华人民共和国促进科技成果转化法》的协同。另外,《网络安全增强法》要求按照相关法律规定通过竞赛和挑战,以识别、招募相关人员履行信息技术安全相关的职责,并激励网络安全研究、技术开发和原型演示的基础创新和应用。此项规定在《网络安全法》中尚无明确体现,应在上述第二十条"国家支持企业和高等学校、职业学校等教育培训机构开展网络安全相关教育与培训,采取多种方式培养网络安全人才,促进网络安全人才交流"和第二十五条"开展网络安全认证、检测、风险评估等活动,向社会发布系统漏洞、计算机病毒、网络攻击、网络侵入等网络安全信息,应当遵守国家有关规定"的规定下充实、完善。

## 十三、安全意识与培训

《网络安全法》规定，国家倡导诚实守信、健康文明的网络行为，推动传播社会主义核心价值观，采取措施提高全社会的网络安全意识和水平，形成全社会共同参与促进网络安全的良好环境。各级人民政府及其有关部门应当组织开展经常性的网络安全宣传教育，并指导、督促有关单位做好网络安全宣传教育工作。大众传播媒介应当有针对性地面向社会进行网络安全宣传教育。

《网络安全增强法》的对应规定为，NIST 主任应持续与联邦机构、行业、教育机构、国家实验室、网络与信息技术研发项目等其他机构协商合作国家网络安全意识和教育项目，包括（1）推广网络安全技术标准和最佳实践；（2）向个人、中小企业、教育机构、各级政府机构推行网络安全最佳实践；（3）提高公众网络安全意识、道德；（4）增进各级政府机构、高等教育机构和私营机构对有效风险管理的利弊的认识、对减低和减少脆弱性的方法的理解等；（5）在各个教育阶段支持网络安全教育计划，提升网络安全技能；（6）提出评估和预测联邦政府未来网络安全人员需求的措施，开发人员招聘、培训和保留战略等。

比较而言，《网络安全法》对意识和培训的条款较为分散，除上述外，还包括前述第二十条、第三十四条；但意识的宣传贯彻的广泛程度和培训参与主体的动员性能力历来是我国的强项，且从培训内容上较后者更为宽泛。

## 十四、增加的细节

此外，在比较中本文也注意到对部分细节性的规定，两者也多有涉及，如《网络安全法》规定，国家实施网络可信身份战略，支持研究开发安全、方便的电子身份认证技术，推动不同电子身份认证之间的互认。《网络安全增强法》要求 NIST 主任与相关联邦机构参与制定身份管理研发项目。可见两者都认为网络可信身份的重要性，当然在具体的实施中，如对待实名制的态度上存在一些差异。

## 结论

虽然两国在信息技术、立法和执法思路和阶段等方面存在差异,但从主要条款设置看,中美两国都对目前主要的安全事件作出回应,体现了"问题导向"和经验归结原则,没有明显的概念缺失,但美国的概念种类较为繁多,规定上似更为灵活。从参考借鉴的角度,本文对两者条款主要方面的比较凸显了条款细化的必要性(体现为《网络安全法》的配套制度)。此外,考虑信息技术快速发展和科技立法的特点,也应增加对立法的有效性进行年度评估等落地规则。

## 3. 以美网络安全立法进程为参照的《网络安全法》架构比较（中）

"以美网络安全立法进程为参照的《网络安全法》架构比较（上）"讨论并比较了美国在 2014 年以来的五部法案与《网络安全法》的 11 个方面，本文继续对 2015 年《网络安全法》下的《网络安全信息共享法》、《国家网络安全保护增进法》、《联邦网络安全增强法》、《联邦网络安全人员评估法》等专门性立法展开讨论，这些立法进一步反映出美国在网络安全立法领域的研究关注和发展趋势。本文以 2017 年为节点，按照条款顺序逐一叙述和评价比较两国各自立法考量的一般和特别因素，发现其中异同，以期对我国的立法进程、地位、结构和条款设定等提供比照和参考，并进一步思考网络安全立法的现代化目标和方向问题，乃至提出和制定网络安全立法的中国范式（本文仅比照我国《网络安全法》与美国 2015 年《网络安全法》下的四部法案，是为中篇）[①]。

### 一、网络安全信息共享制度和思路比较

2015 年《网络安全法》将大量篇幅着墨于网络安全信息共享制度和机制设计，作为阶段性立法集成的代表《网络安全信息共享法》和基于该法国土安全

---

[①] 尽管如此，本文亦认为，仅在中美现有法律内进行比较，对于衡量《网络安全法》在全球网络安全立法中的阶段并对其进行评价仍然不够。因此在更宽泛意义上将包括欧盟《网络和信息系统安全指令》在内的其他法律，在更长的时间尺度下进行分析尤为必要。

部发布的包括"联邦政府接收网络威胁指标和防御措施（合称'网络安全信息'）最终程序"（Final Procedures Related to the Receipt of Cyber Threat Indicators and Defensive Measures by the Federal Government）、"联邦政府共享网络安全信息的程序规定"（Sharing of Cyber Threat Indicators and Defensive Measures by the Federal Government）、"协助非联邦主体向联邦机构共享网络安全信息指南"（Guidance to Assist Non-Federal Entities to Share Cyber Threat Indicators and Defensive Measures with Federal Entities）和"隐私和公民自由保护指南"（Privacy and Civil Liberties Final Guidelines）等在内的配套制度，分别从（政府）机构设置与职责分工、网络安全信息的类型、主体间权利义务设计与安排、责任豁免、网络安全信息的限制使用等方面构筑了网络安全信息共享的庞杂体系，并深刻影响了具体的网络安全信息——如安全漏洞的共享机制程序包括《漏洞裁决政策》（Commercial and Government Information Technology and Industrial Control Product or System Vulnerabilities Equities Policy and Process，"VEP"）、《保护能力打击黑客法案》（"Protecting Our Ability to Counter Hacking Act of 2017"，PATCH Act）等。

将《网络安全信息共享法》的主要特点与《网络安全法》的主要特点比对如下：

（一）将网络安全信息分为网络威胁指标和防御措施。网络威胁指标信息包括以下内容：（1）恶意侦查（malicious reconnaissance），包括为了收集与网络安全威胁或安全漏洞相关技术信息的异常通信流量；（2）突破安全措施或者挖掘安全漏洞的方法；（3）安全漏洞，包括显示安全漏洞存在的异常活动；（4）使得合法访问信息系统或该系统所存储、处理或传输信息的用户非故意行为导致安全措施失效或安全漏洞挖掘的方法；（5）恶意的网络命令或控制；（6）安全事件所造成的实际或潜在损害，包括特定安全威胁所造成的信息泄露；（7）其他并非法律禁止披露的网络安全威胁；（8）上述情形的任意组合。防御措施是指用于检测、防止或减轻信息系统或其所存储、处理或传输信息的已知或潜在网络安全威胁或安全漏洞的活动、设备、程序、签名、技术或其他措施。

与之相对，《网络安全法》第二十六条规定"……向社会发布系统漏洞、计算机病毒、网络攻击、网络侵入等网络安全信息，应当遵守国家有关规定"，则较为偏向于前者法案中的网络威胁指标,但对未量化的信息,称之为"指标"亦有不妥。

(二)在基于分级前提下,对非机密的网络安全信息,联邦政府不仅可以在政府机构间共享,也可以与企业和公众分享。联邦政府共享网络威胁信息的程序规定应满足以下条件:(1)确保联邦政府在满足保护机密信息前提下,实时共享网络安全信息;(2)最大可能地整合联邦机构、非联邦主体在信息共享方面已有的程序、角色和职责,包括行业的信息共享和分析中心(ISAC);(3)建立对接收错误或违反《网络安全信息共享法》及其他法律要求的网络安全信息主体的及时通知程序;(4)要求联邦机构采取安全措施保护共享的网络安全信息不受非授权访问或获取;(5)要求联邦机构审查或利用技术手段移除任何与网络安全没有直接关系的、在共享时已知的特定主体个人信息或可以识别特定个人的信息;(6)在联邦机构违反《网络安全信息共享法》共享个人信息时,建立对这些信息所涉及的美国人的及时通知程序。

(三)非联邦主体为了网络安全目的(cybersecurity purposes)可以与联邦机构和其他非联邦主体共享网络安全信息。所谓的"网络安全目的"在于保护信息系统或者其所存储、处理或传输的信息免受网络安全威胁或安全漏洞(的影响)。并规定国土安全部应该发展和实施特定的能力和程序(协助非联邦主体向联邦机构共享网络安全信息指南)来实时接收非联邦主体分享的网络威胁指标、防御措施,并在联邦机构之间通过信息系统自动共享(automated manner)。

上述条款对应于《网络安全法》的第五十一条,"国家建立网络安全监测预警和信息通报制度。国家网信部门应当统筹协调有关部门加强网络安全信息收集、分析和通报工作,按照规定统一发布网络安全监测预警信息。"以及第三十九条,"……促进有关部门、关键信息基础设施的运营者以及有关研究机构、网络安全服务机构等之间的网络安全信息共享。"上述条款在于对政府部门之间、企业与政府机构之间的网络信息共享作出原则性规定,其主要特点和差异在于统一的网络安全信息发布机制的主导权从字面理解,要么尚未设置,要么在于网信部门,无论何种,均应予以明确,并落实到具体的发布实体上。本文同时认为,尽管该条款规定为"统一发布",但不应理解为仅是由单一主体发布,否则无法应对日益增长的多种网络威胁以及所波及范围扩大的问题。

（四）此外，对于非联邦主体之间的网络安全信息共享，对应于《网络安全法》的第二十九条，国家支持网络运营者之间在网络安全信息收集、分析、通报和应急处置等方面进行合作，提高网络运营者的安全保障能力。

除此之外，《网络安全信息共享法》还发展出一些存有争议的制度：（1）私营实体为了网络安全目的可以监视信息系统和实施防御措施。私营实体可以监视其自身的信息系统、经其他主体授权或书面同意的其他非联邦主体和联邦机构的信息系统，以及在这些信息系统中存储、处理或者传输的信息；可以对其自身的信息系统、经其他主体授权或书面同意的其他非联邦主体和联邦机构的信息系统实施防御措施。（2）其他的责任豁免，包括信息披露的豁免、反垄断法上的责任豁免等——从国内外看，私营实体因分享信息而可能导致责任承担的顾虑依然普遍存在。同时，《网络安全信息共享法》特别强调，与联邦政府共享或向其提供信息，不应视为对企业任何受保护权利的放弃。私营实体基于《网络安全信息共享法》实施的监视信息系统行为不受起诉。

（五）从联邦政府机构的职责分工上，《网络安全信息共享法》形成了六部门的，以国土安全部和司法部为基础支撑，国防部、能源部、财政部、国家情报总监（办公室）各司其职的协调架构。并按照每两年一度的频率对其实施指标和措施的有效性进行评估与报告。

《网络安全法》第八条规定，国家网信部门负责统筹协调网络安全工作和相关监督管理工作。国务院电信主管部门、公安部门和其他有关机关依照本法和有关法律、行政法规的规定，在各自职责范围内负责网络安全保护和监督管理工作。县级以上地方人民政府有关部门的网络安全保护和监督管理职责，按照国家有关规定确定。第五十一条规定，国家建立网络安全监测预警和信息通报制度。国家网信部门应当统筹协调有关部门加强网络安全信息收集、分析和通报工作，按照规定统一发布网络安全监测预警信息。第五十二条规定，负责关键信息基础设施安全保护工作的部门，应当建立健全本行业、本领域的网络安全监测预警和信息通报制度，并按照规定报送网络安全监测预警信息。其他部门的职责，散见于《网络安全法》的其他条款。

比较而言，在网络安全信息共享和配套制度设计中，国家安全机关、军事机关、公安机关、工信部门也应作为重要的协调部门参与进来并进行职责分工，毕竟成熟和体系化的网络安全信息共享是涉及各行业领域、跨政府与企业的非单行信息流动。同时国家级的"国家网络安全信息共享中心"等类似实体的设立应提上议程。基于渐行改进和逐步完善的路径，也应考虑政府部门的软硬件配置量力而行，详尽一致地与网络安全相关的机构及其职责描述的条件可能尚未完全具备，因此在立法上还是需要借助于主管部门的引导和推动。

另外，《网络安全信息共享法》在定义网络安全威胁（cybersecurity threat）时，将传统的信息系统或信息保护"三性"（保密性、完整性和可用性）扩展为"四性"，即增加了安全性的表述。本文认为，安全性概念的提出尽管与前述其他特性有交叉重合之处，但引入安全性有助于加深对《网络安全法》中运行安全章节的理解，对信息或数据保护而言，"三性"仍能够实现涵盖。

## 二、关键基础设施与重要系统的比较

美国 2015 年《网络安全法》下《国家网络安全保护增进法》通过修订 2002 年《国土安全法》，体现出围绕"国家网络安全和通信整合中心"（National Cybersecurity and Communications Integration Center）建设与能力提升所做的努力。

（一）首先值得一提的是，该法案重新定义了网络安全风险，并解决了本应在《网络安全信息共享法》中解决的何为"共享"的界定问题。毫无疑问，《网络安全法》第五十一条规定，国家建立网络安全监测预警和信息通报制度。国家网信部门应当统筹协调有关部门加强网络安全信息收集、分析和通报工作，按照规定统一发布网络安全监测预警信息。其中通报、发布体现了共享的实质内核，体现出国内外对网络安全信息共享的某些一致思路，即网络安全信息共享绝不是单向的信息和数据流，而是体现自愿、对等，以降低和减轻网络安全整体风险为目标的信息与数据交换。尽管关键（信息）基础设施和重要信息应予以重点保护，但网络安全没有孤岛，任何私营机构的脆弱性都会给整体的网络安全引来风险,即所谓的"木桶效应"。

(二)在围绕国家网络安全和通信整合中心的建设与强化上,该法案提出了几个方面的条款:(1)将《网络安全信息共享法》规定的网络威胁指标、防御措施纳入网络安全风险和事件管理体系;(2)强化中心与非联邦实体基于自愿的网络安全信息共享关系,特别是加强与关键基础设施所有者和运营商的联系与共享;(3)国土安全部基于国家网络安全事件响应计划建立国家(网络安全事件)响应框架(NATIONAL RESPONSE FRAMEWORK),并定期更新、维护与执行;(4)应对关键基础设施并发的网络安全事件(MULTIPLE SIMULTANEOUS CYBER INCIDENTS AT CRITICAL INFRASTRUCTURE),要求国土安全部向参众两院相关委员会提交风险通报计划,以解决影响关键基础设施的多个同时发生的网络事件的风险,包括可能对其他关键基础设施产生级联效应(cascading effect)的网络事件;(5)指定报告涉及港口航运能力的网络安全漏洞报告;(6)加强与相关国际伙伴的网络安全合作,以提高全球网络安全的安全性和灵活性。

整体看,《国家网络安全保护增进法》反映出2017年(或更早时间)以来网络安全风险演化的一些新特点,例如关键(信息)基础设施范围(威胁目标)的变化、并行攻击的现实威胁等问题。作为应对,应将网络安全信息共享的力度和范围扩大,但缺少像《网络安全法》中监管机构的强制力,因此需要借助于国家级的应急演习、演练、国际合作等方式加以引导。

与之相对,《网络安全法》第五十一条规定,"国家建立网络安全监测预警和信息通报制度。国家网信部门应当统筹协调有关部门加强网络安全信息收集、分析和通报工作,按照规定统一发布网络安全监测预警信息。"第五十二条规定,"负责关键信息基础设施安全保护工作的部门,应当建立健全本行业、本领域的网络安全监测预警和信息通报制度,并按照规定报送网络安全监测预警信息。"第五十三条规定,"国家网信部门协调有关部门建立健全网络安全风险评估和应急工作机制,制定网络安全事件应急预案,并定期组织演练。负责关键信息基础设施安全保护工作的部门应当制定本行业、本领域的网络安全事件应急预案,并定期组织演练。"上述规定基本对应了《国家网络安全保护增进法》的原则性规定，但是，具体网络安全监测预警机构的设置和配套制度尚未出台，应考虑在前期充分调研、评估的基础上，加快建设和整合，以漏洞披露为例，包括国家信息安全漏洞共享平台、国家信息安全漏洞库等平台建设、冗余、第三方平台引入和共享机制，等等。

此外作为《网络安全法》的配套制度，《国家网络安全事件应急预案》的编制和发布具有重要指导意义，但其在横向的关键信息基础设施、一般网络运营者等范围内，以及纵向的有关地区、部门的范围内的具体部署和调整，仍将是细致、艰巨的过程。但演习、演练和检查有助于预案的推进和问题的发现。

## 三、《联邦网络安全增强法》所体现的新部署

如果说《国家网络安全保护增进法》侧重的是整体国家层面的网络安全机构和体系建设，那么《联邦网络安全增强法》则是直接针对联邦系统、网络的技术措施部署。

（一）部署和强化联邦入侵检测和预防系统（Federal Intrusion Detection And Prevention System）。法案要求国土安全部应在一年内：（1）部署和运维前述系统，以能够检测网络流量（不限于联邦政府内部）的网络安全风险；（2）防止与此类网络安全风险相关的网络流量的转移或传播，以及消除网络安全风险；（3）定期部署新技术以改善入侵检测和预防能力；（4）通过向私营实体签订协议寻求协助和技术；（5）可为网络安全风险目的保留、使用和适当披露履行前述授权活动的信息，并为保护信息和系统通知相关政府机构；（6）通过运行测试和评估，定期评估现有保护技术，以提高检测和预防能力；（7）以及其他必要的政策管理和程序实施活动。

（二）部署高级网络安全工具（Advanced Network Security Tools）。要求国土安全部秘书应在诊断和减轻网络安全风险的同时，引入先进网络安全工具以提高网络活动的可见度，包括使用商业和免费或开源工具。在部署时，应审查和更新相关政策、方案，以进行优先排序和确保在政府机构网络内按照优先排序适当使用网络安全监测工具。

（三）更新了联邦网络安全需求。应按照相关法律规定和 NIST 标准，推进部署联邦网络安全标准，在此前提下进行一系列的过渡安排，具体包括以下内容：(1) 确定和识别联邦机构存储的敏感和关键任务数据；(2) 评估对前项所述数据的访问控制；(3) 对联邦机构信息系统的前述数据进行加密，或采取其他方式确保未经授权者无法访问；(4) 实施单点登录可信身份平台（为认证访问之需要）；(5) 部署《2014 年网络安全增强法》规定的身份管理（包括多因素认证）措施等。

从条款对应看，上述规定的对应条款可在原则上参考《网络安全法》第十五条规定，"国家建立和完善网络安全标准体系。国务院标准化行政主管部门和国务院其他有关部门根据各自的职责，组织制定并适时修订有关网络安全管理以及网络产品、服务和运行安全的国家标准、行业标准。"第十六条规定，"国务院和省、自治区、直辖市人民政府应当统筹规划，加大投入，扶持重点网络安全技术产业和项目，支持网络安全技术的研究开发和应用，推广安全可信的网络产品和服务，保护网络技术知识产权，支持企业、研究机构和高等学校等参与国家网络安全技术创新项目。"第十八条规定，"国家鼓励开发网络数据安全保护和利用技术，促进公共数据资源开放，推动技术创新和经济社会发展。国家支持创新网络安全管理方式，运用网络新技术，提升网络安全保护水平。"同时应当认为，由于政府机构、关键信息基础设施等主体的保护差异，在《网络安全法》中未直接区分不同主体的网络安全需求、安全增强技术措施，而是在第二十一条等规定了通用的技术措施。以加密为例，《网络安全法》第二十一条规定，"国家实行网络安全等级保护制度。网络运营者应当按照网络安全等级保护制度的要求，履行下列安全保护义务，保障网络免受干扰、破坏或者未经授权的访问，防止网络数据泄露或者被窃取、篡改：……（四）采取数据分类、重要数据备份和加密等措施。"其加密措施非强制性条款，同时期待一般网络运营者全面部署加密亦不现实，但对于政府机构而言，强制加密措施则具有可行和现实意义，因此《联邦网络安全增强法》可以直接要求政府机构部署加密或采取替代措施。

此外《联邦网络安全增强法》对如何识别"与国家安全有关的信息系统"

的规则,也对《网络安全法》下"关键信息基础设施"、"重要数据"的确定和强调其范围的动态性具有借鉴意义。法案特别要求识别所有未分类的提供信息访问的信息系统,这些信息系统可能为网络威胁提供访问分类信息的便利。

在区分一般威胁和紧急威胁（Imminent Threats）的前提下,《联邦网络安全增强法》规定了相应程序,可视为对《网络安全法》第五十四条规定"网络安全事件发生的风险增大时,省级以上人民政府有关部门应当按照规定的权限和程序,并根据网络安全风险的特点和可能造成的危害,采取下列措施:（一）要求有关部门、机构和人员及时收集、报告有关信息,加强对网络安全风险的监测;（二）组织有关部门、机构和专业人员,对网络安全风险信息进行分析评估,预测事件发生的可能性、影响范围和危害程度;（三）向社会发布网络安全风险预警,发布避免、减轻危害的措施"的补充:（1）区分内部和外部使用或运营的信息系统,要求外包方采取必要的缓解和防御措施（限制信息使用）;（2）考虑采取其他必要行动,包括启动诉讼。

## 四、《联邦网络安全人员评估法》和人员安全的对比体现

《网络安全法》第三条规定,"国家坚持网络安全与信息化发展并重,遵循积极利用、科学发展、依法管理、确保安全的方针,推进网络基础设施建设和互联互通,鼓励网络技术创新和应用,支持培养网络安全人才,建立健全网络安全保障体系,提高网络安全保护能力。"

《联邦网络安全人员评估法》在2014年《边境巡逻员薪资改革法》《网络安全人员评估法》的基础上作出了进一步安排。（1）提出对政府机构网络安全人力资源的职位、职能继续进行确定和分配;（2）提出了雇佣规则和程序。包括人员编码标准[国家网络安全教育倡议（NICE）所制定的编码规则]、网络人员识别、现有人员的基线评估、人员占比和优化策略,以及通过对现有人员进行适当的培训和认证来缩减差距的其他战略;（3）突出关键需求,根据当前信息技术、网络安全和其他与网络相关角色的严重技能短缺需求,以及信息技术、

网络安全或其他与网络相关角色和新出现的技能短缺需求等。

《网络安全法》第二十条规定，"国家支持企业和高等学校、职业学校等教育培训机构开展网络安全相关教育与培训，采取多种方式培养网络安全人才，促进网络安全人才交流。"

此前我们认为，我国的人才战略多体现在政策性文件和部门规范性文件中，应借鉴和考虑在配套制度文件中对网络安全人才（包括人才储备和激励机制）进行系统化的规定。2017年8月，网信办与教育部联合发布的《一流网络安全学院建设示范项目管理办法》有助于分析和发现网络安全的关键需求，可以认为是《网络安全法》在网络安全人才领域的重要配套措施。

## 五、其他规范

2015年《网络安全法》在前述立法之外，在法案的最后提出了当前若干突出和敏感的法律问题，包括基于个人财务信息的诈骗、国际网络犯罪，以及若干重要研究领域，如移动设备安全研究、联邦计算机安全、增强（包括网络和物理的）应急服务，突出强调的医疗业网络安全，以及审查并适时更新《美国网络空间国际政策战略》，以应对网络空间国际规范的变化，回应外国、具有国家背景的和私营实体对美国的网络威胁。

## 结论

本文对两国网络安全基本立法再次进行了梳理，维持了以往的基本结论。虽然两国在信息技术、立法和执法思路和阶段等方面存在差异，但从主要条款设置看，中美两国都对目前主要的安全事件作出回应，体现了"问题导向"和经验归结的原则，没有明显的概念缺失。美国立法基于年度和预算有限前提下所体现的重点保护和优先方向需要保持关注，但不应一味随从。从参考借鉴的角度，对两者条款的主要方面作了比较，各方需要完善、细化的条款立现，亦自不待言（体现为《网络安全法》的配套制度）。此外需要反复强调的是，考虑到信息技术快速发展和科技立法的特点，对立法的有效性进行年度评估和立法内容的实时变化在应对网络威胁问题上非常必要。

# 4. 以美网络安全立法进程为参照的《网络安全法》架构比较（下）——全球视野下的合规监管态势

比较研究的目的在于法律适用。2016年以来的全球网络安全立法将网络安全推至与反商业贿赂、安全生产与环保等同重要的合规地位，并成为企业内控和风险管理的重要内容。本文继续分析美国2018年到2019年的重大立法，并尝试从宏观视野考虑企业合规的应对策略。

## 一、美国2018年典型立法的合规要求——以加州法案为例

本轮发端于2014年以来的立法潮流在2018年达到了顶峰，欧盟GDPR和美国的《云法案》都在当年出台，该两部立法文件与中国的《网络安全法》至今仍属于全球热议的焦点。由于立法差异明显甚至针锋相对，这些立法使得针对特定国家的合规安排不再能直接迁移和适用于他国的合规需求，例如GDPR对个人信息安全的保护不仅与中国，也与美日不同，导致企业合规不仅是成本与投入的问题，甚至存在无所适从的窘境。为此，国家层面的政策与立法协调是企业合规落地的必要前提，例如日欧之间的数据跨境充分性互认，美欧隐私盾谈判，等等。尽管已有阶段性成就，但正如欧盟在《欧洲数据战略》中承认的，"中国和美国等竞争对手正在迅速革新并将其数据访问和使用的概念投射到全球各地。美国私营部门负责和引领的数据活动已经取得可观效应，中国则在尝试

结合政府监管与大型科技公司海量数据的控制权",这里提到的美国的数据访问和使用的概念即是体现在《云法案》以及类似加州《2018加州消费者隐私法案》中的理念。

## （一）法案背景与主要内容

2018年6月28日，美国加利福尼亚州议会通过《2018加州消费者隐私法案》（California Consumer Privacy Act of 2018/Assembly Bill No. 375, CCPA），并于2020年1月1日生效。该法案被称为堪比GDPR的美国"最严厉、最全面的个人隐私保护法案"。法案引述的立法背景主要如下：

1972年加利福尼亚州修改了加州宪法，将隐私权列为不可剥夺的公民权利。随着加州成为新技术和相关行业发展的世界领导者之一，人们在不共享个人信息的情况下，几乎不可能申请工作、抚养孩子、开车或预约。而且技术和数据在消费者日常生活中的作用越来越大，消费者与企业共享个人信息的数量也在增加，个人信息的激增限制了加州公民有效保护和保护其隐私的能力。加利福尼亚州的法律需要跟上这些发展，并反映（技术）对收集、使用和保护个人信息的影响。

特别是2018年3月，数千万人的个人数据被Cambridge Analytica（谷歌数据滥用事件的剑桥分析公司）的数据挖掘公司误用。一系列国会听证会显示，个人信息在互联网上共享时可能容易被滥用，因此需要满足公众对隐私控制和数据实践透明度的渴望。

因此立法机关通过确保以下权利，为消费者提供控制其个人信息的有效方式，从而进一步加强加利福尼亚州公民的隐私权。

（1）有权知道正在收集哪些个人信息；

（2）有权知道他们的个人信息是被出售或披露的，以及出售或披露的主体；

（3）有权拒绝出售个人信息；

（4）有权访问其个人信息；

（5）即使行使其隐私权，也享有平等服务和价格的权利。

1. 知情权

企业应在收集时或收集前告知消费者要收集的个人信息的类别以及使用个人信息类别的目的。企业不得收集额外类别的个人信息，或者未经向消费者提供符合本节的通知而将收集到的个人信息用于其他目的。在收到可核实的消费者要求访问个人信息后，企业应立即采取措施向消费者免费披露并（以电子或其他可携的便利方式）交付本节所要求的个人信息。

同时规定了相应的例外，（1）企业不应被要求在12个月内向消费者免费提供两次以上的个人信息；（2）在企业未交易或留存，或以视为个人信息的方式维护的情形下，不要求企业保留为一次性交易收集的任何个人信息。

2. 删除权

企业应通过在线隐私政策、网站或其他适用法律规定的形式（并至少每12个月更新）披露消费者要求删除消费者个人信息的权利。并在收到消费者要求删除消费者个人信息的可核实请求后，从其记录中删除消费者的个人信息，以及指示任何服务提供者从其记录中删除消费者的个人信息。

本节的例外规定包括，如有必要维护消费者的个人信息用于以下目的的，则企业或服务提供商可不删除消费者的个人信息：

（1）完成收集个人信息的交易，提供消费者要求的产品或服务，或企业与消费者正在进行交易情况下的合理预期，或履行企业与消费者之间的合同；

（2）检测安全事件，防止恶意欺骗、欺诈或非法活动；或起诉对该行为负责的人；

（3）调试以识别和修复损害现有预期功能的错误；

（4）行使言论自由，确保其他消费者行使言论自由的权利，或行使法律规定的其他权利；

（5）遵守刑法典第2部分第12章第3.6节（加州电子通信隐私法）；

（6）如果消费者明示同意，企业删除信息可能导致下述利益的不可能实现或严重损害——为公众利益进行的科学、历史或统计研究，并符合所有其他适用道德和隐私法律；

（7）基于消费者与企业的关系，完全符合消费者期望的内部用途；

（8）遵守法律义务；

（9）其他在内部以符合消费者提供信息的合法方式使用消费者的个人信息。

### 3. 获取权

消费者有权要求收集消费者个人信息的企业向消费者披露以下信息，企业应在收到消费者可核实的请求后以清单形式按照下述分别类别披露（前12个月）：

（1）收集的有关该消费者的个人信息类别；

（2）收集个人信息的来源类别；

（3）收集或出售个人信息的商业或商业目的；

（4）与企业共享个人信息的第三方的类别；

（5）收集的关于该消费者的具体的个人信息。

同样，不要求提供单次交易收集的个人信息，或对个人信息进行重新识别或关联。

### 4. 与数据交易有关的权利

消费者有权要求销售（出售）消费者个人信息或为商业目的披露消费者的企业向消费者披露以下信息，企业应在收到消费者可核实的请求后以单独的清单形式提供（前12个月）：

（1）企业收集的有关消费者的个人信息类别；

（2）企业销售的消费者个人信息的类别，购买个人信息的第三方的类别，以及所有第三方购买的个人信息的类别；

（3）企业为商业目的而披露的个人信息类别。

### 5. 选择退出权

消费者有权随时指示要求销售有关消费者个人信息的企业不得出售消费者的个人信息。向第三方出售消费者个人信息的企业应提供"请勿出售本人个人信息"的清晰、可用方式，向消费者发出通知告知该信息可能被出售，消费者有权选择不出售其个人信息。

已经接受消费者指示不出售消费者个人信息的企业，或者未成年消费者未同意出售个人信息的情形下，企业应在收到消费者指示后禁止出售消费者的个人信息，除非消费者随后明确授权销售消费者的个人信息。如果企业确实知道消费者的年龄小于 16 岁，企业不得出售消费者的个人信息，除非消费者（13 岁至 16 岁的消费者），或消费者的父母或监护人（如果消费者年龄小于 13 岁）明确授权销售消费者的个人信息。故意无视消费者年龄的企业应被视为已经了解消费者的年龄。

### 6. 公平消费权

企业不得因为消费者行使了法案下的任何消费者权利而歧视消费者，包括但不限于：

（1）拒绝向消费者提供商品或服务；

（2）为商品或服务收取不同的价格或费率，包括通过使用折扣、其他福利或惩罚；

（3）如果消费者根据本法行使消费者权利，则向消费者提供不同级别或质量的商品或服务；

（4）建议消费者获得不同的商品或服务价格或费率，或不同级别或质量的商品或服务。

除外规定：（1）该差异与消费者数据提供给消费者的价值合理相符；（2）企业可以提供财务奖励，包括向消费者支付赔偿，用于收集、销售或删除个人信息。如果该价格或差异与消费者数据提供给消费者的价值直接相关，则企业还可以向消费者提供不同的商品或服务的价格、水平或质量。但企业不得使用不公正、不合理、强制或高利贷形式的财务激励措施。

### 7. 权利程序性规定

企业为消费者行使法案下权利应提供的程序符合性要求，包括以下内容：（1）向消费者提供两种以上指定方法，用于提交要求披露的信息请求，包括至少一个免费电话号码，以及网站等。（2）一般情况下在 45 天内完成对消费者信息的验证，并免费向消费者披露并提供所需信息。（3）披露个人信息应涵盖往前 12 个月。同时不得要求消费者为获取披露的个人信息而注册账户，或将验证信息用于其他用途。（4）应在隐私政策等条款、协议中披露消费者的权利和行使方式，并至少每 12 个月更新。（5）对企业负责和涉及的人员进行相关培训。（6）对于选择不出售消费者个人信息的消费者，在要求消费者授权销售消费者个人信息之前,尊重消费者选择退出至少 12 个月的决定。

**8. 责任例外规定**

规定企业责任的例外,主要包括为遵守其他可适用法律,包括可适用的联邦法律、州法,执法和司法证据程序,匿名化(去标识化)的信息、聚合消费者信息(与消费者群体或类别相关的信息,消费者个体身份已移除,未与任何消费者或家庭关联)、发生在加州外的商业(经营)行为等。法案特别规定,企业不应对披露个人信息的服务提供者的违反行为承担责任,而且法案不应理解为要求对个人信息进行重新识别或关联。

**9. 法律责任**

如果企业对消费者提出的违反情形未在 30 日内纠正,则消费者可以提起民事诉讼(含集体诉讼)并通知州检察长,以寻求以下司法救济:(1)每名消费者就每次事件或实际损害金额不少于 100 美元且不超过 750 美元,以较高者为准;(2)禁令;(3)法院认为适当的任何其他救济。

对于未纠正违反行为的企业,每次将按照商事与职业法典("the Business and Professions Code")承担最高 7500 美元的民事罚款。对罚款的分配,法案设计为 20% 归属于消费者隐私基金,80% 归属管辖地法院、州检察长(用以涵盖其诉讼费用等成本开支)。

**10. 配套制度**

此外,法案的技术特点还包括以下内容:

(1)专门成立了"消费者隐私基金"("Consumer Privacy Fund"),主要冲抵或用于法院、州检察长履行职责的开支;(2)法案扩展了个人信息的获取途径,本法案的规定不仅限于通过电子方式或通过互联网收集的信息,还适用于企业从消费者处收集的所有个人信息的收集和销售行为;(3)在正式生效前征求广泛的公众参与,以解决技术、数据收集实践、实施障碍和隐私问题的新变化等;(4)处理包括消费者通过密码保护账户提交请求的作为可核实的请求的可验证规则和程序,等等。

立法后 1 年的配套制度建设包括以下内容:(1)促进和管理消费者提出的与选择退出请求相关的规则、程序;(2)管理企业是否符合消费者的选择退出请求;(3)开发和使用可识别和统一的选择退出标示(logo)或按钮,以提高辨识度等。

## (二)与GDPR的比较及其特点

### 1. 权利比较

初步权利类别和对比如下:

| GDPR | 内容 | CCPA | 内容 |
| --- | --- | --- | --- |
| 获取权 right to access | 用户有权要求企业告知其个人数据是否正在被处理;如果是,有权获取其个人数据以及相关信息。 | 知情权 (1798.100节) 获取权 (1798.110节) | 企业应在收集时或收集前告知消费者要收集的个人信息的类别以及使用个人信息类别的目的。企业不得收集额外类别的个人信息,或者未经向消费者提供符合本节的通知而将收集到的个人信息用于其他目的。在收到可核实的消费者要求访问个人信息后,企业应立即采取措施向消费者免费(以电子或其他可携的便利方式)提供所要求的个人信息。消费者有权要求收集消费者个人信息的企业向消费者披露以下信息,企业应在收到消费者可核实的请求后以清单形式并按照下述分别类别披露(前12个月): (1)收集的有关该消费者的个人信息类别; (2)收集个人信息的来源类别; (3)收集或出售个人信息的商业或商业目的; (4)与企业共享个人信息的第三方的类别; (5)收集的关于该消费者的具体的个人信息。 |
| 修改权 right to rectification | 用户有权要求企业及时修改不准确的个人数据,有权要求将不完整的个人数据补充完整。 | | |

续表

| GDPR | 内容 | CCPA | 内容 |
| --- | --- | --- | --- |
| 被遗忘权 right to be forgotten | 在下列情形下，用户有权要求企业及时删除其个人数据：(1) 该数据之于其收集、处理目的不再必要；(2) 用户撤回其同意，并且没有其他正当理由支持继续处理该数据；(3) 用户反对处理其个人数据，并且没有其他正当理由支持继续处理该数据，或者出于直接营销目的处理个人数据，遭到用户反对的；(4) 非法处理个人数据的；(5) 为了遵守企业在欧盟或者成员国法律之下的义务，必须删除该数据；(6) 为提供信息社会服务，经其监护人同意而处理儿童个人数据的。上述规定适用于已经公开的个人数据；此时，企业应当采取合理措施，删除个人数据的链接、复制件等。 | 删除权（1798.105节） | 企业应通过在线隐私政策、网站或其他适用法律规定的形式（并至少每12月更新）披露消费者要求删除消费者个人信息的权利。并在收到消费者要求删除消费者个人信息的可核实请求后，从其记录中删除消费者的个人信息，以及指示任何服务提供者从其记录中删除消费者的个人信息。 |
| 限制处理权 right to restriction of processing | 在特定情形下，包括个人数据不准确、非法处理个人数据、处理个人数据已不符合目的等，用户有权限制企业处理其个人数据。 | | |
| 数据可携权 right to data portability | 用户有权以有序的、常用的、机器可读的方式获取其个人数据，并且有权将这些数据转移到另一个企业，原始收集、存储这些数据的企业不得干扰用户转移。在技术可行的情况下，用户有权要求原始收集、存储其个人数据的企业直接将这些数据转移到另一个企业。 | 未直接规定"可携权"，在知情权（1798.100节）下有可携规定 | 接收可核实的消费者要求访问个人信息的企业应立即采取措施向消费者免费披露并交付本节所要求的个人信息，并允许消费者无障碍地将此信息传输给其他实体。 |

续表

| GDPR | 内容 | CCPA | 内容 |
| --- | --- | --- | --- |
| 异议权 right to object | 基于其特殊情况，用户有权在任何时间反对处理其个人数据；一旦用户提出异议，企业就应当停止处理其个人数据。 | 与数据交易有关的权利（1798.115节） | 消费者有权要求销售（出售）消费者个人信息或为商业目的披露消费者信息的企业向消费者披露以下信息，企业应在收到消费者可核实的请求后以单独的清单形式提供（前12个月）：<br>（1）企业收集的有关消费者的个人信息类别；<br>（2）企业销售的消费者个人信息的类别，购买个人信息的第三方的类别，以及所有第三方购买的个人信息的类别；<br>（3）企业为商业目的而披露的个人信息类别。 |
| | 只有当完全基于自动化处理对用户进行画像等决策对用户产生法律效果或者其他类似重大影响时，用户才有权反对。 | 选择退出权（1798.120节） | 向第三方出售消费者个人信息的企业应提供"请勿出售本人个人信息"的清晰、可用方式，向消费者发出通知告知该信息可能被出售，消费者有权选择不出售其个人信息。<br>已经接受消费者指示不出售消费者个人信息的企业，或者未成年消费者未同意出售个人信息的情形下，企业应在收到消费者指示后禁止出售消费者的个人信息，除非消费者随后明确授权销售消费者的个人信息。 |
| | | 公平消费权（1798.125节） | 企业不得因为消费者行使了法案下的任何消费者权利而歧视消费者，包括但不限于：<br>（1）拒绝向消费者提供商品或服务；<br>（2）为商品或服务收取不同的价格或费率，包括通过使用折扣、其他福利或惩罚；<br>（3）如果消费者根据本法行使消费者权利，则向消费者提供不同级别或质量的商品或服务；<br>（4）建议消费者获得不同的商品或服务价格或费率，或不同级别或质量的商品或服务。 |

## 2. 特点分析

整体而言，CCPA 的特点（和区别于 GDPR）如下：（1）其从消费角度关注个人信息，从而将个人信息的主体确定在消费者（限定为加州居民的自然人（California resident））的范围之内，并强调数据交易（销售）中的主体权利；（2）从实用主义出发，尽管其从隐私权出发，但并未重申隐私权在个人信息适用中的基本原则，仅概括为知情同意和可访问（获取）的权利，即可满足消费者的个人信息保护的基线需求；（3）加州对技术中立性的关注，体现在 CCPA 中即为公平消费权，不因个人信息的拒绝而影响消费者的在线权利；（4）从消费者利益出发，其并未如 GDPR 强制规定控制者、处理者的设计（默认）保护义务，但同样提出了匿名化（"Pseudonymize"／"Pseudonymization"）的要求，并特别强调不应为适用本法案而重新识别或关联数据；（4）并未强制性要求记录、通知和实施数据保护影响评估，而是通过民事诉讼方式将各方义务的评判交给了消费者；（5）未规定数据保护官，但美国 CIO 的职位设计已经比较普遍；（5）在适用的地域范围上，与 GDPR 类似，只排除完全发生在加州外的商业（经营）行为（if every aspect of that commercial conduct takes place wholly outside of California），此规定也是导致科技公司反弹的重要因素之一；（6）在法律责任方面，GDPR 规定的是监管机构的大额罚款，CCPA 则限制在民事诉讼和小额民事罚款（并通过消费者隐私基金的形式限定用途）。

此外，CCPA 规定企业可以提供财务奖励等对价支付方式用于收集、销售或删除个人信息，实际上对个人信息的市场化交易和数据价格的合理形成机制持鼓励态度，并规定在法案通过后一年内建立有关财务激励的规则和指南；同时强调对非加密（和未编译）个人信息的保护和法律责任。这可能与美国此前的立法（1994 年通信协助执法法）有关，由于考虑到端到端加密的责任在于用户（企业不持有密钥），故如涉及加密个人信息的违法行为，将难以按照 CCPA 处理。

在法案正式施行之前，由于关系到科技公司、消费者、行业团体等不同利益方的诉求，规定了一个较长时限的公众参与讨论期，并对配套制度加速推动落实，实际上是回应技术发展对隐私和个人信息保护的挑战以适时校准立法预期,也给了各方利益主体充分的研判和游说空间,体现了当前网络空间立法的普遍参与趋势,值得各国立法机关在推动网络立法时参考,特别是在配套制度出台后应及时关注和借鉴其合理价值。

但考虑到州与联邦二元立法、利益主体等的国别差异,尽管我国产业发展也存在地区差异,但整体行业发展并不充分,领先型企业仍在全国布局和"野蛮生长"阶段,故直接在特定区域先行先试的地方性立法可能不具操作性,仍应结合 GDPR 在全国范围内统筹个人信息的持续性立法保护。

数据市场化交易有利于形成规范市场和抑制非法交易,故 CCPA 鼓励财务激励和设置较低的民事处罚制度,这有利于利益平衡与数据产业发展,以保持其领先地位,并为公民带来福祉,同时结合加州之前通过的技术中立性法案,公平交易权利的引入(重设)也是对过度交易的适当矫正。法案虽然借鉴了包括 GDPR 在内的各国经验(和不足),但仍然是基于加州自身特点加以改造,比如对加州领先的科技行业的利益考虑,加州较其他各州可能更侧重保护的隐私权(本法案即体现了对个人信息隐私化的关注)和言论自由权利,等等,因此一般认为在联邦层面出台统一的消费者隐私保护法案的时机并不成熟。这些因素加之国家间妥协和博弈的进程仍远未结束,使得企业的合规仍面临诸多宏观上的不确定性。

## 二、2018 年的其他典型的合规性立法

对于中国企业而言,其他典型的合规风险还包括来自《2019 财年国防授权法案》等相关法案。2018 年 8 月美国总统特朗普签署《2019 财年国防授权法案》(John S. McCain National Defense Authorization Act for Fiscal Year 2019)。《2018 出口管制改革法案》(Export Controls Act of 2018)、《2018 外国投资风险审查现代化法案》(Foreign Investment Risk Review Modernization Act 2018)也被纳入一并通过。法案要求成立国家人工智能安全委员会;美国的政策应该包括与网络空间、网络安全和网络战相关的内容;积极防御俄罗斯、中国、朝鲜、伊朗发起的网络攻击。

其中,《2018 出口管制改革法案》新增了对"新兴和基础技术"的出口管制。要求总统协同商务部长、国防部长、能源部长和国务卿,建立"定期、持续的机构间进程",以确定应受商务部建立的出口管制制度管辖的技术。对"新兴及基础技术",该法给出了宽泛及开放的定义:该项技术对美国的国家安全至关重要且其不属于《国防产品法》及其修正案中特别列举的任何其他类别的"关键技术"。一旦相关技术被识别为"新兴和基础技术",《2018 出口管制改革法案》授权美国商务部对这些技术的出口、再出口或国内转让实施适当的管制。

《2018 外国投资风险审查现代化法案》旨在加强美国对于外国投资的审查力度,扩大外国投资委员会管辖权。除了确认外国投资委员会对外国人获得美国公司控制权的交易管辖权之外,还授权外国投资委员会管辖涉及关键技术、关键基础设施,以及美国公民的敏感个人数据的非控制性投资。该法还对外国投资委员会需考量的国家安全因素、审查流程等做出了规定。此外,在颁布之日起两年内以至 2026 年期间的每两年,商务部长应向国会和外国投资委员会提交一份关于中国企业在美国进行直接投资交易的报告。

此外,2018 年其他涉及的法案还包括 2018 年 2 月美国证券交易委员会(SEC)发布的《上市公司网络安全披露指南》(Commission Statement and Guidance on Public Company Cybersecurity Disclosures)等适用于不同行业或企业类型的合规文件。以该指南为例,对网络安全政策和程序的重要性,披露控制和程序、内幕交易禁令,选择性披露禁令的适用等问题予以明确。主要内容如下:(1)企业应考虑可能需要披露网络安全问题的各种规则;(2)企业应确保有适当的网络安全风险管理政策和程序;(3)企业及其董事、高管和其他公司内部人员应注意遵守针对网络安全风险和事件的内幕交易有关的法律,包括漏洞和泄露事件等。

## 三、标准层面的合规指引进展及中国适用性风险——以《增强关键基础设施网络安全框架》为例

2018 年 4 月 16 日,美国国家标准与技术研究院(NIST)正式发布了

《增强关键基础设施网络安全框架1.1版》(Framework for Improving Critical Infrastructure Cybersecurity Version 1.1)。

此前根据美国第13636号总统行政令《增强关键基础设施网络安全》的要求,商务部部长应指导NIST制定减少关键基础设施网络风险的框架。2014年,NIST发布《增强关键基础网络安全框架1.0版》。之后,NIST对1.0版进行修订,2017年1月10日,NIST发布1.1版草案的第一稿(Version 1.1 Draft 1);2017年12月5日发布该修正版草案的第二稿(Version1.1 Draft 2)。此次,《增强关键基础设施网络安全框架1.1版》正式发布。

相较于1.0版,1.1版新增内容如下:(1)增加了网络安全风险自评估一节。1.1版本明确了机构应如何使用该框架用于评估其网络安全风险;(2)明确了该框架在网络供应链风险管理中的应用。对第3.3节"与利益相关者沟通网络安全需求"(Communicating Cybersecurity Requirements with Stakeholders)进行扩展,使用户更易于理解网络供应链风险管理。新增了第3.4节"采购决策"(Buying Decisions),强调该框架在采购商业现货和服务过程中的应用,并在框架实施层中明确网络供应链风险管理准则;(3)改进了身份验证和授权方式;(4)进一步明确了框架实施层和框架轮廓之间的关系;(5)增加了协同披露的考量,并在框架核心中增加了"漏洞披露生命周期"作为子类。

《增强关键基础设施网络安全框架》作为各国众多组织机构已经上手应用的标准框架,无疑具有相当的可用性和普适性,例如意大利2016年《网络安全年度报告》(2016 Italian Cybersecurity Report)就以框架作为工作底版,同时如CSA等均对框架的适用性进行了适配。我国《网络安全法》第三十一条规定了由国务院制定"关键信息基础设施的具体范围和安全保护办法",目前相关办法、标准等作为《网络安全法》的配套制度正在密集研讨和制定中,《关键信息基础设施安全保护条例(征求意见稿)》正在起草论证阶段,而《信息安全技术关键信息基础设施网络安全保护基本要求》已经进入报批稿。对于不同标准间的"兼容"或"准用"应避免直接"搬运",否则未来将导致企业合规成本的重复投入,乃至成为合规评价的障碍。

以框架核心的保护功能要素为例,首先从概念层面比对可以看出对关键

（信息）基础设施保护的认知差异。框架的核心功能要素为 Identify、Protect、Detect、Respond、Recover，如以此对照，我国 CII 保护基本要求为识别、防护、检测、响应和恢复。本文认为，尽管《网络安全法》已经提出了倾向性的术语定义，但对概念进行中英文对应仍非常必要。例如从字面上看，"Respond"是对应为响应还是预警就值得研究，从《网络安全法》的条文结构看，翻译为预警的可能性较大。但比较而言响应似偏重事后，消减网络安全事件的后果，和处置关系紧密；预警则强调"动态感知"，体现预判和警示，避免网络安全事件的发生。对应不同，企业需要投入的资源和过程关注就非常悬殊。再如，"Recover"对应为恢复还是处置，处置更侧重事件，恢复则更关注业务。似恢复的功能性较处置更为完善，不仅限于对网络安全事件（本文称网络安全事件为包括危害网络安全的行为在内的广义概念）的处置，词义上更包括了对 CII 功能和业务的恢复与持续。值得一提的是，在《信息安全技术 关键信息基础设施网络安全保护基本要求》中，上述概念已经明确为识别认定、安全防护、检测评估、监测预警和事件处置。

考虑到典型网络类型和结构的差异性，参照 2015 年版本《电信业务分类目录》，本文从成本、技术、运营、市场和法律、政策角度，按照识别、防护、检测、响应和恢复的时序，在借鉴或适用框架下 CII 保护功能要素的实施中，可能需要回应以下问题：

（1）对于 CII 识别要求的资产管理方面，主要障碍在于如何基于企业的规模（CII 运营者的规模并非整齐划一）和业务的实际与预期需求确定 CII 保护投入的成本和费用，这些投入在初期可能是指数级的增长，例如指南建议"县级（含）以上党政机关网站"作为网站类 CII，目前全国范围内两千多个县已经架设网站，对其全部 CII 化，不仅目前投入难以估量，而且显然 CII 运营者对此并无充分准备。本文认为既然 CII 的具体形态可能是一个网络、一个系统，也可能是系统、网络的组合，因此识别要素应按照这一思路进一步阐述和明晰系统、网络的"边界"和"联结"关系，既要周全延伸，又要适度收敛。

实施 CII 保护并未提供特定的技术（从技术中立性，也不应限制或优先设定某一技术），而随着技术发展将进一步导致技术应用问题的复杂化。在复杂的威胁环境中获得和辨别信息的可靠与否、可靠程度极具挑战。同时，现有的如何确定网络安全投资回报的支持数据和分析方法较少，因此无法精确风险管理的控制程度（即实际确定哪些风险需要通过措施降低，哪些需要规避，哪些需要接受——此即所谓的风险敞口）。因此应在最为实际、可行的基础上全面评估企业的（包括运营环境在内，从宏观和微观层面）安全风险，作为风险管理的出发点。

此外，澄清和准确适用政策和法律无疑是CII保护的基本前提。从网络市场来看，目前界定和区别分类、分（密）级信息的政策和法律比较困难，等级保护制度正在实现从信息安全到网络安全跨越的修订和提升法律位阶的紧张阶段，《电信业务经营许可管理办法》则放出修订征求意见稿，《网络安全法》的其他配套制度亦在紧锣密鼓地起草制定，彼此之间的结构关系一旦考虑不周则容易产生冲突，而涉及公安、网信、工信等多个部门、机构的政策与法律协同则更需清理规范。

（2）防护要求方面，和等保制度不同，CII的保护要求可能是强制性的，进而现有系统需要大量投资部署（例如《网络安全法》特别关注的访问控制、数据保护相关技术措施和管理策略），因此明确企业的定位和愿景尤为重要。广泛可用的技术和解决方案有时反而成为复杂性的障碍。特别是《网络安全法》对CII"运营者采购网络产品和服务"、所有网络运营者采购"网络关键设备和网络安全专用产品"提出了强制性标准、保密，乃至国家安全审查的要求，加剧了复杂性障碍问题。CII运营者应思考如何甄别关键、专用，实现"安全可控"，以及如何通过部署通用技术解决特定系统、网络（CII）威胁的方法。

在CII保护的持续性方面，现有标准和指南（包括框架中列举的COBIT 5、ISA、ISO/IEC 27001、CCS、NIST SP 800-53，在我国的标准实践中也多有对应或借鉴）不能确保其作为企业业务模式的有机组成部分，因此如何协调并与企业的运营保持一致，是能否得到贯彻的关键。例如企业应考虑针对行业、业务特点增加适用HIPAA、CSA等相关规则。

此外，在复杂威胁环境中，由于难以实施和衡量人员安全意识和培训的有效性，因此人员安全和人员引入的网络安全与合规风险仍将是CII运营者面临的主要风险。例如如果基于《网络安全法》第三十四条第（一）（二）项要求作出对人员增加资质、认证的解读，就会引入行政许可和"放管服"改革的争议。

整体而言，实践中如何监测和评判安全措施的防护效果具有相当难度。因此企业应考虑哪些是需要优先考虑的安全措施。

（3）如何确定网络安全事件影响的实时性仍然是检验检测要求的一大难题，也正因此"全天候全方位感知网络安全态势"的提法和实现显得极具价值。企业应尽可能保持CII保护与业务流（数据流、资金流或类似提法）的一致性。

采购SIEM/IPS/IDS（指安全信息和事件管理、入侵防御、入侵检测）技术和系统将需要额外的资本投入（包括战略性和持续性投资的考虑）。而分配、雇用、培训负责SIEM/IPS/IDS技术和系统的员工将需要有额外的运维成本。同样，对全体人员行为进行实时、全时"监控"具有相当难度，换言之，即是需要增加额外的投资。因此企业应考虑哪些是需要优先考虑的安全措施。

（4）对CII的响应要求而言，主要问题包括获取用于业务连续性和灾难恢复等的技术和系统，通过人员培训恢复系统和数据，以及确保业务恢复所需要的额外的资金和运维成本的投入。而且毫无疑问，预警要高于响应的资源要求。

从立法角度来看，正所谓能力越大，责任越大，CII运营者由于顾忌法律责任，可能会限制自愿的信息共享，这将削弱《网络安全法》第三十九条和第5章建立的（基于信息共享的）"监测预警和信息通报制度"，由于网信部门要求"按照规定统一发布网络安全监测预警信息"，如果没有共享威胁和事件信息，信息发布就变成无米之炊。美国利用反复提案《网络情报与共享法案》（CISPA）和已经通过的替代法案2015年《网络安全信息共享法案》（CISA）和其他提案的责任保护和自我审核的责任限制试图减轻这一障碍，这也是我国在制定CII配套制度时需要考虑的问题——从配套制度出台次序预判，基于共享的"监测预警和信息通报制度"和制度下的平台建设需要加速整合和推动。作为参照的美国案例，由于大量的虚假警报、缺乏专门人员（可用性）、缺少预算可能影响企业保持和更新响应策略的能力，其新近通过《波特曼-墨菲反宣传法案》的专门机制以应对政治宣传和谣言，并为此建立和提升了专门的全球作战中心（GEC）。

从电子数据证据角度，缺乏网络安全调查/安全分析/取证/事件响应等技术领域的专业知识将限制和阻碍对侵入、攻击、违规等威胁的有效反应。两高一部的《最高人民法院、最高人民检察院、公安部关于办理刑事案件收集提取和审查判断电子数据若干问题的规定》无疑可以视为《网络安全法》的配套制度，其对CII运营者和其他网络空间利益相关者的参考价值也不局限于刑事案件和取证领域。

总之，黑客等攻击者社区具有发动攻击、创新方法和技术的无限动力与可能。企业将会在预测黑客的下一步行动和攻击点上耗费大量时间和金钱。换言之，CII运营者与黑客等攻击者的对抗将是持续、长期和艰难的过程。

（5）恢复要求的障碍主要在于采购数据恢复技术和异地服务（如存储备份，而异地服务需同时考虑《网络安全法》第三十七条跨境数据评估的要求——因《个人信息和重要数据出境安全评估办法（征求意见稿）》扩大了适用范围，对国企境外投资构成类似"母国监管"的一个方面）将会有额外的资金成本。分配、雇用、培训员工负责业务连续性和灾难恢复则会增加运维成本。而如果缺少业务连续性和灾难恢复计划将阻碍从攻击、违规或数据丢失事件中有效恢复。

另外一个老大难问题就是某些员工、高管、股东或董事可能禁止或限制对相关信息新闻的内容予以发布，即使是确认的"官方"通知和"事后"迟延发布。考虑对企业运营的影响当然是重要的一方面，但在已知案例中，很大程度上是出于对其自身利益的考虑——例如雅虎事件。在我国如何发布、何时发布显然需要更高明的企业策略和网信部门的指导、统筹、协调。

作为回应的通盘方案，本文认为，从企业合规角度，应从以下几点着手：（1）按照识别、防护、检测、响应和恢复的CII安全"生命周期"次序，基于行业、业务类型，适用或排除对CII网络安全监管的适用；（2）围绕核心业务及其持续性，以成本效益为基本分析方法，不等不靠，进行一次网络安全差距的家底自查；（3）方法论上，CSF已经提供了可行的标准方法，这些方法已经证明具有支持评估的效用，可以先行先试，但在部署自动化评估工具时，应参考《网络安全法》第二十三条对其安全性先行评估。

## 四、2019年的典型性合规立法

作为《增强关键基础设施网络安全框架》的重要支持文件，2019年9月，NIST发布《NIST隐私框架：一种通过企业风险管理改善隐私的工具》（NIST Privacy Framework: A Tool for Improving Privacy Through Enterprise Risk Management）初稿，征求公众意见。该隐私框架1.0版本于2020年初正式发布，将隐私保护的标准化进行构造并分解为三个层面：核心层（core）、概况层（profiles）以及实施层（implementation）。其中核心层主要和组织内部关于隐私保护活动和预期目标的交流相关，组织可以从执行级别到实施级别传达隐私保护的优先活动和结果。概况层可以让隐私风险的结果能够满足组织对隐私价值实现、企业愿景以及业务风险防范的需求。实施层支持对组织流程和资源的充分性进行决策和交流，从而管理隐私风险。可以认为该框架的出台丰富了各国隐私保护的风险管理措施，特别是框架提出从实际的角度，可以将隐私问题纳入产品开发、服务交付和供应链管理中，在开发新技术新应用时考虑对隐私的影响是隐私保护的关键。这体现出PbD已经成为各国隐私保护实践路线的标准思路。

2019年美国立法和政策的另一大特点便是在人工智能、数据中心（云）、5G、物联网、智慧城市、中小企业科技保护（可以理解为科技的底层驱动）等方面，一方面安全市场需求可谓广阔，但从另一方面理解，则意味着对供应链安全的促进和保障。以前述隐私框架和2019年8月美国国防部推动制定的《网络安全成熟度模型认证框架》为例，如企业通过认证体系，则意味着纳入对其供应链安全的正面评价。反面的立法和政策则以2019年5月美国总统特朗普签署的《确保信息通信技术与服务供应链安全行政令》（Executive Order on Securing the Information and Communications Technology and Services Supply Chain）和2020年3月的《安全和可信通信网络法》（纳入2020年预算法案）最为典型。前者禁止交易、使用可能对美国国家安全、外交政策和经济构成特殊威胁的外国信息技术和服务；后者将评估为"视为安全威胁"的企业的网络设备排除在供应链体系之外（按照此前推断，国内部分企业可能适用），这些文件从不同层面和方向作了森严和细致的法律和政策设定。从企业合规的视角，指引类或标准性文件无疑是努力合规的方向，但战略层面的立法和政策的限制确是近乎难以逾越的障碍，需要企业之外的助力予以化解。当然，无论如何从美国立法趋势中分析其合规的政策和立法方向，无疑对企业合规的宏观布局具有重要参照意义。

## 5. 合规之外：欧盟对中国 5G 安全的法律认识

5G 标准化的持续推进了设备部署，围绕 5G 的安全法律问题研究也提上日程。3GPP 的阶段性 5G 规范认为，作为融合网络，5G 具有增强的移动宽带（eMBB）、海量机器类通讯（mMTC）和超高可靠低时延通信（uRLLC）的典型技术特征和设计场景，我们的安全法律研究也将从 5G 的基本技术特征展开，并逐一触及频谱、认证、加密、边界、标准等焦点问题。

2019 年 3 月，欧洲议会发布了一份关于中国在欧盟增长的技术存在与安全威胁的决议，决议要求以 5G 安全的评估与优先认证为契机，在降低欧盟层面的 5G 设备采购风险的同时，提升欧盟的产业竞争力。该决议集成并反映了当前欧盟对 5G 的一般观点，应予以关注。

随后的更新公开信息显示：2019 年 4 月 9 日，中欧领导人于比利时布鲁塞尔发表了第 21 次会晤联合声明，对于 5G、网络安全与创新合作，各方认为：

1. 中欧网络工作组旨在维护开放、安全、稳定、可接入、和平的信息通信技术环境，双方欢迎工作组正在进行的讨论，同意继续加强交流合作。双方忆及，国际法尤其是《联合国宪章》适用于并且对维护网络空间的和平稳定至关重要。双方努力推动在联合国框架内制定和实施国际上接受的网络空间负责任的国家行为准则。双方将在中欧网络工作组下加强打击网络空间恶意活动的合作，包括知识产权保护的合作。

5G 将为未来经济社会发展提供基础性支撑。双方欢迎在 2015 年中欧 5G 联合声明基础上的对话合作机制取得的进展和进一步交流，包括产业界之间开展技术合作。

2. 双方欢迎成功举行第四次中欧创新合作对话。双方确认展期《中欧科技合作协定》的意愿。

本文归纳了决议的主要内容并从本国应对角度提出了一些建议，并在一定的程度上契合了声明的某些意旨。

# 一、欧盟于 5G 相关的指令和决议背景

2018 年 12 月 11 日欧洲议会和理事会关于制定欧洲电子通信规则的（EU）2018/1972 指令；

2016 年 7 月 6 日欧洲议会和理事会关于全联盟网络和信息系统高度共同安全保障措施的（EU）2016/1148 指令；

2013 年 8 月 12 日欧洲议会和理事会关于攻击信息系统和取代理事会框架决定 JHA 2005/222 的 EU 2013/40 指令；

欧盟委员会 2017 年 9 月 13 日关于欧洲议会和理事会对 ENISA（"欧盟网络安全机构"）监管和废除（EU）526/2013 条例的提案，以及信息和通信技术网络安全认证的《网络安全法案》（COM（2017）0477）；

欧盟委员会 2018 年 9 月 12 日关于建立欧洲网络安全工业、技术和研究能力中心以及国家协调中心网络（COM（2018）0630）的规定；

2019 年 2 月 14 日一读通过的关于欧洲议会和理事会监管建议的立场，建立了对欧盟的外国直接投资的审查（screening）框架；

欧盟委员会 2016 年 9 月 14 日的《欧洲 5G：行动计划》（COM（2016）0588）；

2017 年 6 月 1 日的关于增长、竞争力和凝聚力的互联网连接的决议《欧洲：千兆社会和 5G》；

欧洲议会和理事会 2016 年 4 月 27 日关于处理个人数据和数据自由流动的保护自然人的（EU）第 2016/679 号，并废除 95/46/EC 指令的通用数据保护条例（GDPR）；

2013 年 12 月 11 日欧洲议会和理事会（EU）第 1316/2013 号条例：建立连接欧洲的设施，修订（EU）No 913/2010 和废除（EC）No 680/2007、（EC）No 67/2010 条例；

委员会 2018 年 6 月 6 日关于欧洲议会和理事会建立 2021-2027 数字欧洲计划（COM（2018）0434）规定的提案。

## 二、欧盟的 5G 基本认识和应对态势

1. 5G 网络将成为数字基础设施的支柱，通过扩大将各种设备连接到网络（物联网等）的可能性，为许多社会领域和企业带来新的利益和机会，包括关键经济部门如运输、能源、卫生、金融、电信、国防、航天和安全部门。

2. 5G 网络中的漏洞可以用于破坏 IT 系统，这可能对欧洲和国家层面的经济造成严重损害；在整个价值链中有必要采用基于风险分析的方法，以便最小化风险；应建立适当的机制应对安全挑战，使得欧盟有机会积极采取措施制定 5G 标准。

3. 考虑到对第三国设备供应商的担忧，这些供应商可能因其本国法律而对欧盟构成安全风险；需要进行彻底的调查以澄清所涉设备，或任何其他设备、供应商是否由于诸如系统后门等带来安全风险。

4. 应在欧盟层面协调和处理解决方案，以避免在网络安全中产生不同程度的潜在安全差距，同时需要在全球范围内进行协调，以作出强有力的反应。

5. 关于审查外国直接投资的规定将在 2020 年底生效，其将加强成员国根据安全和公共秩序标准审查外国投资的能力，并建立合作机制，以使委员会和成员国合作评估安全风险，包括敏感外国投资造成的网络安全风险。

6. 强调全世界对网络和设备安全影响的相似性，欧盟应从现有经验中吸取教训，以便能够确保最高标准的网络安全；呼吁欧盟委员会制定相应战略，使欧洲在网络安全技术方面处于领先地位，旨在减少欧洲在网络安全领域对外国技术的依赖；无论何时当无法保证遵守安全要求时，必须采取相应的适当措施。

7. 重申在欧盟提供设备或服务的无论其是国别的任何实体，都必须遵守基本权利义务以及欧盟和成员国法律，包括隐私、数据保护和网络安全方面的法律框架。

8. 呼吁委员会评估国际电联法律框架的稳健性，以解决对战略部门和骨干基础设施中存在易受攻击设备的担忧；鉴于欧盟正在不断确定和解决网络安全挑战并提高欧盟的网络安全恢复力，敦促委员会提出倡议，包括适当立法建议以便适时解决发现的任何问题。

9. 敦促那些尚未完全转换 NIS 指令的成员国毫不拖延地转换国内法，并呼吁委员会密切关注其转换进程，以确保其条款得到适当执行，并确保欧洲公民在应对外部和内部安全威胁时得到更好的保护；敦促委员会和成员国确保应用 NIS 指令引入适当的报告机制；提示委员会和成员国应对供应商的任何安全事件或不当反应进行彻底跟进，以解决检测到的差距；呼吁委员会评估是否有必要将 NIS 指令的适用范围扩大到特定部门立法未涵盖的其他关键部门和服务。

10. 欢迎并支持就《网络安全法案》达成的协议，加强欧盟网络和信息安全局（ENISA）的任务授权，以便更好支持成员国应对网络安全威胁和攻击。

11. 敦促委员会授权 ENISA 优先考虑制定 5G 设备认证计划，以确保欧盟 5G 的推出符合最高安全标准，并且能够抵御可能危及欧盟电信网络和附属服务安全性的后门或重要漏洞的风险；建议应特别关注通用流程、产品和软件，这些流程、产品和软件的规模化应用对公民和经济的日常生活有重大影响。

12. 重申网络安全需要的高安全标准；要求网络"默认安全"（secure by default）和"设计安全"（secure by design）；敦促成员国与委员会共同探讨确保高度安全的一切措施。

13. 呼吁委员会、成员国与 ENISA 合作，就如何在采购 5G 设备时解决网络威胁和脆弱性问题提供指导，例如通过寻求不同供应商设备的多样化，或引入多阶段采购流程。

14. 回顾当前电信法律框架对成员国确保电信运营商遵守公共电信网络完整性和可用性的要求，包括适当的端到端加密；强调根据《欧洲电子通信准则》，成员国拥有广泛的权力来调查欧盟市场上的产品，并在违反规定时采用各种补救措施。

15. 呼吁委员会和成员国将安全作为欧盟和国家级基础设施的所有公共采购程序的必要条件。

16. 提示成员国根据欧盟法律框架，特别是关于信息系统攻击的 EU 2013/40 号指令，有义务对实施诸如攻击此类系统等刑事犯罪的实体实施制裁；强调成员国应利用其对这些实体实施制裁的能力，例如暂时或永久取消从事商业活动的资格。

17. 呼吁成员国、网络安全机构、电信运营商、制造商和关键基础设施服务提供商向委员会和 ENISA 报告任何可能损害电信网络完整性和安全性，或违反欧盟法律、（公民）基本权利的后门或其他重要漏洞的证据；建议国家数据保护机构以及欧洲数据保护机构彻底调查外部供应商泄露个人数据的行为，并根据欧洲数据保护法对其实施适当的处罚和制裁。

18. 促请委员会和成员国采取必要措施，包括强有力的投资计划，在欧盟内部创造有利于创新的环境，以使得欧盟数字经济中的所有企业都能够获得这种环境，包括中小型企业（SMEs）；此外这种环境应该促使欧洲供应商开发具有竞争力的新产品、服务和技术。

## 三、我国与欧盟的 5G 政策如何互动协调

1. 欧盟与我国在 5G 等相关产业领域存有很多产业互补，任一方对网络安全的关切都属于正常，且不应也不会成为桎梏对方的障碍，实际上双方在未来的 5G 应用场景将有各自大量的优势产业涌现，5G 下的很多安全问题也需要各方合力解决。

2. 5G 的复杂网络可能导致的架构安全需要进行全周期的持续透明度安排，以消除和澄清技术背后的隐患顾虑。在透明度安排上，应统合技术与安全标准、立法（包括各方的安全审查制度）进程，并从企业、ITU 到政府层面保持沟通管道的畅通。

3. 从中欧战略发展的高度，寻求在 GDPR 等专门领域的协商与谈判机制，为更高标准和更高技术层面的数据流动和产业发展创造政策指引和机会。

# 6. 美国网络安全法律下的主动防御引介

2017年12月18日，美国公布了总统特朗普任内首份《国家安全战略》（National Security Strategy of the United States of America 2017）重申了美国优先原则，强调了包括网络安全在内的安全保障和提升体系，其认为跨国威胁"主动"损害美国利益，因此应将（威胁）的主动识别和信息共享作为提升美国能力的优先行动领域（之一）。该战略不仅是历届政府常规迭代的施政方略，同时也是对此前通过的《2018财年国防授权法案》（National Defense Authorization Act for Fiscal Year 2018, H.R.2810）中"制定有关网络空间，网络安全和网络战争的美国国家政策"（SEC.1633）的直接回应。此外，《2018财年国防授权法案》新增了多项网络安全修订案，以改变美国联邦政府防御网络攻击的方式，以及美军执行进攻性网络行动的方式。

虽然此主动防御不完全等同于彼主动防御，但对不同法案中的概念应有相互参照和宏观统合的视角。作为主动防御理念在执法层面的突围尝试，本文引入了2017年10月进入立法程序的一份法案《主动网络防御确定法案》（Active Cyber Defense Certainty Act），力图勾勒其主动防御构想的多重场景。应当强调的是，主动防御在管理和法律层面的争议已经持续多年，特别是一旦启动主动防御将会引发的内外部后果具有不可预测性，长期以来限制了其在立法层面的"主动"讨论。因此该法案对未来（特别是在自动化工具和AI等技术引发的深刻背景下）的执法实践和制度理念产生何种反应和影响仍是未知，故应引起重视。

## 第一条　简称

本法援引为《主动网络防御确定法案》。

## 第二条　国会决议

国会决议如下：

（1）网络欺诈和相关网络犯罪对美国国家安全和经济活力构成严重威胁。

（2）由于网络犯罪的特性，执法部门及时响应和起诉网络犯罪十分困难，导致现行法律威慑力低下，网络犯罪威胁快速增加。2015年，司法部只起诉了153起计算机诈骗案。国会认为这种现状不可接受，如果放任不管，网络犯罪的趋势只会继续恶化。

（3）网络犯罪分子已经研发出了新的策略，以实现其犯罪所得货币化。如果不对现行法律进行改革，从而为防御者提供新的网络工具和威慑方法，犯罪活动将被进一步激发。

（4）当美国公民或企业成为此类罪行的受害者时，首先应将这一犯罪行为报告执法机构，并寻求改进防御措施。

（5）国会同时认为，通过改进网络防御措施，包括加强培训、强密码以及对计算机系统进行定期更新和修补，可以预防诸多网络攻击。

（6）国会认为，适当运用主动网络防御技术，也有助于改善防御能力，遏制网络犯罪。

（7）国会亦认为，许多私营实体愈发关注关于遏制暗网发展导致的网络犯罪的增长问题。司法部应尝试为暗网中实施主动防御措施的实体明确合理的行为规则，以便该防御者能退回过失获取的私人财产，例如知识产权和财务记录。

（8）国会还认为，尽管联邦机构需要优先处理具有国家级重要性的网络事件，但通过更积极地回应以各种报告机制报告的犯罪行为，协助私营机构也是潜在趋势。由于许多网络犯罪报告未获得及时回应，导致许多企业和个人对该犯罪行为处理措施的严重不确定性。

（9）计算机防御者也应该格外小心，以避免违反攻击者计算机所在国的法律。

（10）国会认为，主动网络防御技术只能由合格的防御者使用，该防御者在使用归因技术时应当高度保密，并且应该极其谨慎，以避免对中间计算机（intermediary computer）造成影响或导致网络活动的升级。

（11）本法旨在通过阐明防御者可以使用的超越自身计算机网络界限的工具和技术类型，以提供法律的确定性。

## 第三条 使用归因技术（attributional technology）的豁免

美国法典第 18 篇第 1030 条，新增以下内容：

（k）使用归因技术的豁免——

（1）本条不适用于防御者为响应网络入侵的特定目的使用程序、代码或命令，通过返回信号、位置或特定数据，以识别信号源的归因技术的情况，如果：

（A）该程序、代码或命令来自防御者的计算机，但被未经授权用户复制或移除，以及；

（B）该程序、代码或命令不会破坏攻击者计算机系统中的数据或损害该计算机系统的基本操作功能，或故意创建后门以侵入该计算机系统。

（2）定义——"属性数据"是指各种数字信息，如日志文件、文本字符串、时间戳、恶意软件样本、标识符（包括用户名称、IP 地址等）、元数据以及其他通过取证分析技术收集的数字文件。

# 第四条　对已采取主动网络防御措施的特定计算机犯罪行为免于起诉

美国法典第 18 篇第 1030 条，新增以下内容：

（1）主动网络防御措施不违反——

（A）一般规定。若某一行为属于本条规定的主动网络防御措施，则可构成针对刑事检控的抗辩。

（B）不适用于民事诉讼——对本条所规定的检控行为的抗辩并不妨碍主动防御措施所针对的美国个人或实体寻求民事救济的权利，包括依照（g）款提出补偿性赔偿或禁令救济。

（3）定义——本款中：

（A）防御者，指某个人或实体，该个人或实体是计算机被持续、未经授权侵入的受害者；

（B）主动网络防御措施，

　（i）指以下任一措施：

　　（I）由防御者实施或在其指示下实施；且

　　（II）为以下目的，未经授权访问向防御者网络实施攻击的攻击者的计算机以收集信息：

　　　（aa）确定犯罪活动性质，以与负责网络安全的执法机构及其他美国政府机构共享；

　　　（bb）阻断针对防御者网络的、持续的、未经授权的访问行为；或者

　　　（cc）监视攻击者行为，以为将来研发入侵防御或网络防御技术提供协助；

　（ii）但不包括以下行为：

　　（I）故意破坏或导致存储在其他个人或实体计算机上的，不属于该受害者的信息不可用；

　　（II）过失（recklessly）导致（c）（4）款所述的人身伤害或经济损失；

（Ⅲ）对公众健康或安全构成威胁；

（Ⅳ）故意超出在该中间计算机（intermediary computer）上执行侦察所需的行为限度，以允许对该网络进行持续性的入侵。

（Ⅴ）故意侵入或远程访问中间计算机；

（Ⅵ）故意对个人或实体的网络连接实施持续破坏，导致（c）（4）款所定义的损害；或者

（Ⅶ）影响（a）（1）款规定的访问国家安全信息的计算机,（a）（3）款规定的政府计算机，或（c）（4）（A）（i）（Ⅴ）规定的为或由政府实体用于管理司法、国防或国家安全的计算机系统。

（C）攻击者，是指未经授权持续侵入受害者计算机的个人或实体；

（D）中间计算机，是指不属于攻击者所有，也不在其主要控制下的，但被用来发起或掩盖持续性网络攻击根源的个人或实体的计算机。

## 第五条　关于实施网络防御措施的通知要求

美国法典第18篇第1030条，新增以下内容：

（m）有关实施网络防护措施的通知要求：

（1）一般规定。根据前条实施主动网络防御措施的防御者必须事先通知联邦调查局国家网络调查联合工作组（FBI National Cyber Investigative Joint Task Force），并收到联邦调查局确认收到前述通知的答复。

（2）必需信息。通知必须包括：导致个人或实体成为受害者的网络违法行为类型，主动网络防御措施的预期目标，防御者为保存攻击者网络入侵犯罪行为的证据而计划采取的措施，以及为防止造成不属于攻击者所有的中间计算机的损害而计划采取的措施，以及FBI要求协助监督的其他信息。

## 第六条 主动防御措施的自愿性前置审查

（a）试行方案。FBI 应与其他联邦机构协调，制定一项试行方案，在本法施行后试行两年，以允许针对主动防御措施进行自愿的事先审查。

（b）事先审查。计划根据第 4 条实施主动防御措施的防御者，可事先通知 FBI 国家网络调查联合工作组，以便 FBI 及其他机构可以对该通知进行审查，并就如何修改提出的主动防御措施以更好符合联邦法律和第 4 条，以及改进措施的技术操作进行评估。

（c）优先请求。FBI 可根据资源的可用性决定如何向防御者发布此类指导的优先性。

## 第七条 关于联邦政府遏制网络诈骗和网络犯罪进展的年度报告

司法部经与国土安全部和其他相关联邦机构协商后，应在每年的 3 月 31 日之前向国会提交一份年度报告。该报告应详细列出上一年度有关遏制网络犯罪的执法行为结果。

该报告应当包括：

（1）美国公民和企业向 FBI 各地机构、特勤局电子犯罪工作组、互联网犯罪投诉中心（IC3）网站和其他联邦执法机构报告的计算机欺诈案件数量；

（2）公开报告的计算机欺诈罪行的调查数量，以及独立于报告的任何具体罪行的调查数量；

（3）根据美国法典第 18 篇第 1030 条和涉及网络犯罪的其他相关法规起诉的网络欺诈案件数量，包括案件结果；

（4）查明由美国嫌疑人实施的计算机诈骗罪的数量和由外国嫌疑人实施的诈骗罪的数量以及外国嫌疑人的国籍详情；

（5）被执法活动禁止的暗网网络犯罪市场和犯罪网络的数量；

（6）评估美国公民和企业因勒索软件和其他欺诈性网络攻击而遭受的总体财务损失；

（7）分配调查和起诉网络犯罪的执法人员的数量；以及

（8）按照本法要求提交的主动网络防御通知的数量，以及对通知程序和自愿前置审查试行方案的全面评估。

## 第八条 要求司法部更新网络犯罪起诉指南

（a）司法部应根据本法的修改，更新《计算机犯罪起诉手册》。

（b）鼓励司法部寻求更多机会向公众阐明手册和其他指南，以反映不断发展的防御技术和网络技术。这些技术的使用不应违反美国法典第18篇第1030条，及其他联邦法律和国际条约。

## 第九条 有效期

本法规定的免予起诉的时效自本法生效之日起两年后届满。

# 7. 美 CLOUD 法案综述与对中国境内服务提供者影响

2017年3月，美国会引入了《澄清域外合法使用数据法案》（Clarifying LawfulOverseas Use of Data Act——外界普遍引用为 CLOUD 法案），该法案旨在提高执法过程中获取跨国界存储数据的能力，对包括 2013 年底开始的微软与美国政府之间境外数据令状案在内的执法困境作出立法回应。而与此同时，2018年2月底美最高法院开庭审理该微软案，即将给出司法机关的最终意见。

## 一、云法案主要内容

法案认为，（1）及时获取通信服务提供者持有的电子数据是政府为保护公共安全和打击包括恐怖主义在内的重大犯罪的关键。（2）美国政府的这种努力正在因为无法获取美国境外存储的数据而受到阻碍。而监管、控制或拥有这些数据的通信服务提供者本身受到美国法律的管辖。（3）为了打击严重犯罪，外国政府也越来越多地需要获取美国通信服务提供者持有的电子数据。（4）当外国政府要求通信服务提供者披露美国法律可能禁止披露的电子数据时，通信服务提供者面临着潜在的冲突法律义务。（5）按照美国法典第18章第121条（存储通信法）的规定，要求披露外国法律禁止通信服务提供者披露的电子数据时，同样可能会造成类似的冲突法律义务；（6）美国与相关外国政府对法治和保护隐私和公民自由作出相同承诺和达成国际协定，这些国际协定中包含了解决潜在冲突法律义务的机制。

为此，法案对法律程序的国际文节分析、政府间数据获取的执行协议（Executive agreements）的形式分别作出回应，以尝试：（1）解决类似微软案的美执法机关如何获取境外数据的问题，（2）作为对连锁反应的反应，如何回应外国政府对美提出的类似要求。

（一）法案规定，电子通信服务或远程计算服务的提供者（"服务供应商"）应当遵守法案规定的义务，保存、备份和披露有线和电子通信的内容以及拥有、监管或控制的与其用户或订户的相关的任何记录或其他信息，无论此类通信、记录或其他信息位于美国境内或是境外。作为例外或限定性规定，法案给予服务供应商在14天内提出撤销或变更（获取数据）法律程序的动议的权利，理由可以是：（1）目标对象不是"美国人"且不在美国境内居住；（2）所要求的披露将会使服务供应商陷入违反适格外国政府法律的实质性风险。

进一步，法案规定了政府可以对服务提供者的申请作出回应，除了判断是不是美国人和对外国法律的违反外，法院可以综合考虑政府对"个案情形"的阐释，决定最终是否对法律程序作出改变或撤销。特别是：（1）美国利益（the interests of the United States）。（2）适格外国政府（qualifying foreign government）对于保护禁披露信息的利益。（3）由于对提供者施加不一致的法律要求，使得提供者或提供者雇员面临处罚的可能性、程度以及性质。（4）被要求提供通信记录的用户或订户的位置和国籍（如可知），以及用户或订户与美国之间联系的性质和程度。（5）提供者与美国之间的联系及其在美国活动的性质和程度。（6）要求披露的信息对于调查的重要程度。（7）使用其他后果较轻的替代性手段并能及时有效获取所需披露信息的可能性等。也即，如果法院经过制衡决定优先考虑美国利益，服务提供商也需提供境外数据，即使是外国人或与外国法律存在冲突。

（二）外国政府对美（包括美国企业或位于美国境内两种情况）数据收集方面，法案要求在符合适格外国政府的前提下，进行大小约30项的实质性检视，以确保外国政府对"隐私权和公民自由提供了实质性和程序性的强有力保护"。包括：（1）在网络犯罪和电子证据方面有足够的实体法和程序法，例如是否为《（打击）网络犯罪公约》缔约国。（2）尊重法治和不歧视原则。（3）遵守相关的国际人权义务和承诺,或表示尊重国际普遍人权。(4)有明确的法律强制性要求和程序以管理被执行协议授权允许获取数据的政府部门,包括收集、保留、使用、共享数据以及有效监督这些活动的程序。(5)有足够的机制保证对该外国政府收集和使用电子数据的行为进行问责和提供适当的透明度。(6)对促进和保护全球信息自由流通和互联网的开放、传播和互联性作出承诺。(7)已采取适当的程序,尽量减少获得、保留和传播关于受协议约束的美国人的信息。在具体的执行协议下,外国政府的"政令"(order)应:(1)目的应当是为了获取与避免、侦测、调查或起诉重大犯罪(包括恐怖主义)相关的信息。(2)应当指明具体的个人、账户、地址、个人设备或其他具体的标识符作为政令的对象。(3)应当遵守该国的国家法律,且电子通信服务或远程计算服务的提供者出示数据的全部义务都应当具有法律依据。(4)应当基于有关被调查行为的特殊性、合法性、严重性及其根据可说明和可信事实做出的合理解释的要求。(5)应当受到法院、法官、裁判官或其他独立机关的审查或监督。(6)如果是截取有线或电子通讯及其任何延伸的命令,须要求该截讯命令持续时间固定且有限,不得超过完成该命令合法目的所需的合理必要的时间;且只能在无法用更加温和的手段合理获取信息时适用。

其他规定还包括:(1)外国政府发布的政令不得用于侵犯言论自由。(2)外国政府应及时审查根据协议收集的资料,并将任何未经审阅的通讯存储在安全系统上,只有经过适用程序培训的人员才能访问。(3)外国政府应当采用尽可能符合……关于最小化程序定义的程序,分隔、封闭、删除且不传播与预防、侦查、调查或起诉包括恐怖主义在内的严重犯罪(非公开信息)。(4)外国政府不得传播美国人与美国当局之间通信的内容。(5)外国政府应提供互相访问数据的权利,包括在适当的情况下取消对通信服务提供商(包括受美国管辖的提供商)的限制……。(6)外国政府应同意定期审查其遵守由美国政府执行的协议条款的情况。(7)当美国政府认为政令不可援引该协议时,美国政府保留认定协议不适用的权利。

除上述外,程序上则包括要求总检察长在与国务卿达成一致决议,并向国会提交书面认可文件,国会则会对此进行进一步听证、审查等。整体而言,法案目前仍处于引入国会阶段,考虑其与最高法院最终裁判的影响等因素,最终版本和通过仍具不确定。

## 二、对境内服务提供者的影响

在2018年3月《云法案》正式签署成为法律后,在中国境内提供网络服务的"服务提供者"将不可避免的考虑适用和协调监管问题。按照服务提供者所属国是否落入云法案的范围,涉及的具体情况至少包括:

1.类似腾讯、阿里(假定或视同为境内企业)等服务提供者,基于云法案所明确的"密切联系"和"属人属地"等原则的混用,将面临向美执法机构提供数据的问题。具体又可以细分为:(1)同时在中美两国,或可链接的第三国提供服务;(2)向(可能的)美国用户提供相关服务,而不论用户在物理上位于中国或是美国。

由于刑事个案在网络环境下嫌疑人所属国并不易确定,故云法案所称"目标对象不是'美国人'且不在美国境内居住"实务中难以操作。此时将涉及《网络安全法》数据出境、是否同时向境内公安部门报告、如何确定优先选择等问题。

2.类似亚马逊、苹果、微软等云服务商,也可能同时向中美两国用户提供服务,此次将按照美执法机构要求向其提供数据。此时也将涉及《网络安全法》数据出境、是否同时向境内公安部门报告、如何确定优先选择等问题。特别是服务提供者的跨境数据冗余、备份,对非内容数据(由于数据量较少和关联、分析需要),可能直接存储在美国。

除数据出境评估之外,还涉及是否以云法案要求为依据,拒绝向境内监管部门提供,或者以境内监管部门要求为依据,拒绝向美执法机构提供的跨境执法协调问题。

3.美执法机构可能直接,或通过服务提供者行使的远程访问、勘验、提取等证据收集动作,如何评估此类风险对境内服务提供者的运营连续性、安全性的影响,特别是云服务环境下的"穿透"对云服务本身的信任机制和协议承诺造成的冲击。

## 8. 美东断网事件点评

2018年9月18日，三名刚刚大学毕业，二十出头，黑客帕拉什哈（ParasJha）、达尔顿·诺尔曼（Dalton Norman），与乔赛亚·怀特（Josiah White）被判处五年缓刑、62周半的社区服务和没收127000美金犯罪财产。他们找出了物联网中的漏洞，开发了著名的"botnet"僵尸病毒Mirai，成功控制了难以计数的摄像头等联网IoT设备，并用来对计算机系统发动攻击，导致访问流量飙升，乃至网络瘫痪。此类网络攻击，造成了著名的美国东部断网事件，一天之内引起三次大规模断网，击垮了推特、Netflix、Paypal等多家大流量公司，造成了数十亿美金的损失。同时，他们对外出租这项技术，替自己的客户发动非法攻击，从中盈利。为了防止被抓，帕拉什哈将Mirai的源代码公开在了网络上，许多黑客纷纷利用这份源代码及其变体攻击全球的计算机系统，造成的影响和隐患至今难以根除。

2017年12月，FBI公开了三人的案卷，公众这才知道三名黑客已经落网，根据警方的说法，三人对自己的犯罪事实供认不讳，悔罪表现良好，节省了大量司法资源，因此公诉方同意与三人进行控辩交易（plea bargain）。在此后的一年中，三人与FBI网络安全工作组合作，防御病毒攻击，寻找利用Mirai变体病毒攻击计算机的黑客，俨然成了FBI团队的技术编外人员。FBI也承认，从三位黑客身上学到了很多知识，而他们获取轻量刑罚的条件之一就是继续为FBI效力。

从法律上来说，对三名黑客的量刑是控辩交易的结果，三人触犯的法律是美国计算机欺诈和滥用法（Computer Fraud&Abuse Act），18 U.S.C. 1030（a）（5）

(A)款，明知地传输进程、信息、代码，或命令，有意对受到保护的计算机造成非法伤害。这项罪名的刑法上限是10年监禁，25万美金罚款，及两倍违法所得或造成的损失。因为三人有悔罪行为，且对警方提供了大量帮助，在三人认罪的前提下，检方建议法庭依照美国量刑标准减少刑罚。因本案并没有正式提起诉讼，法律程序全程由法官主导，没有陪审团的参与、开庭，以及证据开示，法官最终给出的刑罚想必是听取律师、公诉方、被告多方诉求之后得出的合理判罚。

假设此案发生在中国。依据《刑法》第二百八十五条第一款，第三款禁止的先期的（通过工具）入侵高校网络和信息系统行为，和主要的"提供专门用于侵入、非法控制计算机信息系统的程序、工具"的行为。同时，由于该工具同时具有用于侵入和干扰的功能，故不排除适用《刑法》第二百八十六条第一款，即对计算机信息系统功能进行删除、修改、增加、干扰，造成计算机信息系统不能正常运行。一旦认定违反《刑法》第二百八十六条第一款，造成后果特别严重的，刑罚是五年有期徒刑起。

另外值得一提的是，在《网络安全法》下，网络运营者具有对网络部署安全保护的义务，假使认定黑客的攻击断网与缺乏安全保护措施和管理有关，则网络运营者可能承担《网络安全法》乃至《刑法》第二百八十六条之一中"拒不履行信息网络安全管理义务"的法律责任。

# 9. 日欧数据跨境充分性互认决定评析

## 一、联合声明

2019年1月23日，欧盟司法、消费者和性别平等专员韦拉约（VěraJourová）和日本个人信息保护委员会专员川上春彦（HaruhiKumazawa）的联合声明

欧洲专员韦拉约和专员川上春彦欢迎今天欧洲委员会和日本个人信息保护委员会（PPC）通过互相承认对方个人数据保护系统的（充分性互认）决定（"决定"）。日本今日通过相同的决定，该充分性互认开始生效。

声明指出，这些充分性互认决定创建了世界上最大的安全数据传输领域。其建立在两个系统之间的高度融合的基础上，这两个系统主要依赖于总体的隐私法律、一组核心的个人权利（的设定）和独立数据保护机构的执行。由于数据隐私和安全已经成为消费者信任的核心因素，基于强制性的法律和强有力的执法，这种融合可以确保双方日益增长的数据驱动型经济的可持续性，并促进商业流动。

现在，欧盟和日本公民在数据交流时将获得对其个人数据的可靠保护，而所有公司将从向对方经济体的免费数据传输中受益。通过这种方式，此次的决定补充并增强了经济合作协议（EPA）的优势，并有助于欧盟与日本之间的战略伙伴关系。

通过这种充分性互认安排，欧盟和日本重申致力于双方在隐私领域的相同价值观，并加强在基于对个人数据高度保护基础上制定全球标准的合作。

这是 2018 年 9 月启动的程序的最后一步，其中包括欧洲数据保护委员会（EDPB）的意见以及由欧盟成员国代表组成的委员会的协议。

## 二、充分性决定的关键要素

联合声明认为，在通过其充分决定之前，日本实施了额外的保障措施，以保证从欧盟转入的数据受到符合欧洲标准的保护。这些保障措施包括以下内容：

1. 一组补充规则，它将弥合两个数据保护系统之间的若干差异。这些额外的保障措施将加强例如敏感数据的保护、个人权利的行使，以及欧盟数据可以从日本进一步转移到另外的第三国的条件。这些补充规则将对从欧盟入境数据的日本公司具有约束力，并可由日本独立数据保护机构（PPC）和法院强制执行。

2. 一组保障措施，日本政府还向欧盟委员会保证有关日本公共当局进入刑事执法和国家安全目的的保障措施，确保任何此类个人数据的使用仅限于必要和相称的（目的），并受到独立的监督和存在有效的补救机制。

3. 一组投诉处理机制，用于调查和解决欧洲公民对日本公共当局访问其数据的投诉。这一机制将由日本独立数据保护机构管理和监督。

充分性决策也补充了欧盟与日本经济合作协议——该协议将于 2019 年 2 月生效。欧洲公司将受益于与主要商业合作伙伴的无阻碍数据流和 1.27 亿日本消费者的数据接入。欧盟和日本确认，在数字时代促进隐私和个人数据保护标准以及国际贸易可以并且齐头并进。

## 三、评估机制

基于以上决定，欧盟与日本将进行第一次联合审查以评估框架的运作情况。评估将涵盖充分性调查的所有方面，包括"补充规则"的应用和政府获取数据的保证。欧洲数据保护委员会的代表将参与有关执法和国家安全目的的数据访问的审查,随后将至少每四年进行一次审查。

## 四、背景

正如 2017 年 1 月在欧盟委员会关于在全球化世界中交换和保护个人数据的通信中所宣布的那样,与日本的相互充分安排是欧盟国际数据流动和保护战略的一部分。

欧盟和日本于 2018 年 7 月 17 日完成了互惠充足的谈判。双方同意承认对方的数据保护系统充分并足以允许个人数据在欧盟和日本之间安全转移。

2017 年 7 月,欧盟委员会主席和日本首相承诺采纳充分性决定,作为欧盟和日本共同致力于在国际舞台上推广高数据保护标准的一部分。

欧盟的个人数据处理基于一般数据保护条例(GDPR),条例对将个人数据传输到第三国的不同工具作出了规定,包括充分性决策。欧盟委员会有权决定欧盟以外的国家是否提供足够的数据保护。欧洲议会和理事会可以要求欧洲委员会维持、修改或撤销这些决定。

根据 GDPR 第 45 条,欧盟委员会有权决定一个非欧盟国家的国内立法或国际承诺能否提供足够的数据保护。采纳充分性决定需要具备以下条件:(1)欧盟委员会的提案;(2)欧洲数据保护委员会的意见;(3)欧盟国家国家代表的认可;(4)欧盟委员采纳该决定。

在任何时候,欧洲议会和理事会可以要求欧洲委员会维持、修改或撤销充分性决定,理由是其行为超出了法规规定的实施权力。这种决定的效果是个人数据可以从欧盟(以及挪威,列支敦士登和冰岛)流向该第三国,而无需任何进一步的保障。换句话说,向有关国家的转移将被同化为欧盟内部的数据传输。

欧盟委员会迄今已承认安道尔、阿根廷、加拿大(商业组织)、法罗群岛、根西岛、以色列、马恩岛、泽西岛、新西兰、瑞士、乌拉圭和美利坚合众国(仅限于隐私盾框架)能提供充分的保护。

此外,欧盟正在与韩国进行充分的谈判。关于日本的充分性决定的通过程序的启动日期为 2018 年 9 月 5 日。

这些充分性决定不包括执法部门的数据交换，这些交换受"警察指令"（（EU）2016/680 指令第 36 条）的管辖。

## 五、关于日本充分性决定的问答

**1. 充分性决定是什么？**

充分性决定是欧盟委员会做出的决定，确认第三国通过其国内法或其国际承诺对个人数据的保护水平与欧盟近似，因此，个人数据可以安全地从欧洲经济区（EEA）（28 个欧盟成员国以及挪威，列支敦士登和冰岛）流向该第三国，而不需要任何进一步的保护或授权。这一充分性决定将涉及日本"个人信息保护法"（APPI）提供的保护。因此，它适用于向日本商业运营商传输所有个人数据。

**2. 根据 GDPR 规定的将个人数据从欧盟转移到第三国的工具之一是充分性决定。评估充足性的标准是什么？**

充分性不要求第三国的数据保护系统与欧盟的数据保护系统相同。它基于"基本对等"的标准。它涉及对该国数据保护框架的全面评估，包括适用于个人数据的保护保障以及可用的相关监督和补救机制。欧洲数据保护机构已经建立了一个元素目录，在评估另一个国家的数据保护是否充分时必须考虑这些因素。

**3. 日本如何满足充足性的评判标准？**

日本相关委员会通过了其决定，即欧盟和日本的数据保护水平相当。与此同时，日本采取了同等的决定。这将创建世界上最大的安全和免费数据传输领域，且基于高水平的保护。尽管欧盟已经与其他几个国家做出了单方面的充分性决定，但这是欧盟和第三国首次就相互承认适当的数据保护水平达成一致意见。

与欧盟一样，日本最近对其数据保护立法进行了更新。增加了两个系统之间的趋同，这体现在承认数据保护是一项基本权利、一套共同的保障和个人权利，以及独立数据保护机构的监督和执行等方面。

在欧盟方面，这一充分性结果是根据日本将在转移到其国家时应用于欧洲人数据的一系列额外保障措施来决定的。这些保障措施将弥合两个数据保护系统之间的某些差异。例如，日本对敏感数据的定义将得到扩展，个人权利的行使将得到促进，欧洲人的数据从日本进一步转移到另一个第三国将受到更高级别的保护。日本还同意在日本数据保护机构（个人信息保护委员会）的监督下建立处理和解决投诉的制度，以确保欧洲人在日本执法机构和国家获取数据时可能提出投诉，并得到有效调查和解决。

4. 充分性决定何时适用？

委员会于 2018 年 9 月启动了通过 GDPR 下的充分性决定的程序。包括从欧洲数据保护委员会获得意见，该委员会汇集了所有国家数据保护机构，以及由欧盟成员国代表组成的委员会。这一程序先已完成，委员会于 2019 年 1 月 23 日通过了充分决定。日本同日通过相同的决定。

5. 充分性决定对与日本的贸易协议有何影响？

对于欧盟而言，隐私不是一种可以交易的商品。关于与第三国的数据保护和贸易谈判的对话必须遵循不同的轨道。

EPA（经济伙伴关系协定）的适用不影响各方在数据保护领域的立法。同时，通过允许欧盟和日本之间安全地传输个人数据，相互适当性调查结果将进一步促进商业交流，从而补充和扩大"经济伙伴关系协定"的利益。

6. 充分性认定是否受到时间限制？

没有时间限制，但充分性决定将被定期监测。委员会将在通过两年后对日本进行充足性决定的首次审查，之后每四年进行审查。

如果未来发展会影响到保护级别已被认定为充足的第三国，充分性决定将被密切监测、调整甚至取消。

7. 欧盟已经与其他国家做出了充分性决定吗？

委员会已通过以下国家和地区的充分性决定：安道尔，阿根廷，加拿大，法罗群岛，根西岛，以色列，马恩岛，泽西岛，新西兰，瑞士，乌拉圭和美国（欧盟 - 美国隐私盾）。日本的充分性决定是自 GDPR 适用以来首次采用的决定。

关于加拿大和美国的决定是"部分"充分性决定。关于加拿大的决定仅适用于属于"加拿大个人信息保护和电子文件法"范围的私营实体。欧盟与美国隐私保护盾框架是一种"部分"充分性决定，因为在美国没有通用数据保护法的情况下，只有承诺遵守绑定隐私盾协议的公司才能从免费数据传输中受益。

**8. 与日本做出充分性决定有什么好处？**

与日本做出充分性决定将使欧洲公民和企业受益。当他们的数据传输到日本时，欧洲人将受益于更高的保护水平，符合欧盟隐私标准。

欧盟和第三国第一次同意相互承认充分的保护水平。因此，欧洲公司将受益于来自日本的无阻碍数据传输以及对其 1.27 亿消费者市场的特权访问。通过这种方式，这些充分性调查结果将补充和增强经济伙伴关系协定的利益，该协议于 2019 年 2 月 1 日生效。

# 10. 黑客眼中的 CCPA，及对 HackerOne 的 CCPA 评论的评论

2018年6月28日，美国加利福尼亚州议会通过《2018加州消费者隐私法案》（California Consumer Privacy Act of 2018/Assembly Bill No. 375）（CCPA）。2019年4月 HackeRone（我们将中文名定为"蟹壳黄"）对 CCPA 进行了解读，本文就其核心观点予以简述分析并评价。

报告主要分析了 CCPA 的意旨以识别风险，并从脆弱性（漏洞）风险控制角度给出了若干建议。报告开宗明义地表示：感谢新的加州消费者隐私法案（CCPA），消费者将在2020年能够知道他们的数据在哪里。个人数据收集及相关隐私问题一直是过去几年的热门话题，尤其是在安全行业，各国政府正在关注并实施了新的规定。2018年欧盟的 GDPR 对企业而言产生了重大挑战，而更多的政府也开始认真研判隐私政策，因此企业应该为变革做好准备。

1. CCPA 要求企业保护加州消费者的个人数据和隐私。作为一项加州法规，其规定消费者有权（但无义务）告知企业不要共享或出售他们的个人信息，并要求企业负责保护消费者信息，旨在使得消费者能够更好地控制所被收集的个人信息。"蟹壳黄"预计其他州和联邦政府也将在2019年推动或通过类似法案。截至目前，除了其他八个州，纽约州和马萨诸塞州也引入了类似法案。2018年秋天，特朗普政府通过商务部国家电信和信息管理局（NTIA）寻求意见，彼时也提出了其数据隐私政策的指引性路线，因此我们预计未来将会有更多的指引或要求出台。

2. CCPA 要求特定企业在其服务的消费者提出要求时披露和提供其持有的

个人信息。对于业务为处理识别消费者家庭或个人信息的企业来说，可能会受到该行为的约束。同时，如果企业收入超过 2500 万美元，无论其是否从加州收集个人信息，都需要承担此项义务。CCPA 保护适用于所有加州居民，无论其与企业属于何种的关系（例如员工、客户、业务联络），也不论个人信息为在线、离线收集，或企业主要业务位于何处。该法案还授权加州居民有权特别要求提供关于个人信息的更详细信息，以及从企业获取其个人信息的便携式副本的权利。数据必须呈现为消费者可直接使用的格式（即非计算机语言），这样才能完全理解存储的数据。

CCPA 进一步规定加州居民拥有禁止企业出售其个人信息，并要求企业删除其个人信息的权利。除了加州检察长的法定处罚外，CCPA 还规定了在数据泄露事件中保护消费者的举措以赋予消费者更多的行动权。如果企业未能使用加密（encryption or redaction）保护个人身份信息，则消费者有权采取法律行动，并在数据泄露时接受违规企业的赔偿。企业应当实施和维护"合理的安全程序和实践"，否则将面临集体诉讼。

3. 报告认为，CCPA 引入的合规流程堪比 GDPR，是美国"最严厉、最全面的个人隐私保护法案"。同时其复杂性将引入新的（强制加密）技术和（多方交易）法律风险。实现满足上述要求的流程可能非常复杂，因为可能涉及第三方数据交易者和供应者，从而增加了发生错误和安全漏洞的风险。

毫无疑问的是，个人身份信息（PII）必须予以保护。但保护数据的最有效方法并不是先将其存储。不要存储任何不必要的数据，并尽可能严格地定义数据的"不必要性"，以尽可能地缩小可能泄露的数据范围。对于必须存储的数据，应当使用强加密的算法对其进行加密，并严格限制只有那些必需该数据才能执行其工作职责的员工访问。此外应考虑实施有效的日志记录，以便跟踪所有数据访问行为并检测异常情况。

此外，存储本身不包含 PII 的数据集时也应予以考虑，特别是当与其他存储数据进行组合时，由于增加了足够的上下文而可能成为 PII 的数据集。

4. 为此，"蟹壳黄"建议应在漏洞和 CCPA 之前先予以行动（Get Ahead Of Vulnerabilities To Get Ahead Of CCPA）。从现在开始考虑如何验证消费者对数据的请求,并改进个人信息安全程序。遵守 CCPA 的最佳方式是实施最佳安全实践并避免数据泄露。

满足 CCPA 日益临近的生效紧迫性需要资金和跨组织的团队合作。企业如果在日常运营中收集有关消费者的任何数据,应该评估 CCPA 的适用性和遵从措施。认为适用 CCPA 的企业应当考虑相应的漏洞控制措施,例如:(1)实施漏洞披露政策(VDP)。这是在漏洞变为泄露事件之前识别漏洞的第一步,以受控方式识别漏洞将有助于在漏洞利用之前得以修复;(2)设立并不断根据实际情况更新漏洞赏金计划。CCPA 需要定期测试和评估系统,持续的赏金计划提供了激励措施,让白帽黑客找到更多漏洞(例如意外泄漏客户数据),以便在其变成违规行为之前找到它们。

5. 整体上,"蟹壳黄"的"最小必要"和"因需知晓"的法律原则并未突破对个人信息保护原则的一般认知,但其从漏洞角度的解读仍非常有启发性。其认为 CCPA 的合规的核心点在于企业层面的有效 VDP 政策,但其部署实施并不容易。由于法案本身规定的不明确性,这导致企业一方面需要部署强加密等保护措施,例如由于考虑到端到端加密的责任在于用户(企业不持有密钥),故如涉及加密个人信息的违法,将难以按照 CCPA 处理;另一方面,大量合规措施的引入将可能导致新的漏洞脆弱性,需要全程排查漏洞风险,特别是新业务类型的技术和法律特征(例如 ZAO)需要对协议文本进行再造,业务流程需要重新梳理。从这一角度看,传统的"三同步"政策可能也需要与时俱进,实现契合企业实际的调整。

## 11. 不安全网络上普密与商密复用的政府事务实践与法律——以澳大利亚政府的《信息安全手册》为例

**1. 问题的提出**

《密码法（草案）》对核密、普密（为方便起见，统称"普密"）与商密作出了规定，但两者的加解密算法、密钥生成与分发机制（协议）的关系等核心内容，在条文层面并非直接可见。这一方面固然受限于法律语言对技术表达的局限，另一方面确实体现了法律规制技术的能力要求和制度约束。

那么实践中到底如何界定普密和商密在政府事务中的适用？普密算法、密钥（长度、机制等等）、协议等是否与商密截然不同？如此一来是否各自为单独的研发、生产、销售机制？本文对澳大利亚《信息安全手册》的密码章节内容进行了介绍，可以窥见现代密码学在网络环境下的应用。

**2. 以数据状态出发的政府数据加密需求**

《信息安全手册》首先从政府数据的加密级别出发，对数据状态作静态（存储）和动态（传输）的区别，指出应用加密的必要性——静态数据加密可减少ICT设备和媒体的物理存储和处理要求，传输数据加密可用于为通过公共网络基础设施传送敏感或机密信息提供保护。

这一点与我国《保守国家秘密法》、《密码法》的规定基本一致。

**3. 政府密码使用的评估与更新机制**

《信息安全手册》明确由澳大利亚国防信号局（ASD）进行加密设备或加密

软件的密码评估（ACE），并规定可以引用美国联邦信息处理标准（FIPS）140对加密模块的认证机制——如模块的加密功能已根据 FIPS 140 进行验证，则 ASD 可自行决定并与供应商协商，缩小 ACE 评估的范围。

在这一点上，尽管国内也有诸多算法提交 NIST 验证，但显然我国《密码法》不能直接参照。

整体上《信息安全手册》的这项规定类似于《密码法》第十三条"国家加强核心密码、普通密码的科学规划、管理和使用，加强制度建设，完善管理措施，增强密码安全保障能力"，但其可辨识度更高。

### 4. 对高密级政府信息的加密保护机制

《信息安全手册》规定，应使用高认证加密设备（HACE）保护高度机密的信息。HACE 旨在使用加密技术降低高密级保密信息的物理存储和处理要求。由于 HACE 的敏感性以及公开信息限制，应在使用之前联系澳大利亚网络安全中心（ACSC）。具体为四类：

（1）包含**敏感信息**的 ICT 设备或媒体……，应使用 ASD 的批准加密算法（AACA 分为三类：非对称／公钥算法、散列算法和对称加密算法）的加密软件。

（2）包含**机密信息**的媒体……，则应使用已完成 ACE 评估的加密软件。

（3）包含**高度机密**信息的 ICT 设备或媒体……，则应使用 HACE 设备。

（4）对于**特定的政府公开信息**，AACA 可用以加密。

这一点上与《密码法》基本一致。实务中，按照保密法和《密码法》的具体配套规定，也有相应的操作指引。

### 5. 在不安全网络上的加密传输

这一点其实各国都特别关注，比如美国有分级分类的安全网络 SIPRNet 和 JWICS 等。那么到底能否通过互联网传输密级数据？《信息安全手册》规定：(1) 使用 ASD 批准的加密协议（AACP）的加密设备或加密软件用于通过公共网络基础设施和不安全的空间传送敏感信息。(2) 已完成 ACE 评估的加密设备或加密软件可用于通过官方网络、公共网络基础设施和不安全的空间传输机密信息。(3) HACE 用于通过较低分类、官方网络、公共网络基础设施和不安全空间的网络传递高度机密的信息。

《保守国家秘密法》第二十四条实际上也给出了类似规定，"机关、单位应当加强对涉密信息系统的管理，任何组织和个人不得有下列行为：（一）将涉密计算机、涉密存储设备接入互联网及其他公共信息网络；（二）在未采取防护措施的情况下，在涉密信息系统与互联网及其他公共信息网络之间进行信息交换"，这里的防护措施，主要的指向便是加密措施。因此在强加密的前提下，实际上可以在不安全的网络中进行涉密信息的传递。

### 6. 加密算法（AACA）中的 B 包

ASD 批准用于特定配置和评估保护秘密（SECRET）和绝密（TOP SECRET）信息的加密算法与美国 NIST 的 Suite B（B 包）类似，并通过特定算法/协议和密钥长度来区分加密秘密、绝密信息，例如：用于加密的 AES 算法，如用于加密秘密信息，密钥长度为 128 bit key or 256 bit key，如用于加密绝密信息，则为 256 bit key。

### 7. 加密协议（AACP）

加密协议实际上给出了加密应用的各类场景，如邮件、消息收发、网络接入、信息传输，等等。其规定的加密协议均为主流加密协议，如 TLS、SSH 等。

此外《信息安全手册》还规定了密码系统管理（密钥材料、声称与分发机制）的相关内容。整体而言，《信息安全手册》与《密码法》、《保守国家秘密法》的主要内容能够实现对应，客观上也印证了目前的《密码法（草案）》在主要的方面无重大缺失，但在细节（整体条文的颗粒度）和配套制度上仍有提升空间。

## 12. 美国国会 20 世纪 90 年代的密码技术（政策）之争综述

本文综合了美国国会 20 世纪 90 年代的密码技术相关征询报告，全景呈现了 20 世纪 90 年代围绕密码技术，美国国会、政府、业界与公众之间诉求差异所导致的政策冲突与调和，以及最终未实现立法规制（的原因）的历史进程。

早于 1993 年 4 月，美国政府通过在政府非保密敏感通讯中部署 Clipper chip 加密设备（Clipper I）的政策，开始实施密码托管（key escrow）并指定 NIST 和财政部为密码托管机构（分别持有部分密钥），1994 年始以联邦信息处理标准（FIPS-185，又称托管加密标准 EES）的形式意图指引业界接受。但由于政府机构持有密钥，遭到业界强烈反对。

1994 年 7 月，政府提议（称为 Clipper II）与私营部门合作开发基于自愿的密码托管系统，由可信第三方机构代替政府机构托管密码，但业界持续反对密码托管和出口控制（国务院管控下严格限定 40 位以上的密码产品出口）。

因此于 1996 年 5 月，政府提出新的政策框架（Clipper III）用密码恢复（key recovery）代替密码托管，以强化该概念的密码丢失、窃取或损坏情形下的"恢复"性质，同时淡化"托管"的政府意味，在此政策下，可信第三方或特定组织可在符合特定条件下实现"自行托管"的功能。

1996 年 10 月，政府新的密码政策在关注强密码需求的同时要求加入密码恢复功能，以便在特定情形下基于执法机构的合法授权和要求提供密钥，随即发布了执行令和过渡性的最终实施细则（2 年过渡期，见下文）：(1) 继续不限制密码技术（产品）的国内使用和进口；(2) 对使用密码恢复系统的密码产品出口不再限制其密钥长度；（3）对无密码恢复系统的 56 位密码产品，出口前进行一次性审查，并于 2 年内部署密码恢复系统；（4）延长 6 个月出口许可期限以便部署密码恢复系统；（5）可信第三方密码恢复机构和组织在符合特定条件下可自行托管密码；（6）商用密码移除两用清单，由商务部负责审核发放出口许可，司法部作为提供商用密码出口决策的咨询机构；以及（7）外国政府可以向美国法院申请访问密钥。

1997 年 9 月，执法机构（以 FBI 为代表）提出限制加密产品境内使用的意见，情报委员会随即也提出了类似意见，反映了执法机构在密码产品中部署密码恢复和限制无密码恢复的强密码产品研发的立法需求（执法机构在个案上的被动导致的立法需求：如 1996 年 Bernstein 的 Snuffle 加密算法案，法院认为计算机代码属于言论，应受到宪法第一修正案保护，因而可以通过打印和网络方式发表）。实际上 1994 年 CALEA 法案已经要求通信服务商协助执法机构监控通信和必要的解密（限于服务商加密）。

1998 年 3 月政府重申了寻求平衡路径的加密政策基调，即通过协作解决而非立法控制的形式协调各方诉求。商务部长和下属出口管理局（BXA）亦表达了政府不再寻求通过立法解决加密问题的意见。

1998 年 9 月，政府声明不再要求 56 位密码产品出口部署密码恢复系统，经一次性审查可向所有国家用户出口（7 国除外）。基于密码恢复或向第三方提供明文的任何密钥长度的密码产品可向 46 国出口。但同时，应执法机构（FBI）要求建立了技术支持中心以帮助其同步于密码技术。12 月 BXA 实施政府出口控制政策的临时规制进一步允许密码设备和软件向美国公司及海外分支机构出口。

1996—1998 年的政策调整是各方利益博弈与技术发展等多重因素共同作用的结果。1996 年 5 月，NRC 发布了《密码技术在增进信息社会安全中的角色》报告（CRISIS 报告），指出国家政策应推动密码的广泛应用，以增进经济可持续发展，确保公众安全和应对境内外威胁。关键建议包括以下内容：（1）密码托管属于未经证实（有效）的技术，应与其他国家协调实践，不应强制推行；（2）出口控制应逐步放松，但不应取消；（3）在排除保密信息适用之外，应允许公众参与政策讨论；（4）不应对境内密码生产、销售和使用设定障碍；（5）政府应提升私营机构的信息安全（这被视为是政企信息共享的早期尝试）；以及（6）强密码的运用和执法机构的目标可以协调与兼容。

业界和公众团体（特别是隐私团体）的主流意见是56位密码已经不能保护隐私安全，反对政府主导的密码托管和密码恢复政策，主张基于市场选择和优胜劣汰的密码产品和密码恢复机构。既然128位的无密码恢复系统的强密码可通过网络（或进口）任意下载使用，密码出口实际上已经失控。在此方面，TIS、ESI、大学研究机构、EPIC、ACP等机构和计算机/软件公司针对全球密码产品的持续跟踪和年度报告发挥了作用，按照ESI的推算，内外有别的密码政策（如针对境内使用的无密码恢复系统与出口的部署密码恢复系统分别研发的同一产品，外国公司不适用，等等）将导致美国业界的持续损失。1998年3月的PGP出口印证了业界认为的政府无法控制无密码恢复密码产品的广泛运用。

尽管业界与政府存在利益冲突，但纵观此间密码政策的业界反映，相当数量的计算机/软件公司妥协并研发了符合密码恢复政策的软硬件产品，而1998年7月的产品研发计划（privacy doorbell），则进一步迎合了执法机构在数据加密和传输前获取明文的意愿。同时公众与业界的步调也并不一致，隐私团体认为1998年的新政策对大公司有利，但对公众获得和使用强密码并没有帮助（强密码产品有限）。

除各方博弈因素外，解密能力突破也促成了密码政策的调整。不晚于1997年1月，可于3.5小时内暴力破解40位密码，1998年7月，EFF演示了通过基于网络的并行计算可于22小时15分钟破解56位密码，但破解128位加密的演示未公开。

除上述因素外，1997年OECD发布的PKI指南（美国主要协助）对执法机构的解密不置可否，认为各国密码政策可以允许合法地访问明文、解密或加密数据。欧盟于同年10月发布的通讯简报表达了强密码促进电子商务发展和密码保留（key reservations）的意愿。随后各国逐渐放松或取消密码恢复立法，导致美国的密码恢复政策缺乏国际支持。但是，2000年4月EPIC发布的《各国密码政策回顾》年度报告显示，尽管各方持续放松出口控制，但执法机构仍在寻求新的访问私钥和个人通信信息的授权和方式。

各方利益在国会立法层面的角逐体现为，第 105 届国会共提交 7 份与密码相关法案，无一通过；第 106 届国会共提交了 8 份（1 份拟进入 107 届国会）与密码相关法案，无一通过。其中最具争议的 SAFE 法案分为 5 个版本，从第 105 届延续到第 106 届，最终于 1999 年 7 月提交国会程序委员会后作罢。

最终，1999 年 9 月，政府提出进一步放松密码出口政策计划，允许任何密钥长度的密码产品在经技术审查后出口时无需许可或（部署）密码恢复，新规于 2000 年 1 月由商务部发布，并在同年 7 月修订（允许向欧盟和其他 8 国政府用户出口，并无需履行技术审查或报告义务），满足了业界利益，隐私团体则表达了对政策反复和政府监控的持续关注，要求政策变化的立法化。

随后的事情大家都知道了，NIST 于 2000 年 10 月发布了 AES，而随着政府换届和"9·11 事件"，美国密码政策的决策因素发生了方向性的变化，开始着力于通过持续情报和反恐立法和 FISA 法庭等方式跟踪和重新研判密码政策，密码政策和实践进入了所谓的"Go Dark"阶段。后续更新请参考《加密和科技发展对美国执法机构的影响综述》。

# 13. 加密和科技发展对美国执法机构的影响综述[①]

《加密和科技发展对美国执法机构的影响》（Encryption and Evolving Technology: Implications for U.S. Law Enforcement Investigations）是美国国会研究机构[Congressional Research Service，该文作者为克里斯廷·芬克利亚（Kristin Finklea），在该领域连续提交了系列报告]向国会议员提供政策或立法争议/辩论和咨询意见的研究文件。该文为 CRS 2015 年 9 月的最新研究文件。

《加密和科技发展对美国执法机构的影响》一文主要讨论了以苹果和谷歌为代表的设备锁定加密（locking cellphone with a passcode）、系统层面的内容加密（encrypting the contents）等新型技术和应用（当前主要为以智能手机、社交网络为代表的移动设备和应用）对执法机构监控实时通讯和存储数据访问能力影响的相关争议，并从强化执法机构能力的视角给出了若干建议。

文章在前提部分指出，"黑客"对用户隐私的关注催生了加密需求和运营商的加密供给，加密的用户数据则导致了执法机构、黑客的解密需求。实际上该前提的假设存在部分缺失：(1) 执法机构的监控也是运营商加密用户数据的重要原因——如"棱镜事件"（文章后段有所提及，也是市场和利益驱动使然）；(2) 未提及或区分政府的加密需求。

---

[①] 本文部分内容基于《加密和科技发展对美国执法机构的能响》（Encryption and Evolving Technology: Implications for U.S. Low Enforcement Investigations)，作者为 Kristin Finklea，为向国会议员提供政策或立法争议/辩论和咨询意见的研究文件。

## 一、技术边界：持续争议

文章第一部分回顾了执法通讯协助法（CALEA）的实践和局限，比如，该法既未授权执法机构可要求运营商（包括设备制造商和支持服务提供商）采取特别设计（即所谓"后门"），也未禁止运营商采取特别设计，以及运营商并无义务解密用户加密信息，除非使用运营商提供的加密服务和运营商持有解密信息。

考虑到 CALEA 在主体和技术（应用）上的限制，扩展其适用范围的讨论也围绕着主体和技术提出，由于 FCC 已将适用主体从频谱（broadband）运营商扩展到 VoIP 提供商，因此建议进一步扩展到所有运营商（internet service providers，如社交网络；第三部分的提法为 telecommunications carriers，facilities-based broadband Internet access and VoIP providers，或统称"科技公司"），后者则建议将手机等移动设备的邮件、实时信息（iMessage、FaceTime）、视频游戏对话（第三部分还包括 real-time video communications-Skype）等应用或存储数据纳入考量。

第一部分最后顺带提及了 PGP 的出口问题。对 PGP 的讨论见本书对应案例内容。

## 二、执法机构使用手机数据

第二部分首先通过 2001 年以来的法院报告数据说话，显示了手机证据收集（搜查）的旺盛需求（cell phones are potentially rich sources of evidence）和一些讳莫如深的细节（例如基于 FISA 的数据无法准确统计，因此对国家安全的解密需求无从得知），得出了由于执法机构无法解密部分监控信息（2014 年的比例为 0.11%）导致其要求提升执法能力需求的结论。因此实际上，文章更深层次的意味可能在于 FISA 的解密需求和政府大数据分析（mass government surveillance）的解密需求，要求提升执法机构的解密能力。

由于谷歌和苹果的应用加密和声称不持有解密信息，CALEA 无法满足执法机构实时访问加密通讯和手机存储的加密数据的要求，因此问题的关键在于是否强制性的规定运营商留存主钥（master keys）——进一步引申到第三部分的后门问题。

第二部分的最后提及了密码攻击问题。呼应了第三部分的执法工具——无论修订 CALEA 并扩展适用范围，还是直接规定运营商的协助义务，都不应影响执法机构自行解密的能力。

## 三、黑箱（go dark，包括多重含义）还是进步

第三部分直指当下最具争议的（执法的授权正当性和能力）问题，文章认为执法机构一直处于在现有法律框架下适应技术发展的被动境地，是陷于黑暗（承认技术差距还是应用"黑科技"）还是进入监控的黄金时代（发掘丰富的用户数据和创设访问技术——如解密），首先需要评估监控（解密）的需求，现存争议应在执法机构的需求和技术业界之间寻求妥协。

在列举的不同的增强执法机构能力的观点中，支持修订 CALEA 的论调认为应从主体和应用（技术）多方面扩展适用范围，反对者认为增加了财力和安全成本（包括产品的重新编译、设计"后门"，等等）。另外的观点认为政策制定者应直接强制规定科技公司向执法机构提供"后门"访问，反对者则认为将导致购买外国产品，以及外国消费者减少购买美国产品的两难境地：提供执法机构监控便利的同时，黑客最终也会发现并利用后门。政策制定者需要衡量：增强安全性减少潜在数据泄露的同时阻碍了执法调查，还是增加数据访问同时伴随着潜在恶意行为的威胁风险。

文章认为，在要求科技公司协助的同时，应考虑增强执法机构可用的监控工具（如无需或规避锁定密码、解密特定设备）。现有案例的争议在于，犯罪嫌疑人是否有义务解密——（强制提供）可能违反宪法第四修正案，（拒绝提供）则可能构成藐视法庭罪。同时尽管不持有解密信息（密钥），科技公司仍然具有

提供非加密通讯和云端存储数据的（协助义务），有鉴于此，即便不考虑锁定设备的加密数据，执法机构仍具有有效的数据分析工具，而增强（加密）的数据也能确保数据避免入侵或泄露——证据获取的多重途径，手机原始数据加密恰保证了安全，强制解密反而可能破坏数据。

就执法能力而言（总结），文章认为政策制定者可以考虑必要的修补措施，具体应讨论是否扩展对特定科技公司和通讯服务的适用规定，增加执法机构的可用工具；以及增进执法机构的财力和人力资源。

整体上，文章尽管站在执法机构的视角寻求权限和能力的提升，但由于不同政策建议都有利弊，并未提出明显倾向性的立法建议。对密码法的立法启发可能在于以下几点：（1）如何明确立法边界：从技术上解决与传统密码实践的关系，将传统密码的信息技术化纳入调整范围，但不局限于特定技术，否则会陷入列举无法穷尽和落后于技术实践的问题；从主体上，哪些主体需要规制，以前的商密是从研发到销售到使用到进出口的角度，是否延伸或横向调整为运营商、服务商；（2）强化市场导向的加密需求和保持执法机构解密能力，密码的民用化和隐私保护价值应当呵护与促进，但同时应保持必要的解密能力，不应完全依赖运营、服务商，这就要求对密码法的研发章节部分进行细节设计，哪些机构基于哪些权限应当具有解密能力，实施解密应当予以安排；（3）如何应对市场导向下的"不持有解密信息"，是否强制性的要求运营商、服务商留存解密密钥，基于哪些情形和程序向执法机构提供，等等。

# 14. 密码出口监管在《出口管制法》下的适用性——中美比较视角

本文简单基于《商用密码管理条例》(有效部分)、《密码法》、《出口管制法(草案)》，美国《出口管理条例》和以色列《商品与服务控制法》，对商用密码进出口监管的政策与法律进行了大致十个方面的比对，间接回答了商用密码出口是否适用出口管制法的问题。

## 一、出口管制法律与清单

中国的出口管制清单主要包括《密码法》第二十八条规定的出口管制清单、根据《两用物项和技术进出口许可证管理办法》和《中华人民共和国进出口税则》制定和维护的《两用物项和技术进出口许可证管理目录》及《中国禁止出口限制出口技术目录》等。

美国的出口管制清单主要包括《武器出口管制法案》《国际武器贸易条例》(ITAR)、《出口管理法》和《出口管理条例》(EAR)等立法制定的商品控制清单(Commerce Control List)、防务目录(ITAR USML Categories)等。

以色列的出口管制清单主要为根据《商品与服务控制法》制定的加密指令。

## 二、监管机构

中国的监管机构主要包括了国家密码管理部门、商务部和海关。美国涉及商用密码的主要监管机构为商务部下属工业和安全局（BIS）。以色列为国防部和国防出口控制委员会。

## 三、许可证类型

中国的许可证一般分为一批一证和非一批一证，通常认为前者为单项许可证，后者为通用许可证。美国的许可证体系庞杂，朴素理解可以归为一般许可证和特殊许可证，后者也被认为属于许可证的例外，但部分以许可证的形式，例如 Individual validated license（IVL）。与密码相关的主要包括加密产品、软件及技术（ENC）、非受限的软件和技术（TSU），以及民用最终用户和设备及零部件维修更换等。具体则涉及加密协议安排（Encryption license arrangement（ELA））、技术许可（针对非标准密码）。以最为重要的 ENC 而言（按照 740.17 章节），其有赖于具体物项、最终用户与用途，以及目标国家等因素。以色列的许可证分为四类：通用许可证、受限许可证、特别许可证及自由措施。

## 四、与许可有关的其他制度（管制要求）

主要包括"管理措施"的物项技术分类和物项技术编码和"法律措施"的报告义务。美国的物项技术编码主要规定在 ECCN（限制了 ENC 的许可例外范围）和 EAR99，结合黑名单。

## 五、例外的例外

按照中国《密码法》规定，大众消费类产品所采用的商用密码不实行进口许可和出口管制制度。美国的例外略微细化到"公众可得"和"大宗市场"，此外明确对特定密钥的密码放松出口。以色列对例外的关注更是明确到了无线（Wi-Fi）和蓝牙（尚未包括 5.0 版本）。

## 六、许可与否需要考虑的因素

对于是否审查和许可的实质考虑因素，中国在出口管制的立法中明确了全面控制原则，通过设定最终用户证明/核查、经营者义务、黑名单来实施。美国结合用户和商品类型，对政府类用户给予特别关照，并通过设定"政府最终用户"、"较为不敏感的政府最终用户"、ENC 优待国家等进行分别考察，同时对加密源码和非标密码作出额外规定。以色列在受限许可证和特别许可证上划分了特定国家，并对最终用户声明的实际履行进行了严格跟踪。

## 七、风险评估

中国的出口管制涉及基于密码法、网络安全法的数据出境，和《出口管制法（草案）》的国家（别）安全评估。美国则设定了商业国家列表（CCC），许可例外（国家）的 Group A-E: E1、E2。以色列基于地缘政治考虑，限制向伊拉克等三国的出口。

## 八、国际背景

中国的密码出口管制考虑了应承担的国际义务,包括上合组织相关协定等。美国作为瓦森纳协定的主导国,持续通过协定(和修订)推动出口管制。瓦森纳协定近年来的多次调整均与密码有关。以色列尚非瓦森纳协定国家,但其部分出口管制规则和措施参考与瓦森纳协定同步(或受到影响)。

## 九、报告义务

中国在《出口管制法(草案)》中规定了报告义务和许可例外的半年度报告,但需要进一步澄清年度报告义务。美国的类似制度包括分类审查、年度(半年度)自分类报告。以色列也规定了严格的报告义务,并较为详细地明确了对许可证进行年度更新的义务(自由措施等除外)。

## 十、临时措施

中国立法规定可以临时决定对管制清单以外的物项实施期限不超过 2 年的临时管制。美国最重要立法中,行政程序法(APA)尽管失效,但通过《国际紧急状态经济权力法》(IEEPA)仍赋予总统和监管机构临时决策权力。

综上,本文认为密码出口监管适用出口管制法,这意味着《密码法》和《出口管制法》在施行后需要进行密切的梳理和整合。

## 15. 协助解密：百年 AWA 法案和苹果解锁争议

2016 年因美国圣伯纳迪诺市（San Bernadino）枪击案而发生的苹果与 FBI 争议引起轩然大波，一部 227 年前的《全令状法案》（ALL WRITS ACT，简称"AWA"）引来前所未有的关注。以苹果为首的某些科技公司和一些政府官员反对法院发布令状，认为这无疑会侵害个人隐私，并且加重公司承受的负担，违背《通信协助执法法》的成本原则。支持者则认为，协助解密是苹果公司应尽的义务，解锁手机获得数据是出于安全的考虑。这些观点再次将立法如何平衡国家安全、企业利益和个人隐私的问题推向风口浪尖。2016 年 3 月 20 日，美国司法部宣布可能对苹果公司加密措施实施"旁路处理"，FBI 获得了来自某个第三方的可能的解锁方法，不需要苹果公司的调查协助，即可实现对嫌疑人的手机屏幕解锁并获取其中存储的数据。虽然该争议暂缓（后公开信息显示 FBI 采购了以色列科技公司 Cellebrite 解密服务），但《全令状法案》在越来越多的科技案例中被适用，其引发的判决结果不仅直接关涉科技公司和个人的利益，对刑事侦查而言，更会产生史无前例的影响。

本文完成于 2016 年，在解读《全令状法案》条款和使用条件的基础上，不完全梳理了美国 1974 年以来与该法案有关的案件，从法院的判决结果分析近些年对待安全与隐私的态度；详细解析苹果与 FBI 争议的焦点法律问题，定位《全令状法案》，并讨论与 AWA 和执法协助义务有关的宪法第四修正案、宪法第五修正案及《通信协助执法法》的关联及局限性；从国际范围内考察协助解密义务的法律正当性和发展趋势；希望对我国规范与完善协助解密义务的制度建设有所启示。

# 一、《全令状法案》概述

## （一）法案的制定背景和内容

一般而言美国的令状制度，亦称强制侦查令状制度、司法令状制度，是指侦查机关只有在获得法官签发的令状后，才有权实施扣押、搜查、监听及拘捕等强制侦查行为的制度。《全令状法案》最初编撰在《1789年司法条例》（Judiciary Act of 1789）当中，并于1789年9月发布。美国历史上首位最高法院女性大法官弗兰纳里·奥康纳（Flannery O'Connor）称司法条例是美国三部建国文件中的最后一部，其他两部为《独立宣言》和《联邦宪法》。司法条例是美国联邦司法体系的基础，美国根据其建立起最高法院和各级法院并确定司法机关的基本职权。227年来，AWA条文历经多次修订，现被编撰于《美国法典》第28卷《司法制度和司法程序》第五部分"程序"中第111章"总则"1651节（28 U.S.C. § 1651: US Code - Section 1651: Writs）。

AWA的条款很简短，仅包括两条：

（a）最高法院和依照国会立法建立的所有法院，可以签发必要的或适当的令状以协助它们各自的司法管辖，该令状应符合惯例或法律原则；

（b）享有管辖权的审判员或法官可以签发可选令状或规则令状。

对应的英文原文如下：

（a）The Supreme Court and all courts established by Act of Congress may issue all writs necessary or appropriate in aid of their respective jurisdictions and agreeable to the usages and principles of law.

（b）An alternative writ or rule nisi may be issued by a justice or judge of a court which has jurisdiction.

AWA赋予联邦法官广泛的权力，美国最高法院及依照国会法案设立的各级法院为了协助各自管辖权可以在必要或恰当时发布令状，可以要求他人遵从其命令，只要该令状的使用是通过合理的判断以达成最终追求正义的目的。AWA可以看作是国会给予法院的宽泛的法律授权，以填补法律发展中存在的"漏洞"。

基于美国分权制衡的考量，所以 AWA 在长久的历史中并没有废除。

### （二）法案的适用条件

AWA 对法院授予了很大的裁决权力。为了作出必要的限制，美国联邦法院在相关判例中，逐步建立了令状签发的限制规则，明确发行令状的特定情形，只有同时满足以下 4 个条件时，法院才能签发 AWA 令状：

（1）缺失其他能够替代的救济方案——法案只有在其他司法工具不可用时方能应用；

（2）独立的管辖权基础——该法案授权管辖区域的协助令状，但本身并不创设任何联邦主体的管辖权；

（3）必要或适当的协助——针对特定案例，令状是必要或适当的；

（4）符合法律惯例和原则——签发令状需符合法律惯例和原则。

根据多年的司法实践，使用 AWA 的关键在于"必要"和"适当"二词，根据美国司法体制，一个案件是否需要法庭发布 AWA 令状，取决于法庭对该案件（要求行为对象，比如公司来辅助司法活动）是否达到了"必要"和"适当"程度的衡量。某种程度上，AWA 之所以能够在美国历史中长久存在，与"必要"、"适当"这两个无法量化的词有直接关系。

在 1977 年美国诉纽约电话公司案 UNITED STATES v. NEW YORK TELEPHONE CO 中，最高法院认为电话公司提供监控协助具有适当性，因为电话公司和潜在争议密切相关，提供协助事实上不会对电话公司产生过重的负担；提供协助对监控来说也是必要的，因为没有电话公司的协助，FBI 无法完成调查。通过该案，联邦最高法院确立 AWA 令状的三条适用规则：第一，该公司必须与案件直接相关；第二，令状不能对该公司造成不合理的负担；第三，该公司的协助是为必须，并且对于案件的推进起关键作用。

在苹果公司与 FBI 争议的圣伯纳迪诺枪击案中，科技公司的一个观点是，FBI 具有其他可替代的解锁工具/能力，因此科技公司提供解锁工具并非必要或适当，特别是在 2016 年 3 月 22 日司法部声称 FBI 可能已经找到了解锁圣伯纳迪诺市枪击案一位犯罪嫌疑人 iPhone 手机的新方法之后。苹果公司和联邦调查局之间争论的核心,其实就是围绕 AWA 令状内容(要求重新设计新的程序以协助 FBI 绕过犯罪嫌疑人的开机密码)所展开的,此要求究竟是否"必要"(对 FBI 破案是否是必需的)、是否"适当"(是否给苹果公司带来了无法承受的负担和压力)。

## 二、AWA 应用及关联法律问题

### (一)相关案例梳理

AWA 以简短的条文在美国历史上已经存在了 227 年,必有其合理和不可替代之处。本文参照公开信息不完全统计了 1977 年以来与 AWA 有关的 21 个案例,以观察法院的态度,研究该法案为政府、执法机关、企业或个人带来的矛盾和冲突,深层剖析该法案在美国司法审判和社会发展中的作用抑或阻碍。按时间顺序统计如下(1977 年之前的案件暂不引入):

| 序号 | 年度 | 案件名称 | 摘要 | 对法案态度 |
|---|---|---|---|---|
| 1 | 1977 | United States v. New York Telephone Co. | 美国最高法院在本案中裁判,令状法案授权美国联邦地方法院命令电话公司协助执法机构在手机中安装设备以用于跟踪呼叫号码。该案开启了该法案在刑事犯罪领域应用的先河。 | 支持 |
| 2 | 1977 | Michigan Bell Tel. Co. v. United States | 法院强调电话公司不是普通的第三方,而是在通信领域中具有垄断地位的公共设施。 | 支持 |
| 3 | 1979 | In re Application of U.S. for Order Authorizing Installation of Pen Register or Touch-Tone Decoder | 法院要求电话公司提供信息、设备和技术支持以便促进跟踪订单。 | 支持 |
| 4 | 1979 | Plum Creek Lumber Co. v. Hutton | 法院明确"援助有依据的授权,以命令第三方无负担地向执法机构提供技术支持。" | 支持 |
| 5 | 1982 | United States v. Doe | 法院要求电话公司提供电话收费记录。 | 支持 |
| 6 | 1984 | United States v. Hall | 要求信用卡公司提供消费者记录。 | 支持 |

续表

| 序号 | 年度 | 案件名称 | 摘要 | 对法案态度 |
|---|---|---|---|---|
| 7 | 1984 | United States v. X | 要求电话公司提供电话收费记录。 | 支持 |
| 8 | 1985 | Pa. Bureau of Corr. v. U.S. Marshals Serv. | 最高法院在判决中明确，"AWA 是发布其他法规不能覆盖的令状的权威替代来源。因此，存在能够解决特殊问题的法规时，法院不能依靠 AWA"。 | 不支持 |
| 9 | 1994 | Ivey v. Haney | 地区法院法官无权决定是否要一方当事人承担 AWA 令状这类的义务，法院可以考虑申请在其他无关案例中的类似或者不同的令状。案例法另有规定的除外。 | 不颁发 AWA 令状，但可以发布类似令状 |
| 10 | 1999 | United States v. Barrett | 法院强调"AWA 只是其他法规手段的替代救济措施"。 | 不支持 |
| 11 | 1999年后 | Pa. Bureau of Corr., | 法院认为，"有其他可适用的法律，所以不得使用 AWA 令状。" | 不支持 |
| 12 | 2012 | United States v. Zaragoza | 法院认为，一个长久的联邦法规授权法院要求苹果公司协助该命令。但同时要求该援助不"强化侵犯隐私的性质"或扰乱宪法的平衡。 | 支持 |
| 13 | 2012 | United States v. Catoggio | 法院要求被告解开其所使用笔记本的密码。被告律师认为，法院做法已经违反了第五修正案，但被法院驳回。 | 支持 |
| 14 | 2012 | United States v. Fricosu | 该案确立了可强制要求嫌疑人提供密码的（刑事）案例，但该案件引发的提供密码或解密是否构成自证其罪（第五修正案）的问题，因双方达成认罪协议而并未最终解决。 | 支持 |
| 15 | 2013 | Rawlins v. Kansas | 法院认为发布 AWA 令状违背惯例或法律原则。 | 不支持 |
| 16 | 2012 | Microsoft Corp. v. John Does | 私人当事方也可以通过 AWA 受益，即要求第三方协助执行法院令状。在个人利用微软公司的操作系统和 IE 浏览器运行计算机僵尸网络，企图从微软用户的电脑中盗取身份信息、个人安全信息以及金钱的案例中，微软寻求并获取了针对这些人的禁制令来阻止他们编译僵尸网络，同时也从法院申请了 AWA 令状以指导第三方网络注册和管理者将这些涉嫌犯罪的僵尸网络域名移交给微软。 | 支持 |
| 17 | 2013 | Microsoft Corp. v. John Does | | 支持 |
| 18 | 2014 | Microsoft Corp. v. John Does | | 支持 |

续表

| 序号 | 年度 | 案件名称 | 摘要 | 对法案态度 |
|---|---|---|---|---|
| 19 | 2014 | Google Inc. v. Rockstar Consortium U.S. LP | 依据 AWA 和其他法规发布调查委托书,要求提交证据和文书。 | 支持 |
| 20 | 2014 | Riley v. California | 法院认为,警方必须获得搜查证才可以查看被捕嫌犯手机中的个人信息,以此保护个人隐私权。 | 不支持 |
| 21 | 2016 | 美利坚诉 JUN FENG 案（In re Application of the United States for an Order directing a Provider of Communication Services to provide Technical Assistance to the DEA）。 | 本案中执法机构遇到了一个障碍:犯罪嫌疑人承认了所有指控罪名。对此,法院认为想要让苹果公司解锁 iPhone 以此来获得证据的做法已经说不通。 | 不支持 |

## （二）关联法律问题

作为典型的判例法国家,美国法院对判例的态度非常灵活,如果先例不适合正在审判的案例,那么法院可以拒绝适用先例,或另行确立一个新的法律原则而推翻原来的判例。从以上案例可以看出,某些案例的判决结果形成了法律规则。案件审判时是否能够使用 AWA,除了和案件的细节、发生背景有关之外,和法官的自由裁量权也有很大关系。在上述近些年发生的与 AWA 有关的 21 个案件中,支持发布令状的为 14 个,不支持的有 7 个。在不支持的案件中,原因紧紧围绕着适用法案的 4 个条件,即有其他可替代救济措施、不符合惯例或法律原则等,但不能简单依靠上述案例就断定法院更加倾向支持执法机构。

### 1. 与宪法第四修正案的关联

在 2014 年的 Riley v. California 案之前,有关警方是否有权搜查犯罪嫌疑人手机的争议一直存在。在此案的基础上,最高法院裁定,将搜查证作为查看嫌疑人手机中个人信息的前提。最高法院称:无论何种情况,未授权查看嫌疑人的智能手机都违反了第四修正案的规定,"一般情况下,没有得到授权警察不得查看嫌疑人手机中的信息。"同时,最高法院指出,允许警察查看嫌疑人手机的外观。根据美国宪法第四修正案,警察在搜查民宅前,一般都需要法官开出的搜查令。搜查令必须根据"可能的原因",即犯罪证据签发。有搜查证的情况下,搜查可以认为总是"合理"的。但没有搜查证则未必就是不合理的。警方在逮捕时可以搜口袋、手提箱和车辆,判例法允许这些例外,因为附近可能藏有武器,从而对警方造成危害,且嫌犯有可能逃脱。此外,在紧急情况下——比如再不行动就无法阻止进行中的犯罪、防止嫌疑人破坏证据或者拯救被绑架的人——警察也可以搜查。20 世纪 70 年代早期美国最高法院裁定,对类似情形也可以有例外。但是就搜身而言,这些例外明确指出的只有口袋和钱包。一些法官认为,搜查手机只是搜查钱包等同类物品的延伸。最高法院指出,用户对手机中图片、视频、电子邮件、短信和联系人信息的隐私权高于执法部门的需求,手机中的数字信息本身不可能作为武器来伤害办案警察,也无助于嫌犯逃跑。因此,搜查手机中的个人信息需要事先取得搜查令,以此保护个人隐私权。

**2. 与宪法第五修正案的关联**

AWA 与宪法第五修正案同属强制程序性规定,前者为协助义务适用于设备制造商,后者为适用于犯罪嫌疑人的权利和执法机构的限制条款。2012 年的 United States v. Catoggio 和 United States v. Fricosu 较为相似,都涉及宪法第五修正案"不得强迫自证其罪"的规定。通常认为,"不得强迫自证其罪"原则起源于英国普通法,自 1641 年以后,普通法院不再肆意强迫使用宣誓程序。自 1688 年该规则在英国正式确立,1848 年通过的《约翰杰维斯法》规定,犯罪嫌疑人必须被告知在审判前的调查程序中有权拒绝回答问题,及在审判前审讯中所作的回答可以在审判中用作不利于该嫌疑人的证据;1898 年通过的《英国刑事证据法》也规定,被告人在审判中享有不被强迫提供不利于自己证据的权利。这一原则在 1789 年由美国联邦宪法修正案采纳。至 1780 年已经在九个州的宪法中明确规定了"不被强迫自证其罪"的特权,后来通过的《人权法案》,对此也作了明确的规定。1789 年美国宪法第五条修正案明确指出"任何人不得于刑事案件中被强迫成为对自己不利的证人"(No person shall be compelled in any criminal case to be a witness against himself)。

后来,美国联邦最高法院通过一系列判例,对这一宪法修正案进行了解释,它的主要内容如下：(1) 这一特权仅适用于刑事案件，它不仅包括实质上的导致自我归罪的陈述，而且包括所有可能导致自我归罪的其他证据；(2) 这一特权不仅能为犯罪嫌疑人、被告人所主张，而且能为证人所主张；(3) 这一特权不仅可在侦查程序中主张，而且可在审判过程中主张；(4) 这一特权限于为本人利益而主张，不能扩大适用于他人利益；(5) 这一特权只适用于自然人，不适用于法人等。这一规定的意义也在于平衡国家利益与个人之间的利益。参考 States v. Catoggio 和 United States v. Fricosu 案，法院都以第五修正案的该原则反对嫌疑人自行解密支持执法机关的工作。但是，从最高法院的判例可以明确，这种"自解密"只适用于自然人，而不适用法人，这也使得苹果与 FBI 的冲突不能适用此原则。

### 3. 与《通信协助执法法》的关联

1994 年 3 月，美国 FBI 向国会提出电子电话与通信隐私促进法案，用以规范电信运营商协助政府机关进行合法拦截。在 FBI 的努力下，该法案最终由国会通过，并称为《通信协助执法法》(CALEA)。CALEA 目的在于通过要求通信行业以及制造商通过设计与修改其设备、装置与服务来确保执法机构获得进一步的电子监控能力。按照 CALEA 的规定，电信运营商有根据监听令状和其他法定的许可向执法机关提供协助监听的义务。电信运营商需修改设备设施和服务确保监听能力，从而使执法机关在需要的时候能够随时进行监听。"9.11"事件后，美国加强了监听力度，对执法协助机构提出更加全面的协助义务要求，并将监听范围加以扩大。2004 年后，美国联邦通信委员会应司法部（DoJ）、联邦调查局（FBI）和药品管制局（Drug Enforcement Administration）的联合请求，连续发布《通信协助执法法》的实施命令——第一份报告和指令及第二份报告和指令（First Report and Order 和 Second Report and Order）。第一份报告和指令（First Report and Order）中，FCC 论证了宽带接入运营商与 VoIP 服务供应商属于电信运营商的范围，因此其必须提供协助监听。FCC 要求所有提供宽带接入运营商和 VoIP 服务供应商到 2007 年 5 月 14 日须与 CALEA 要求相符合。CALEA 经过数次修正，不断增加情报机构的权限和企业义务，但一直未将互联网公司纳入，而 AWA 正好弥补了 CALEA 的法律漏洞。此后多年，FBI 等机构在向互联网公司请求协助时，频繁使用 AWA，向法庭申请令状，调取想要的资料、数据，或要求其他方面的协助。美国司法部在争议案件提交的一份法庭文件中宣称，从 2008 年以来，苹果公司一共收到了 70 次法庭令状，要求提供类似的手机数据协助，苹果公司一直都提供了协助，从未表示反对直至 2015 年。此后，苹果公司开始拒绝 FBI 的解锁要求，至今已累计 12 次。

对于侦查犯罪，协助执法是公民和组织的法定义务。协助形式多样，包括向执法机构举报犯罪活动，及协助执法机构的监察活动等。但在信息化社会，执法协助则需要通信服务提供者配置有关拦截的接口、设施，这无疑需要付出相当的成本。那么，通信服务提供者是有偿还是无偿履行该项义务，也成为《通信协助执法法》是否可行的关键因素。根据 CALEA，FCC 除了考虑通信服务提供者遵守规定是否会增加其与用户的困难和多余的花费外，还应当考虑以下几种情况：(1) 对于国家安全和公共安全的有效性；(2) 对于住宅电话服务价格的影响；(3) 保护隐私和确保不被非法拦截的安全通信的要求；(4) 在成本效益原则下，达到第 103 节的协助执法能力要求的需求；(5) 关于讨论中的设备、设施或者服务的种类和成本的有效性；(6) 关于讨论中的设备、设施或者服务运行的有效性；(7) 鼓励向大众提供新技术和服务的美国政策；(8) 通信服务提供者的财力；(9) 对电信服务业竞争的有效性；(10) 1995 年 1 月 1 日之前配备设施与服务的设计、发展的程度；(11) 委员会决定的其他类似因素。也是根据成本原则，苹果公司认为 FBI 的要求会让其承受巨大的经济负担，这违背了 CALEA 规定的原则，也不符合 AWA 第四个因素。

按照 CALEA 规定：(1) 通讯协助的主体为"a wire or electronic communication service, any manufacturer of telecommunications equipment, or any provider of telecommunications support services"（统称"服务商"），苹果等科技公司被纳入协助主体争议并不大，但将解密主体规定为"A telecommunications carrier"（直译为"运营商"），在前述案件中对两者是否等同适用法院给出了多种意见；(2) 就协助内容而言，规定执法机构不应要求**服务商**特别设计，也无权禁止服务商采取特别设计。据此，对于"后门"，实际上采取了模棱两可的做法，对服务商是否向执法机构提供密码恢复或解密，只能有赖于服务商与执法机构的基于个案情形的特别约定。(3)**运营商无义务对用户加密通信提供解密或确保政府解密能力的义务,除非运营商提供了加密服务,和持有必要的解密信息**。据此,苹果等科技公司可以不持有解密信息为由拒绝向执法机构解密。圣伯纳迪诺市枪击案中,FBI通过超越CALEA适用令状法案,除上述分析外,可能还考虑到以下方面:(1)对iOS是否有潜在后门进行试探;(2)FBI如自行设计软件,仍然需要苹果公司的电子签名;(3)挑战法院是否对运营商、设备商、服务商使用多重标准。

值得注意的是,AWA已经颁布227年,但直到1977年的United States v. New York Telephone Co案中,才用于刑事犯罪领域。这更加说明该法案是时代背景的产物,是美国稳固三权制衡的利器,最初并不应用于协助执法,也不存在安全与隐私之争。但随着科技的快速发展与法律的迟延响应、公民隐私观念的深入、科技公司创新的需要、美国密码战争的影响、监控计划的不断曝光、恐怖主义的连续侵扰等因素,使得该法案浮出水面并且使用次数逐渐增加,直至近期的圣伯纳迪诺市枪击案将争论推向高潮,倒逼美国国会和政府不得不重新进行审视,以找出更好的应对方案。

## 三、协助解密义务的法律正当性和发展趋势考察

### (一)争议焦点和各方态度

在隐私保护与国家安全的利益角力中,一方面,美国关于个人隐私的保护出台了《隐私权法案》、《电子通讯隐私法》、《儿童在线隐私保护法》《健康保险携带和责任法案》、《美国自由法案》等多部法律文件;另一方面,为了预防恐怖袭击和犯罪,维护社会秩序的稳定,美国也在不断扩大政府和科技公司之间信息共享的范围,对国家安全和利益的维护一直凌驾于个人隐私之上。AWA弥补法律漏洞的作用实质是出于国家安全的考虑,以及FBI的执法权力。虽然多部法案之间可能存在相互矛盾,但也体现了美国在协助执法和个人隐私保护之间的探索从未停止。

苹果公司与 FBI 争议的结果不仅涉及个人信息，也涉及执法机关在刑事侦查方面及信息行业在数据安全方面的利益，AWA 是美国早期历史的产物，当时的立法尚在技术发展的范畴内。然而，现在的新技术日新月异、飞速发展，或许已经超越了法律文本的内涵和外延，可能违反追求法律公正的目的。因此，这个时候苹果公司拒绝 FBI 的要求，得到了广泛的支持。然而，国家利益和公共安全仍然是法院考虑的最重要因素，AWA 令状的具体适用范围和条件成为各方争议的焦点。

科技公司和隐私、公民权利团体普遍认为令状法案的规定属于兜底条款（the All Writs Act is not a backdoor to bypass other laws），其核心规定的"必要"、"适当"的字眼存在执法机构扩大化解释和运用的可能。在圣伯纳迪诺市枪击案中，法院令状要求苹果公司的执法协助应实现如下功能：（1）阻止或规避系统在密码试错 10 次后自动删除数据；（2）FBI 可以任何可用的电子方式自动完成密码验证——解锁；（3）消除密码输入错误后的停用时间间隔。具体方式上，要求提供苹果公司签名的系统镜像文件（SIF）（providing the FBI with a signed iPhone Software file, recovery bundle, or other Software Image File）或其他苹果公司认为可行且 FBI 认可的替代方式。

美国 1968 年《综合控制犯罪与街道安全法》（the Omnibus Crime Control And Safe Streets Act）以成文法形式明确了令状规则，即需要法院令状（writ）明确实施的条件、程序、方式、授权范围和被告人的权利。此次争议中，美国联邦法院也是以令状对苹果公司的技术配合措施进行了详细的规定。令状程序是进行电子监控的合宪性前提，保证了在保护公民隐私与侦查犯罪之间做出恰当的平衡。该规则也成为世界各国制定政府监控立法的范本。因此在苹果公司与 FBI 的分歧中，政府反复强调其严格遵循了法律的要求。但苹果公司方面对政府的要求予以一一反驳。其认为，强迫公司编写、测试、调试、部署和整理必要的软件，可能会给苹果公司带来沉重的负担，超出了 AWA 的界限。强迫公司技术人员编写他们反对的代码，则可能违反了宪法第一修正案所赋予他们的权利。而第五修正案赋予了个人拒绝提供对自己不利证词的权利，（尽管苹果公司在以前案件中已经基于法院令状提供了协助）而像这次要求公司修改软件以便解锁则是史无前例的，这种技术一旦成为判例就可能在任意数量的设备上反复使用。

但是这一说法引起了一些不满，很明显，立场和出发点不同，对此事的判断和支持也大相径庭。AWA 在刑事案件的调查中被法院频繁引用，苹果公司认为政府的要求是史无前例的重担，政府则倾向通过苹果公司的协助解密获得安全，苹果公司与政府对该案有不同的认定，没有出现能够令双方都接受的答案。虽然该案件暂告一段落，但随着信息通信技术和加密技术的发展，执法必然面临新的风险和挑战，而科技公司的协助解密义务与隐私之间的博弈势必愈演愈烈，需要尽快找到平衡点制约冲突，达到安全和隐私的共赢。

### （二）协助解密义务的法律普遍性考察

美国多部判例和法案赋予公民为维护隐私与执法机构抗辩的机会，法院对待安全和隐私的态度会根据情况产生变化。随着科技的进步，AWA 的灰色地带带来的争论愈发激烈，发布或者不发布令状并没有明确清晰的标准。就圣伯纳迪诺市枪击案中的苹果公司的协助解密义务而言，美国依据一部 200 多年前条款"简单"的 AWA 是无奈之举，因为与该案件最关联的可适用的协助执法规定 CALEA 中，"法律漏洞"使得苹果公司是否具有解密义务引发争议。在美国法背景下，苹果公司用隐私保护抗衡协助执法的公权力，引起批判的同时亦会获得一些民众甚至政府人员的支持。而各国社会制度和文化传统具有很大差别，协助解密制度具有的法律适用普遍性如何也需求证。从国外来看：

欧盟委员会在 1995 年通过《关于通信合法拦截的决定》（Council Resolution of 17 January 1995 on the lawful interception of telecommunications），经各成员国达成协议，发布合法协助执法的有关要求。这些要求符合成员国国内法，并应当遵循现行的国家政策。在该规定中，欧盟赋予各国的执法机构有权对网络运营/服务提供者提出协助执法的要求：（1）提供一个或多个接口，以确保拦截通信能够传输至执法机构的监控设备。接口必须经由拦截权力机构和网络运营/服务提供者的同意。其他相关事宜应当按照各国通行的方式处理；（2）如果网络运营/服务提供者对通信信息进行编码、压缩或加密，执法机构要求网络运营/服务提供者提供监控通信的明文。

法国1991年7月10日通过第91-646号法律《电信通信保密法》（Loi Sur Le Secret Des Correspondances，Law No. 91-646），也称为《1991法案》，其中第11-1章规定，通信服务提供者有义务提供加密信息的解密版本或者向有关当局提供解密密钥。

2004年6月22日，德国议会批准了电信法，遵从欧洲议会2002年5月的关于修改现有电信法的指令。根据2004年《电信法》（Telecommunications Ac）的第110节，要求通信服务提供者自费部署实施拦截必需的技术设施。

2004年新西兰《电信（拦截能力）法》（Telecommunications（Interception Capability）Act）规定，网络运营商必须以监察机关指定的格式（以便可以解密）收集呼叫相关数据和拦截电信。运营商还应确保该电信截取不干扰其他通信服务。

2000年荷兰《互联网流量通信监控功能规范（WAI功能规范）》（Functional specifications for lawful interception of Internet traffic in the Netherlands）规定，网络运营商或者通信服务提供者应当帮助解除任何应用在通信内容或者监控相关信息上的加密或其他密码服务，用普通文字提供监控结果。这意味着通信服务提供者有非常严格的协助解密义务，即无论加密服务是否由实施通信监控的通信服务提供者提供，都需要对已加密通信进行解密。

澳大利亚2018年的《2018年电信和其他法律修正（协助和访问）法案》体现了应对技术进步和基于特定国家间信息（情报）共享的进化思路，该法案修订了澳大利亚《1997年电信法》，向执法部门（或情报机关）提供了三种法律工具：基于自愿性的技术协助申请（Technical Assistance Request, TAR）、强制性技术协助通知（Technical Assistance Notice，TAN）和强制性技术能力通知（Technical Capability Notice, TCN），借助于上述三种法律工具，执法机构（或情报机构）可达到下列目标：（1）在指定通信提供者已具备能力的情况下，要求其对特定通信进行解密处理；（2）要求指定通信提供者协助执法或情报机构在指定通信提供者的网络中安装特定软件；（3）要求指定通信提供者修改所提供服务的特征或替代服务；（4）要求指定通信提供者协助提供访问相关设施、仪器、装备、服务；(5) 要求指定通信提供者提供相关技术信息，包括源代码、网络或服务设计方案、通信服务中涉及的第三方提供商的有关情况、网络设备的配置和加密方案等。

从我国国内立法理念和制度考察，维护国家安全是协助执法法律制度的最高价值目标，是协助执法制度创制时考虑的要素。我国在《国家安全法》《反恐怖主义法》《网络安全法》中均确立了明确的通信协助执法义务，包括协助解密义务（《反恐怖主义法》第十八条）。

### （三）协助解密义务的发展趋势

FBI 与苹果公司之争在法律程序上已经结束，但其引发的安全和隐私争议不会结束，协助解密义务等仍被反复提起和考量。在信息通信技术快速发展的新环境下，对旧立法进行适当修正或者颁布新法无疑成为解决立法滞后的必要手段，FBI 和苹果公司的解密争议在某种程度上将成为执法协助法律进程的又一转折点。

**第一，协助解密在立法上更受重视，违反惩罚严重**

在各国的协助解密制度中，通信服务提供商由于对通信内容进行管理（例如对通信内容进行加密），而被规定为主要协助人。协助执法机构解密可能会涉及对隐私的侵犯，对企业信誉的影响，等等，因此遭到一些科技巨头甚至政府人员的反对和抗拒。但是，技术的进步、黑客攻击手段的提升、反恐形势的变化等使得执法机构获取情报的能力下降，解密成为执法机关追踪证据的有力方式，通过苹果公司与 FBI 的争议，各国多已实际上增进了认识，也加强了协助解密义务的立法支持。

2015 年美国国会提出立法提案，要求赋予政府部门可以从类似苹果公司这样的互联网公司绕过密码，直接进入设备，查找所需内容（电子证据）的权利，但政府最后延缓了该提案。圣贝纳迪诺枪击案导致的解锁诉讼对加密立法起到催化作用，2016 年 2 月 24 日，美国众议院国土安全委员会主席迈克尔·麦考尔（Michael McCaul）及参议院情报委员会成员马克·沃纳（Mark Warner）宣布将组建一个由国会两党议员组成的特别小组委员会，共同商讨加密问题，该委员会将再次审查苹果公司拒绝协助 FBI 解锁嫌疑人 iPhone 加密资料的理由，并为解决这个关键问题提出建议。而美国参议院已接近完成法律草案，根据这项草案，法官可以要求苹果等科技公司协助司法部门破解加密数据。然而，这一草案未明确规定这些公司可能需要怎么做，以及在什么情况下公司会被要求提供协助。而对于不配合的公司，草案也没有制定惩罚措施。

2016 年 3 月 10 日，法国议员雅恩·伽鲁特（Yann Galut）提议对法国现有反恐相关法规进行修正，可能强迫苹果等科技公司解锁涉及反恐所需的数据。在法国国民议会（下议院）一读投票中，此提案以 474 票赞成、32 票反对获得通过。尽管还没有得到政府方面的正式支持，但其已被列入司法部长让-雅克斯·于尔沃阿斯（Jean-Jacques Urvoas）的提案中。按照雅思·伽鲁特的提议，在反恐调查期间，拒绝执法机构访问加密数据的科技企业高管，将面临包括入狱等处罚。此提案将授予安全机构和检察官以更大权力，迫使科技公司合作。不合作的科技公司高管可以被判处至多 5 年有期徒刑，拒不向执法机构提交加密信息的公司会被处以约 39 万美元罚款。

英国的《调查权力法案（Investigatory Powers bill，IPB）》草案要求在英国运营的科技公司在其产品和服务当中安装后门，供英国国家安全机构使用。所附文件草案指出，英国内政大臣有权迫使企业提供"技术能力"，让安全机构来访问通信数据，以及进行设备"拦截"和"干扰"活动。该法案本身授予内政大臣权力，可下令拆除产品和服务当中的"电子保护"设施。技术专家表示，所谓"电子保护"是加密服务的代名词。互联网服务提供商也必须保存为期 12 个月的网民在线浏览历史记录。这一立法草案尚未通过国会批准，然而政府确实有意在 2016 年年底之前推动（后于 2016 年 12 月经英国上议院签署通过），一经通过届时公司保留数据信息的其他权力也将逐一被剥夺。这项法案附有大量附件文件，包括法案中提到的各方设立的许多高度复杂的行为守则（Codes of Practice）。2016 年 4 月初公布的《设备干扰行为守则》（Code of Practice on Equipment Interference）草案的《技术能力支持》（Maintenance of a technical capability）部分提到，通信服务提供商（CSP）可能会被要求"提供技术能力，授权（政府）进行拦截、设备干预、数据截获或者通信数据采集"。

**第二，协助解密在实践中得到更多个案支持**

在联邦制国家的美国，解锁事件若发生在佛罗里达州，则与发生在加利福尼亚州截然不同。在2016年3月14日举行的一个新闻发布会上，佛罗里达州波尔克县警长格雷迪·贾德（Grady Judd）讲述破获的案件时称，犯罪嫌疑人利用智能手机拍摄了受害者的照片，不过后来给了警方智能手机的密码，以解锁他们的手机。当贾德被问及如苹果公司拒绝帮助创建自定义固件以允许FBI"强行破解"圣贝纳迪诺枪击案查获的 iPhone 5C 时，他称："你的商业模式不能是，'我们不理会联邦法官或州法官，我们凌驾于法律之上'。苹果公司 CEO 需要知道的是，他不能凌驾于法律之上，在美国任何人都不能。"如果他的部门未来碰到被锁定的 iPhone，可能会导致其被指控构成蔑视法庭（命令）的罪名。

此外，受到圣贝纳迪诺枪击案的影响，一些已经判决的案件可能面临重审。2015年10月，FBI依据AWA向纽约地方法院申请执行令，要求苹果公司对涉毒的犯罪嫌疑人冯军（Jun Feng）手中的 iPhone 5（运行 iOS 7）进行解锁，因为手机中可能蕴含犯罪嫌疑人的关键证据。苹果公司拒绝，FBI随即将其告上纽约州法庭。2016年2月29日，纽约法官詹姆斯·奥伦施泰因 James Orenstein 作出判决，"苹果公司无需满足FBI解密手机之要求，以协助其执法。因为，政府部门除了AWA之外，再拿不出其他法律依据来要求苹果公司……就本案，我重点考虑三个问题，苹果公司的协助是否能对政府调查起到实质性的帮助作用；苹果公司承担的压力；增加苹果公司负担的必要性。……总体上，我认为，AWA并未解决上述问题"。该案的判决结果曾被认为是一个指引，但美国司法部于3月4日提出法律意见（备忘录），正式要求纽约法官重新考虑判决结果。

## 四、小结

苹果公司与FBI的纷争使得AWA存在的问题日益凸显，协助执法是公民和企业理所应当的义务，是预防和惩罚犯罪、维护社会稳定和国家安全的重要途径。苹果公司不反对配合FBI，它是在努力寻求安全和隐私之间的平衡点，以便在支持执法的情况下维持其保护隐私的初衷。目前，美国正在拟定立法草案，意在将讨论的核心从司法层面提升到立法层面，以便进行更加全面的考量。从而AWA过于简短的内容为法院提供了自由裁量权，但这种权利不是绝对的，发布令状时，法院需要同时考虑多方面因素，例如国会的立法初衷和倾向、需要遵循的原则、带给安全和隐私的影响，等等。苹果公司与FBI之争，从深层次看，反映的是隐私和安全的冲突，在技术超越现行立法时，应该如何权衡各方关系，保证执法机构的权利和国家安全机制的正常运作。这一问题已经超越了AWA所能控制的范畴，值得有关部门深思和解决。

  对于协助解密而言，企业本身与执法部门的态度并不是完全对立的，企业也意识到自身具有协助解密的义务，但对解密方式、协助程度、给企业带来的影响方面则表现得更为谨慎和担忧。无论如何，百年AWA法案未能解决的问题可能仍将带入未来，协助解密将会受到更多关注，而这也是我国密码立法无法回避的重大问题。